Tour Conductor

국외여행인솔자 자격증 공통 교재

Preface

머리말

여행자들이 여행상품이라는 무형의 상품을 구매하는 것은 여행일정 중 경험하게 될 즐거움에 대한 기대감이라고 할 수 있다. 이러한 과정에서 국외여행인솔자는 여행의 가치를 더욱 높이는 중요한 역할을 담당하는 사람이다. 최근에는 단체여행보다는 개별여행을 선호하는 경향도 주지의 사실이다. 그러나 여러 가지 장점과 강점으로 인해 단체여행시장은 여전히 존재하고 있으며, 시장상황에 따라 새로운 방향으로 변화될 가능성이 있다. 이러한 시대적 상황에서 전문화된 교육을 통해 서비스 정신과 전문성을 보유한 국외여행인솔자를 배출하고 제도적으로 관리하고자 하는 국외여행인솔자 자격증(Tour Conductor License) 제도의 시행은 매우 의미 있는 정책이라고 할 수 있다.

국외여행인솔자에 대한 전문화된 교육과 효율적인 관리를 위해 문화체육관광부에서 관광진흥법시행규칙 제22조 제2항의 규정에 따라 국외여행인솔자 교육기관의 지정과 교육과정의 운영에 관한 필요한 사항을 정해 1998년부터 국외여행인솔자 자격증제도를 시행해 오고 있다. 현재 전국의 대학과 사내 교육기관 등 총 56개의 교육기관이 문화체육관광부의 교육기관으로 지정을 받아 교육을 실시하고 있으며, 각 교육기관에서는 문화체육관광부에서 권고하는 교육시간과 교과목 범위 내에서 각 기관별 책임 하에 교육을 실시하고 있다. 그러나 교육기관별로 자율적으로 실시한 교육은 내용의 다양성에는 어느 정도 기여해왔으나 교육기관 간 교육의 객관성을 도모하는 데에는 다소 문제점이 있는 것으로 지적되어 온 것도 주지의 사실이다.

따라서 (사)한국여행서비스교육협회는 자격증 교육의 내실화와 균질화 및 질적 관리를 도모하기 위한 노력의 일환으로 전국의 국외여행인솔자 교육기관에서 공통적으로 사용할 수 있는 교재의 필요성에 대해 오랫동안 논의해 왔다. 이러한 과정을 통해 2012년 말 정기총회에서 공통교재 개발의 당위성에 대한 논의를 거쳐 2013년 6월 말 임시총회에서 교재편찬위원회가 정식으로 발족되었다. 이와 같은 배경과 노력의 결과, (사)한국여행서비스교육협회에서 주관하고 본 협회 소속 다수의 집필자와 감수자가 참여하여 드디어 국외여행인솔자 교육을 위한 공통교재를 발간하게 되었다.

본 교재는 문화체육관광부에서 권고하는 교육내용과 시간을 고려하여 여행사 실무, 관광관련법규, 국외여행인솔자 실무, 세계관광문화, 해외여행 안전관리 등 공통 교과목과 국외여행 인솔을 위한 필수 외국어 및 연습문제를 수록하여 한 권의 단행본으로 제작하여 학습자들에게 편리성을 도모하고자 하였다. 본 교재가 국외여행인솔자 자격 취득을 희망하는 학습자들에게 큰 도움이 되기 바라며, 미흡한 부분은 향후 지속적으로 수정 · 보완해 나갈 것을 약속드린다. 이 책이 나오기까지 많은 관심과 노력을 함께 해주신 문화체육관광부 관광산업과, 한국여행업협회, 전국의 국외여행인솔자 교육기관협의회 담당 교수님들과 행정 담당자님들께도 깊은 감사를 드린다. 또한 책의 출판과 편집을 맡아주신 한올출판사 사장님과 편집부 여러분께 감사드린다.

(사)한국여행서비스교육협회

국외여행인솔자교육기관협의회 공동저자 일동

Contents

차 례

Chapter
01 여행사 실무

Chapter
02 관광법규

Chapter
03 국외여행인솔자 실무

Chapter
04 세계관광과 문화

Chapter
05 해외여행 안전관리

Chapter 06 실무외국어

Chapter 07 자격증대비 연습문제집

Tour Conductor

국외여행인솔자 자격증

공통 교재

Chapter

01

여행사 실무

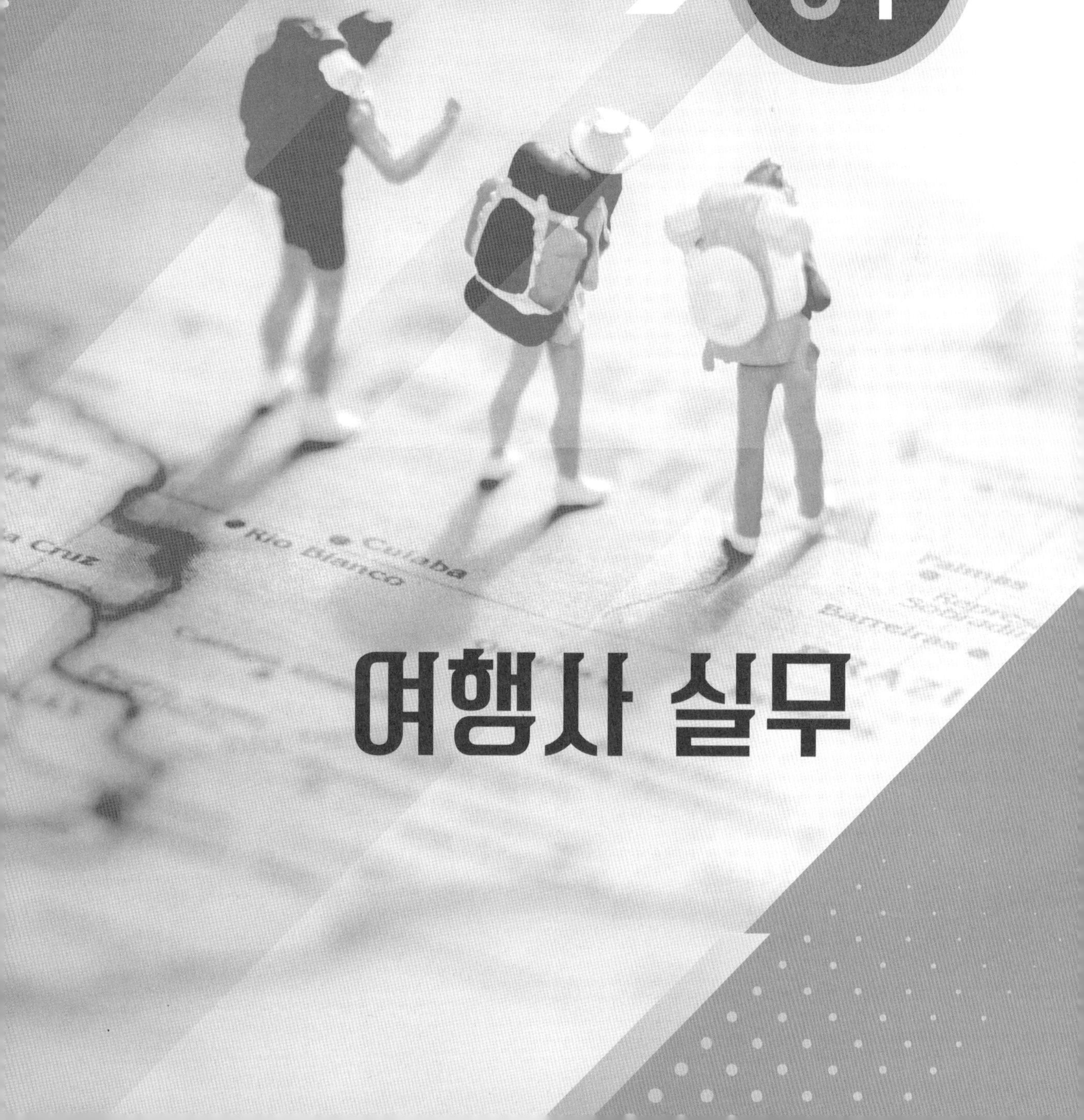

Chapter

01

여행사 실무

제1절 여행업의 이해

1 여행업 개념

여행이 생활과정으로 정착하게 된 것은 최근 여행의 대중화와 더불어 저변확대가 가능하게 된 데서 연유하고 있다. 따라서 크게 확대된 여행자층은 여행에 대한 여러 가지 편의를 필요로 함에 따라 여행자의 여행욕구와 여행대상을 결합시키는 여행업의 필요성이 자연스럽게 대두된 것으로 볼 수 있다.

여행의 증가요인에 관해서도 학자에 따라 보는 관점에 따라 크게 나누어 보면 ① 법률적 요인, ② 경제적 요인, ③ 사회적 요인, ④ 문화적 요인, ⑤ 정치적 요인으로 구분할 수 있다.

여행업의 등장은 여행의 증가요인과 맞물려 있다고 볼 수 있다. 즉 종래의 근로 찬미형의 생활의식에서 여행이라는 '여가찬미형' 생활의식으로 변화한 것이 중요한 요인이다.

여행업의 등장배경을 정리하면, 첫째, 소득 및 여가시간 증가에 따른 여행객 증가

(생활수준 향상), 둘째, 교통수단의 발달로 인한 이동의 편리성 제공(거리 단축), 셋째, 여가의 증대에 따른 휴식과 기분전환 및 활력소 창출, 넷째, 숙박시설의 발달로 인한 여행의 증가와 활성화에 기여, 다섯째, 여행계층의 확대에 따른 여행객과 시설업자 사이에서 여행객의 편의를 위한 매체의 필요성이 대두되었다고 볼 수 있다.

여행업은 관광호텔업과 더불어 관광산업의 양대 축을 담당하고 있으며, 업태(業態)적 측면에서 "정보산업" 또는 "감동산업" 내지 "평화창출산업"이라고도 한다. 기능적 측면에서는 "시간절약산업"이라고도 하고, 여행의 제요소를 조립하는 것에서 "시스템 오가나이저(system organizer)"산업이라고도 한다.

우리나라의 경우 최초의 관광관련 법규인 관광사업진흥법이 1961년 제정된 이후 몇 차례 관광관련 법규가 개정되면서 관광진흥법 제3조에는 여행업이란 "여행자 또는 운송시설, 숙박시설, 그 밖에 여행에 딸리는 시설의 경영자 등을 위하여 그 시설의 이용 알선이나 계약 체결의 대리, 여행에 관한 안내, 그 밖의 여행 편의를 제공하는 업"이라고 규정되어 있다. 또한 시행령 제 2조에는 여행업의 종류를 종합여행업, 국외여행업, 국내여행업 등 3종류로 규정하고 있다.

여행업에 관한 여러 정의를 종합하면, "여행업이란 여행자와 여행관련기관(principal) 사이에서 여행자에 대해 예약, 수배, 대리, 이용, 알선 등의 여행서비스를 제공하고 그 대가를 받는 사업"이라고 할 수 있다.

2 여행업 형태

여행업의 형태는 국가에 따라 또는 학자에 따라 그 분류방법이 다르다. 국내에서는 관광진흥법에 여행업의 종류를 ① 종합여행업, ② 국외여행업, ③ 국내여행업 등 3종류로 구분하고 있으며(동법시행령 제2조 제1호), 일본에서는 1종, 2종, 3종, 여행대리업 등 4종류로 구분하고 있고, 영국에서는 ① 여행사, ② 여행중개자, ③ 여행판매자, ④ 온라인판매상 등으로 구분하고 있어 국가 간에도 여행업의 종류에 다소간 차이가 있다. 그러나 대개는 여행업무를 기준으로 업종을 설정하고 있다.

1) 관광진흥법 상의 여행업 형태

① 종합여행업

국내·외를 여행하는 내외국인을 대상으로 하는 여행업으로 자본금 5천만원 이상.

② 국내외여행업

국외를 여행하는 내국인을 대상으로 하는 여행업(사증발급 대행업무를 포함)으로 자본금 3천만 원 이상.

③ 국내여행업

국내를 여행하는 내국인을 대상으로 하는 여행업으로 1천 5백만 원 이상으로 구분하고 있다.

위의 기능을 수행하는 여행업은 관광진흥법 시행령 제 2조에는 여행업의 종류를 종합여행업, 국외여행업, 국내여행업 등 3종류로 규정하고 있다.

표 1-1 관광진흥법에 따른 우리나라 여행업의 분류

여행업 구분	업무대상 분야		법적 자본금	등록업체 수 (2021.9월 기준)
종합여행업	내국인 대상의 국내여행 내국인 대상의 국외여행 외국인 대상의 국내여행	domestic tour outbound tour inbound tour	5천만원 이상	5,972
국내외여행업	내국인 대상의 국외여행	outbound tour	3천만 원 이상	8,690
국내여행업	내국인 대상의 국내여행	domestic tour internal tour	1천 5백만 원 이상	6,569

자료 : 한국관광협회중앙회, 전국 관광사업체 현황, 2021.

현재 우리나라의 여행업체는 한국관광협회중앙회 통계(2021년 9월 30일 기준)에 따르면 일반여행업 5,972개 업체, 국내외여행업 8,690개 업체, 국내여행업 6,569개 업체가 등록되어 전체 21,231개의 여행업체가 운영되고 있다.

(1) 종합여행업

"국내·외를 여행하는 내외국인을 대상으로 하는 여행업으로 자본금 5천만원 이상의 여행업"을 말한다.

일반여행업은 업무 범위 상 종합여행업의 의미를 갖는다. 일반적으로 국내 대형 여행사들은 일반여행업에 등록된 회사가 많으며 내국인대상 국내여행(domestic/ internal tour)업무와 국외여행(outbound tour)업무, 그리고 외국인대상 국내여행유치(inbound tour)업무를 할 수 있다.

(2) 국내외여행업

국내외여행업은 "국외를 여행하는 내국인을 대상으로 하는 여행업(사증발급 대행업무를 포함)으로 자본금 3천만 원 이상의 여행업(사증(査證)을 받는 절차를 대행하는 행위를 포함한다)"을 말한다.

국내외여행업은 내국인대상 국외여행(outbound tour)업무를 취급하는 여행업으로서, 국외여행을 하는 여행객을 위하여 여권 및 사증발급 대행, 국외여행정보 제공, 국외여행상품 기획·판매, 국제선 항공권 예약 및 발권, 국외여행인솔 서비스 등의 업무를 담당한다.

(3) 국내여행업

국내여행업은 "국내를 여행하는 내국인을 대상으로 하는 여행업으로 1천 5백만원 이상의 여행업"을 말한다.

국내를 여행하고자 하는 내국인들에게 철도승차권, 국내선 항공권, 국내여행 정보 제공, 국내여행 상품기획 및 판매 등 국내여행의 전반적인 서비스를 제공한다.

그림 1-1 여행업 형태별 영역

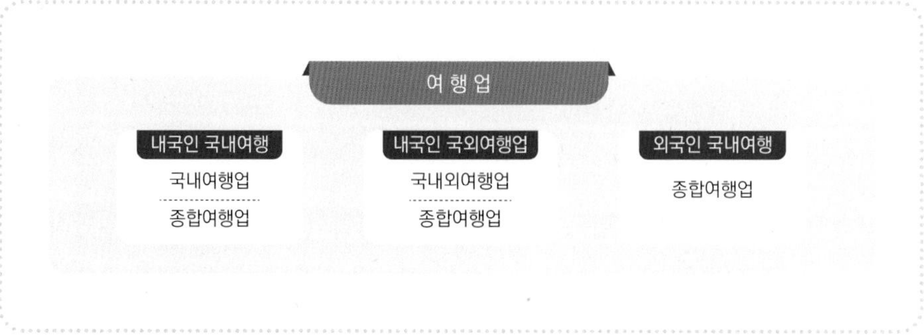

2) 유통기준으로 본 여행업 형태

여행업의 형태를 여행상품의 유통을 기준으로 보면 ① 종합형, ② 순도매업자형, ③ 순소매업자형, ④ SIT형, ⑤ 업무전문형 등 5가지로 나눌 수 있다(トラベル ジャーナル, 1991 : 35~6; 정찬종·곽영대, 2020 : 53~54).

① 종합형

여행업의 전형적인 형태로 주최, 수배여행 모두 취급하고 있으며, 도매도 하고 타사상품의 소매도 한다. 이 형태는 국내, 국외, 외국인 모두를 취급하는 (종합형)과 국외와 국내, 국외와 외국인 등 각각의 여행을 전업적으로 취급하는 (전업형)이 있다.

② 순도매형(wholesaler)

이 형태는 소매는 하지 않고 상품조성만 하고 타사에 판매만 하는 여행사이다. 이러한 여행사를 구미에서는 투어오퍼레이터(tour operator)로 불린다.

③ 순소매형(retailer)

이 형태는 여행상품은 생산하지 않고 타사의 상품만 판매하는 여행사이다. 중·소형 여행사들의 항공좌석 확보가 어려워지면서 이 형태를 선호하고 있는데, 이 형태의 장점은 좁은 공간에서 타사의 여러 상품을 판매할 수 있으며, 비용이 많이 들지 않는다는 점이다.

④ SIT형

SIT란 'Special Interest Tour'의 약자로, 즉 주제가 있는 여행, 목적이 뚜렷한 여행 등 전문적 여행만을 취급하는 여행사이다. 국내에서는 혜초여행사가 대표적인 예에 속한다.

⑤ 업무전문형

대기업이나 그룹사의 업무출장을 주로 취급하는 인프랜트 여행사(Inplant Agency, 일본에서는 In-house Agency라고 함)를 말한다. 이 형태는 자체의 내부 시장만으로도 넓기 때문에 최근에는 이들을 일반여행으로 유도하고 있다.

3) 유통구조 상의 역할로 본 여행업 형태

유통구조상 역할에 의한 분류는 법적 구속력을 갖고 있지 않으며, 단지 여행업체들이 여행상품 개발과 판매 및 유통시키는 과정에서 서로의 편리와 이익, 효과 등을 고려하여 분류할 수 있다.

그림 1-2 여행업 유통구조 분류

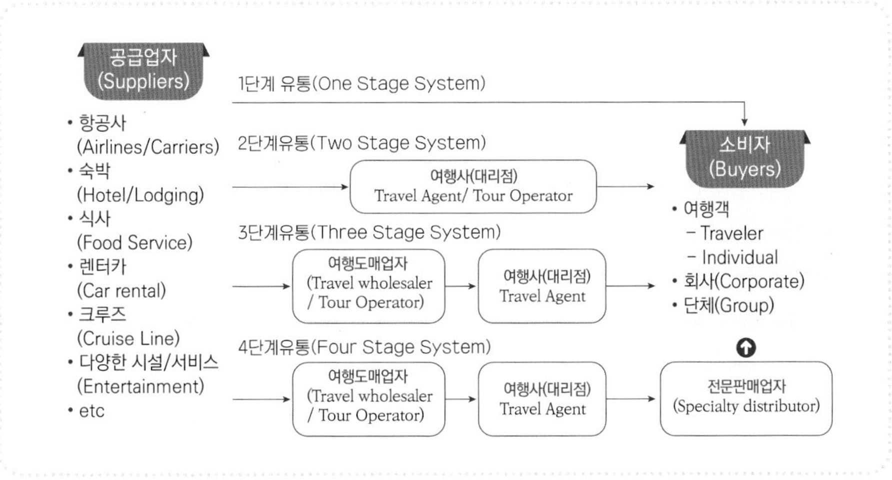

(1) 직접판매 여행업체(direct Seller)

여행사가 관광관련 공급업자 시설물을 결합하여 개발한 여행상품을 직접적인 판매유통망을 통해 여행상품을 유통시키는 형태로 [그림 1-2]의 2단계 유통구조의 형태를 지닌 여행업체를 말한다. 우리나라의 대다수 대형 패키지 전문여행사가 여기에 해당된다.

(2) 간접판매 여행업체(indirect seller)

여행사가 관광관련 공급업자 시설물을 결합하여 개발한 여행상품을 타사(여행소매업자)를 통하여 여행자가 구매할 수 있도록 하는 유통형태로 [그림 1-2]의 3단계 및 4단계 유통구조의 형태로 볼 수 있다.

유통구조에서 여행사(대리점)은 상품을 제공한 여행사의 여행상품을 여행자에게 판매하여 판매수수료를 지급받는다. 주로 상품을 간접 판매하는 여행사는 소위 도매업(whole seller)이라 할 수 있으며, 판매전문 여행사를 소매업(retailer)라 할 수 있다.

(3) 온 · 오프라인판매여행사

① 온라인판매여행사

포탈사이트 광고, 블로그, 카페 등을 통하여 여행상품을 판매하는 여행사

② 오프라인여행사

간접판매와 직접판매 여행사

(4) 지상수배업체(land Operator)

지상수배란 '여행목적지에서 발생되는 호텔, 숙박, 식당, 현지교통, 가이드 등을 확보하고 쇼핑 및 기타 관광에 관련된 활동을 할 수 있도록 준비하는 업무'로 이를 실

행하는 업체가 '지상수배업체'라 하며 소위 여행업계에서는 '랜드 오퍼레이터(land operator)' 또는 '랜드사'라고 한다.

랜드사는 '해당 국가의 여행자원과 지역의 시설공급업체의 시설물을 상품화하여 국내여행업자에게 상품과 원가를 제공하거나, 여행업자의 의뢰를 받아 여행 목적지의 호텔숙박·식사·교통운송·관광·안내 등의 목적지 지상에서 발생할 수 있는 제반 활동을 예약·알선 대행해주는 기능을 하고 있다.

3 여행업 기능 및 역할

여행업은 서비스업이다. 여행업자는 여행 그 자체를 판매하는 것은 아니다. 여행자는 일반적으로 탈것에 타고, 잠자리에 자는 등 교통기관 내지 숙박시설을 이용함에 따라 '여행한다'고 하는 '행위'로 나타나는 것이다. 즉 여행은 인간의 행동을 수반하지 않으면 안 된다.

교통기관이나 숙박시설의 공간(좌석·객실), 교통기관에 의한 이동(=운송) 등에 어떤 서비스를 추가하여 이를 상품화하여 '여행'이 장사(영업)에 연결되는 것으로 그 서비스를 추가하는 기능 및 역할을 담당하는 것이 바로 여행사이다(トラベルジャーナル, 1989 : 69).

여행자 측면에서 본 기능 및 역할과 공급자 측면에서 본 기능과 역할로 나누어 설명할 수 있다(정찬종·곽영대, 2020 : 54~57).

1) 여행자 측면에서 본 기능 및 역할

- 여행대금이 싸게 먹힌다. 기획여행(package tour)은 대량구매와 집중송객이 가능하기 때문에 수배(주문)여행보다도 비교적 저렴하다.
- 안심감이 있다. 여행자가 스스로 수배하는 것보다 여행사에 의뢰하면 공급자 측면에서는 이를 무시할 수 없기 때문에 안전하며, 자신들이 신뢰할 수 있는 업체를 수배해 준다.
- 시간이 절약된다. 여행자자신이 여정을 작성하거나 여행비용을 계산하거나, 각

종표(ticket)나 숙박기관의 예약··수배를 하는 것은 많은 노력이나 품·짬이 들지만 자신의 희망하는 업체나 예산규모를 여행사에 전달해두면 이러한 모든 작업을 대신해 주기 때문에 품과 시간이 절약된다.

- 각종 필요한 정보의 입수가 용이하다. 여행사는 여행에 관한 정보를 토대로 사업을 영위하는 업체이기 때문에 여행자들이 필요로 하는 각종 여행정보를 즉석에서 간단히 또한 최신 정보를 입수해 준다.
- 이용하기에 편리하다. 도처에 여행사가 많고, 언제나 전화 또는 인터넷으로 문의할 수 있으며, 이용하기도 쉽다.
- 각종 부대서비스를 받을 수 있다. 특히 해외여행의 경우, 입국수속을 위한 서류작성, 환전, 여행보험의 가입 등이 필요할 때가 있는데, 부대적인 업무도 여행사에 의뢰하면 신속하게 처리해 주거나 정확한 조언을 받을 수 있다.

2) 공급자 측면에서 본 기능 및 역할

① 판매채널의 확대

여행업자의 점포망(대리점 포함)이 공급자의 판매망으로서 기능을 수행한다.

② 수요의 환기

캠페인의 설정, 기획여행의 편성, 광고 선전 등, 수요확대로 연결시키는 기능이나 역할을 수행한다.

③ 예약의 확실성

여행상품 공급자 입장에서는 여행자로부터의 직접예약은 노쇼(no show)가 걱정되지만 여행사를 경유한 예약에서는 그러한 걱정이 비교적 적다.

④ 계절파동의 완화

비수기에 행하는 여행사의 모객 캠페인이나 광고·선전 등에 의해 계절파동에 대처하여 평준화를 꾀한다.

3) 업무내용 면에서의 기능 및 역할

- 항공사, 철도회사 등 교통기관과 호텔 등 숙박기관 및 기타 여행관련업자(principal)를 대리하여 항공권 등 각종 권류(券類)의 판매나 숙박 및 시설이용의 예약을 대행해 주는 대리기능.
- 여행자의 안내, 비자의 발급 및 수급을 위한 수속대행 기능.
- 여행에 대하여 충분한 지식을 갖고 있지 못한 경우에 올바른 여행정보를 제공해 주고 상담을 해주는 정보제공기능 및 상담기능.
- 여행사에서 여행요소들을 일괄적으로 구매하여 여행상품으로 조립한 다음 어떤 여행상품이 잘 판매될 수 있는지를 조사·분석하며, 그에 필요한 여행상품을 개발하여 판매하는 기능.
- 항공권, 철도승차권, 선박권, 호텔숙박권 등 예약된 것을 발권(ticketing)하는 발권기능.
- 여행코스, 여행기간, 방문지역, 항공편수, 출발시간, 도착시간, 관광지 관람 내역, 식사조건, 숙박조건, 여행조건, 여행요금 등을 포함한 여행의 전 일정을 안전하고 철저하게 관리하는 여행일정(travel itinerary) 관리기능.
- 여행관련업체의 상품구입에 따른 사전 원가계산을 한 예비정산서와 행사 종료 후의 여행요금 환불 및 항공권 환불 등의 본 정산을 하는 정산(settlement)기능 등이다.

이상에서 살펴본 바와 같이 여행업의 기능은 단지 여행상품을 판매하거나 알선하는 것만이 아니며, 여행자의 여행상품 구매를 지원하고 서비스와 결합하여 구매한 상품의 가치를 증대시켜 특별한 혜택(benefit)을 제공하기 위한 부가적 기능까지 포함한다고 볼 수 있다(정찬종·곽영대, 2020: 57).

그림 1-3 여행업의 기능 및 역할

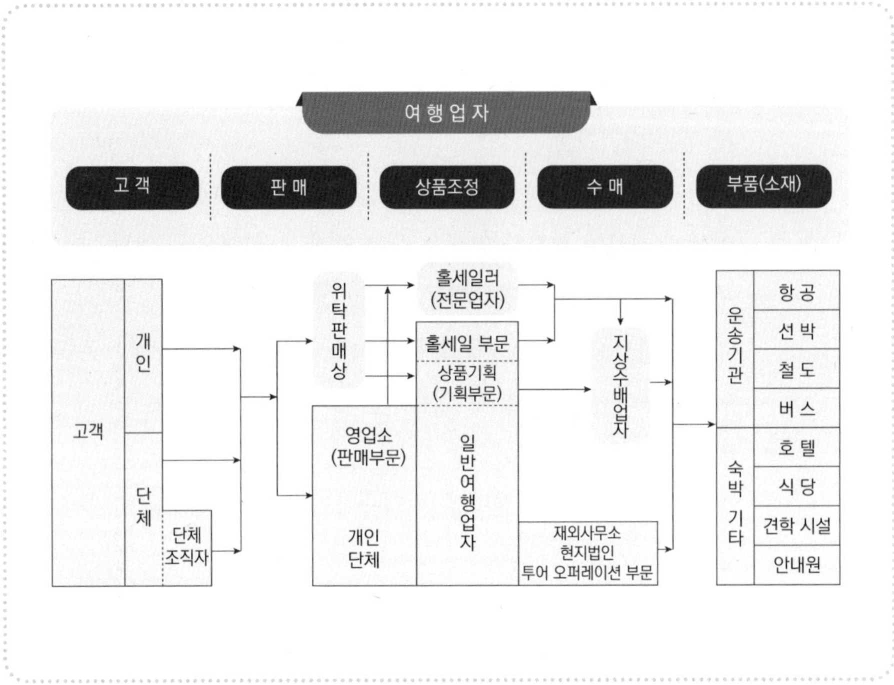

자료 : トラベル ジャーナル, 旅行業入門, 1982: 41; 정찬종·곽영대, 2020: 57.

제2절 여행사 실무

1 여행상품의 구성요소

여행상품을 구성하고 있는 요소는 즉 여행부품 혹은 여행소재라고 할 수 있다. 여행사는 이들 여행소재를 조립(assemble)하여 일련의 여행상품을 생산하고 있다(정찬종·곽영대, 2020: 81~83).

그림 1-4 여행상품의 구성요소

여행상품

- 교통기관(육·해·공의 전 교통기관)
- 숙박기관(호텔을 비롯한 모든 숙박시설)
- 음식(동·서양의 모든 음식)
- 쇼핑(장보기 ; 여행중의 구매 가능한 모든 물품)
- 여행목적지(매력 물, 편의 시설, 하부구조, 수송, 환대 등)
- 여행안내사(인솔자 등; 여행과 관련된 모든 안내사)
- 여행수속(여행과 관련된 모든 수속)
- 연결 체계(마케팅믹스상의 모든 연결체계)

자료 :정찬종·곽영대, 2020: 81.

첫째, 교통수단이다. 교통수단에는 한 지점에서 다른 지점으로 이동시키는 모든 교통수단 '대형승합차(motor coach), 소형승합차(mini coach or van), 항공기(airplane), 기차(train), 여객선(cruise ship), 마차, 인력거' 등의 모든 이용 가능한 교통수단을 포함한다.

둘째, 숙박기관이다. 호텔, 모텔, 유스호스텔(youth hostel), 여관, 여인숙, 민박, 펜션, 잠을 잘 수 있는 모든 숙박기관을 포함한다.

셋째, 음식이다. 여행 중의 즐거움도 식사에 있을 만큼 식사요소는 그 비중이 매우 크다.

넷째, 쇼핑(장보기)이다. 여행의 즐거움 가운데 하나는 여행지에서의 장보기이다. 여행지의 토산품 및 농축산물, 어패류, 공산품, 민예품, 토산품, 특산물 등 모든 상품이 포함된다.

다섯째, 여행목적지이다. 여행목적지는 여행자원/매력물(attractions), 편의시설(facilities), 하부구조(infrastructure), 교통·수송(transportation), 환대·접대(hospitality) 시설 등을 포함하는 개념이다.

여섯째, 여행안내사(여행인솔자, 가이드 등)이다. 여행의 성패(成敗)는 인솔자에 의해 좌우되기 때문이다.

일곱째, 여행수속이다. 여행수속은 일반적으로 여행행사 이전에 이루어지는 여권

수속, 사증수속, 여행보험수속, 환전수속 및 검역수속 등과 여행 중에 발생하는 출입국수속, 세관수속 등으로 구성된다. 수속은 여행사의 신뢰와도 밀접하게 연결되므로 한 치의 오차도 없어야 한다.

여덟째, 유통 연결체계(link system), 즉, 온 · 오프라인(On · Off Line) 유통시스템이다. 연결체계는 여행대상과 여행대상 간의 연결(attraction link) 등이다.

2 여행업무의 흐름

여행업무는 대개 기획 → 예약(수배) → 판매 → 계약 → 수속 → 발권 → 안내 → 정산 → 경영분석 → 애프터서비스라는 순환과정을 거쳐 처리되며, 이를 그림으로 제시하면 [그림 1-4]과 같다(정찬종, 2018 : 10).

그림 1-5 여행업무의 흐름

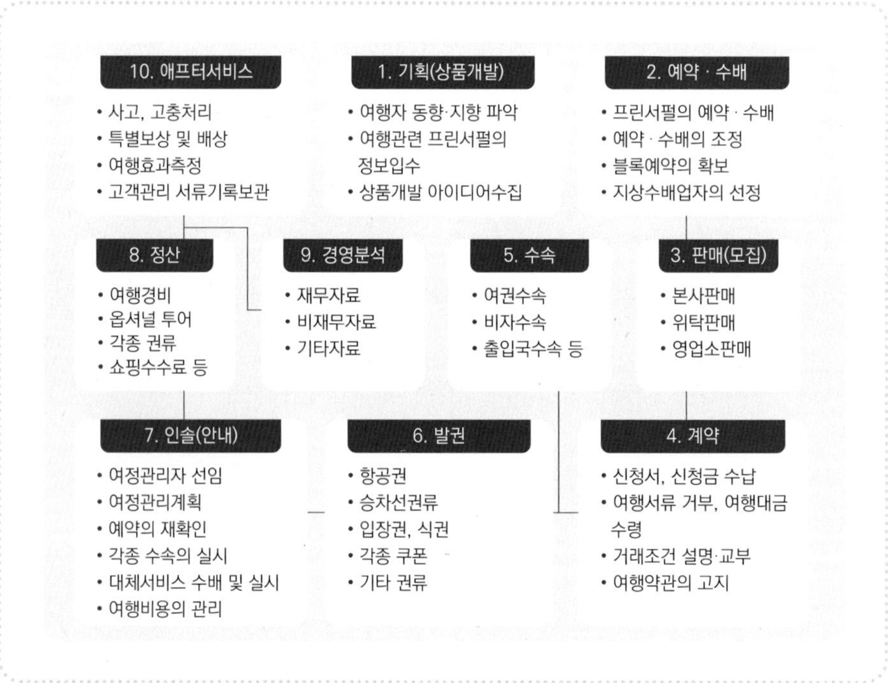

3 여행업무

여행업무는 외국인여행업무[인바운드업무(inbound business)], 국외여행업무(outbound business), 국내여행업무(domestic business)로 나누어 살펴볼 수 있다.

1) 외국인여행업무[인바운드업무(inbound business)]

외국인(外人) 여행업무란 넓은 의미에서 "외국인의 한국 내 여행"이라고 정의될 수 있지만, 여행업계에서는 일반적으로 인바운드업무(inbound business)라고 부르고 있다. 외국인이란 한국에 거주하는 영·대사관에 근무하는 사람, 한국에 주둔하고 있는 외국 군인 및 외국계 상사·은행·기타 업체에 근무하는 외국인 모두를 포함한다.

외국인 여행업무란 "방한외국인 및 국외거주 교포들을 대상으로 한 한국 국내여행에 관한 여러 업무"라고 정의할 수 있다.

외국인 여행은 국외의 여행업자로부터 여행에 관한 문의를 각종 통신수단을 통해 접수한 때부터 여행업무가 개시되며, 외국인 여행업무의 업무별 내용은 (1) 판매계약, (2) 수배업무, (3) 안내업무 (4) 정산업무로 나눌 수 있다.

외국인 여행업무의 흐름을 단계별로 살펴보면, 1단계 : 한국여행의 신청 → 문의에 대한 회신(판매계약은 성립되지 않음), 2단계 : 회신에 만족, 필요한 예약을 의뢰 → 예약의뢰에 입각한 수배를 완료(판매계약의 성립과 체결), 3단계 : 계약에 입각하여 여행비를 송금 → 여행비를 수령(외화 또는 이에 상당한 금액 을 수령), 4단계 : 고객이 한국에 도착, 여행을 실시 → 판매계약에 입각한 수배, 알선 등 필요한 서비스를 제공(여행의 추가, 변경, 취소 등 발생 처리), 5단계 : 여행의 추가, 변경, 취소 등이 발생하면 상호 조정하여 최종적으로 정산업무를 완료한다.

한국의 여행업자는 국외의 여행업자 및 여행객과의 사이에서 검토를 병행하는 한편으로 고객으로부터 희망조건에 추가, 변경 및 취소 등을 조정한다. 이를 위하여 국외의 여행업자와의 사이에 몇 회의 연락이 내왕하는 것이 보통이다. 국외의 여행업자가 최종적으로 여정(itinerary), 여행비(tour fee) 및 여행조건(tour condition)에 대해서 수락하면 예약의뢰가 한국여행업자에게 도달된다. 이것이 외국인 여행업무의 판매계약이 성립하는 시점이며 이 시점이 판매실무 중에서도 가장 중요한 요점이라 할 수 있다.

2) 국외여행업무(outbound business)

국외여행업무란 내국인의 국외여행, 아웃바운드 업무(outbound business)이며, 국외여행에 따른 필요한 (1) 카운터업무 : 카운터업무는 항공예약 및 운임계산과 발권업무, (2) 세일즈업무(out sales) : 모객업무, (3) 예약업무 : 여행객의 예약을 처리하는 업무, (4) 기획·구매업무 : 여행목적지 선택, 테마선택, 루트선택, 가격결정 등 업무, (5) IT업무, (6) 고객서비스업무, (7) 일반업무 등으로 구분할 수 있다.

일발업무는 주로 수속업무로 통칭되는데, ① 여권(passport)업무, ② 사증(visa)업무, ③ 검역(quarantine)업무, ④ 외화수속업무, ⑤ 출입국수속업무로 크게 나눌 수 있다.

① 여권(passport)업무

여권은 소지자의 국적 등 신분을 증명하는 공문서의 일종으로, 외국을 여행하려는 국민은 여권을 소지할 의무가 있다(여권법 제2조). 우리나라 여권법에서는 외국에 여행하고자 하는 국민은 여권법 제12조의 규정에 의하여 여권을 소지하도록 의무화하고 있다. 우리나라에서 발급되는 여권은 여권의 위·변조 방지와 품질 개선, 여권관리 업무의 효율화를 위해 사진부착식 여권에서 사진전자식 여권으로 그리고 지금은 국제민간항공기구(ICAO)의 권고에 따라 2008년 6월부터 전자여권을 도입하게 되었으며, 2020년부터 차세대 전자여권으로 개선되었다.

전자여권(ePassport, electronic passport)이란, 여권 내에 칩과 안테나를 추가하고 개인정보 및 바이오인식정보를 칩에 저장한 기계판독식 여권을 말한다.

여권의 종류로는 일반여권, 관용여권, 외교관여권이 있으며, 이를 각각 1회에 한하여 외국여행을 할 수 있는 여권(단수여권)과 유효기간 만료일까지 횟수에 제한 없이 외국여행을 할 수 있는 여권(복수여권)으로 구분한다(여권법 제4조).

표 1-2 여권의 종류

종류(면수)	발급대상	발급처
일반여권	대한민국 국적을 소지한자로써 해외여행에 결격사유가 없는 사람에게 발급 일반여권 중 해외이주자(해외이주법시행령 제3조제3항 단서의 규정에 해당하는 자를 포함한다)에 대한 거주여권은 다른 일반 여권과 구분하여 발급한다.	전국 도청, 시청, 구청
관용여권	공무원(또는 준 공무원)이 공적인 업무로 해외에 출장을 가고자 하는 자.	외교부 여권과
외교관여권	국가 대표성을 가진 공무원이 외국정부와 접촉하거나 외교교섭을 필요로 하는 자.	상동
여행증명서	여권에 준하는 문서로서 여권의 분실 등 긴급사항 발생 시 발급하는 여행증명서(Travel Certificate)이다.	외교부 여권과 재외공관 영사과

② 사증(visa)업무

사증이란 입국하려는 국가의 재외공관이 신청목적, 체재기간 등에 대해서 확인한 다음 신청자가 유효한 여권의 정당한 소지자이며, 자국의 안전이나 이익을 해칠 염려가 없다고 판단되고, 자국에의 입역(入域)을 우선 승인하며, 본국의 관헌에 추천하는 의사정서라고 할 수 있다. 따라서 최종적인 입국허가의 결재권은 그 나라의 해·공항의 입국관리관에게 있다. 그러므로 사증은 해당국가에 입국하기 위한 '입국허가서'라고도 할 수 있다.

사증에는 사용횟수에 따라 단수사증(single entry visa), 복수사증(multiple entry visa)으로 구분하는 방법과 방문목적에 따라 상용사증(business visa), 영주사증(immigrant visa), 유학사증(study visa), 관광사증(tourist visa), 통과사증(transit visa) 등으로 구분하고 있다. 또한 신분상으로는 외교사증(diplomatic visa), 공용사증(official visa)으로 구분하기도 한다.

사증은 국외로 갈 경우 반드시 받아야 되는 것은 아니고 사증상호면제협정이 체결되어 있는 국가로의 여행시에는 발급받을 필요가 없다. 또한 제3국에의 여행을 위해 특정국가에 일정기간 체류 시에는 무사증체류제도(TWOV : Transit Without Visa)라는 것이 있어 사증을 발급받을 필요가 없다.

미국 입국 시에는 ESTA(Electronic System of Travel Authorization)라는 전자여행허가를 꼭 받아야 한다.

그림 1-6 여권의 종류

▲ 차세대 전자여권(e Passport)

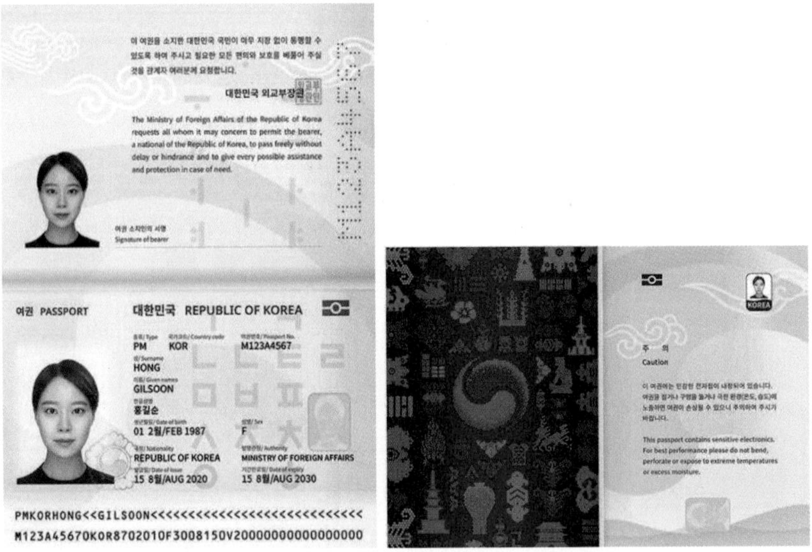

▲ 전자여권

자료 : 외교부 여권안내홈페이지(www. passport. go. kr)

전자여행허가제(ESTA : Electronic System for Travel Authorization)

미국비자면제 프로그램(VWP : Visa Waiver Program)을 이용하여 미국을 방문하고자 하는 여행자의 자격여부를 확인할 수 있는 인터넷 기반의 신청서이다.

여행객들은 미국으로 입국하기 위해 작성하는 출입국 신고서(I-94W)에 기입하는 정도의 정보를 전자여행허가제 신청서에 입력하게 된다. 비자면제 프로그램을 이용하여 미국으로 여행하는 사람들은 항공 및 선박에 탑승하기 이전에 전자여행허가 승인을 받아야 한다. 우리나라는 2008년 11월 17일부터 가입되어 있다.

미국비자면제프로그램을 이용할 경우 전자여권이어야 하며, 그 외 여권은 사전 미국비자를 얻어야 한다. 그러나 이미 유효한 비자가 있는 경우 비자발급 목적에 맞게 미국을 여행할 수 있으며, 별도의 전자여행허가제(ESTA)를 통해 여행승인을 받지 않아도 된다.

비자면제 프로그램은 특정국가의 국적을 가진 외국인이 사업 혹은 관광의 목적으로 미국을 90일 이내 여행할 때 비자 없이 여행할 수 있도록 하는 것이다.

비자면제 프로그램을 통과한 여행자는 신청서의 권리 포기 항목에 나와 있는 대로, 검토 혹은 탄원할 권리를 포기하는 것에 동의해야 한다.

- 단기 출장 및 관광 목적으로 방문
- 유효한 전자여권 소지
- 미국 입국일로부터 90일 이내에 출국
- 전자여행허가(ESTA) 승인

비자면제 프로그램을 이용하기 위해서는 온라인 신청서를 작성 후 승인받아야 한다.

자료 : http://www.estakorea.co.kr

③ 검역(quarantine)업무

검역이란 이와 같이 전염병이 자국 내로 들어오는 것을 방지하고자 전염병 발생지역으로 부터 들어오는 여행자 혹은 전염병 발생지역으로 경유 또는 체류하려는 자에 대해서는 사전에 필요한 예방주사를 맞도록 하고 있다.

국제공인예방접종증명서(international certificates of vaccination)★로 대변되는 검역업무는 국내의 여행자 자신 및 수하물에 의해서 전염병이 침입하는 것을 막기 위하여 국경, 공항, 해항 등에는 검역소를 설치하여 필요한 검사를 하고 있다.

★ 이 증명서는 종이 색깔이 노랗다고 해서 별칭으로 옐로카드(yellow card)라고 부르고 있다.

④ 외화수속업무

외화란 외국화폐를 말하는 것으로 여행자는 여행경비를 국외에서 사용할 수 있는 국제통화로 교환하여 사용하여야 한다. 외화의 교환은 여권을 가지고 외환은행 또는 일반은행의 외국환교환창구에 가서 원화를 외화로 교환할 수 있다.

여행사에서는 외국인 여행자의 환전(換錢·兩替)업무에 원활을 기하기 위해 환전상업무도 병행하고 있으며, 외화의 구입방법은 현금(cash), 여행자수표(T/C : traveler's check) 등으로 구입할 수 있다.

⑤ 출입국수속업무

출입국 수속은 출입국에 즈음하여 제국가의 국익의 보호와 위험방지를 위해 정해진 해·공항 및 국경 등에서 행해지는 세관 C = Customs, 출입국관리 I = Immigration, 검역 Q = Quarantine의 제반수속으로 업무상 이를 CIQ라고 일컫고 있으며, 일반적으로는 통관수속이라고도 한다.

출입국 수속의 내용과 순서는 국가에 따라 또는 출·입국별, 경로에 따라 약간의 차이가 있으나, 출국시에는 거의 Q → C → I, 입국시에는 Q → I → C 순으로 진행된다. 출입국수속을 할 때에는 출입국카드(E/D card)와 세관신고서(customs declarations) 및 국제공인예방접종증명서 등을 구비하고 있어야 한다.

3) 국내여행업무(domestic business)

국내여행업무란 내국인의 한국 내 여행과 관련된 업무를 말한다. 국내여행은 여행시설의 수요창조에 많은 기여를 하고 있으며 이것은 나아가 외국인여행업무 및 국외여행업무와도 상당부문에서 연관된다. 국내 여행업무는 크게 ① 자사여행상품의 판매, ② 타사상품의 전매(轉賣), ③ 전세버스의 판매, ④ 신혼여행의 판매, ⑤ 수학여행의 판매, ⑥ 각종 권류(券類)의 판매업무로 구분할 수 있다. 이 가운데 국내여행업의 근간이 되는 수입원천은 전세버스의 판매수입과 각종 권류(券類)의 판매수입이다.

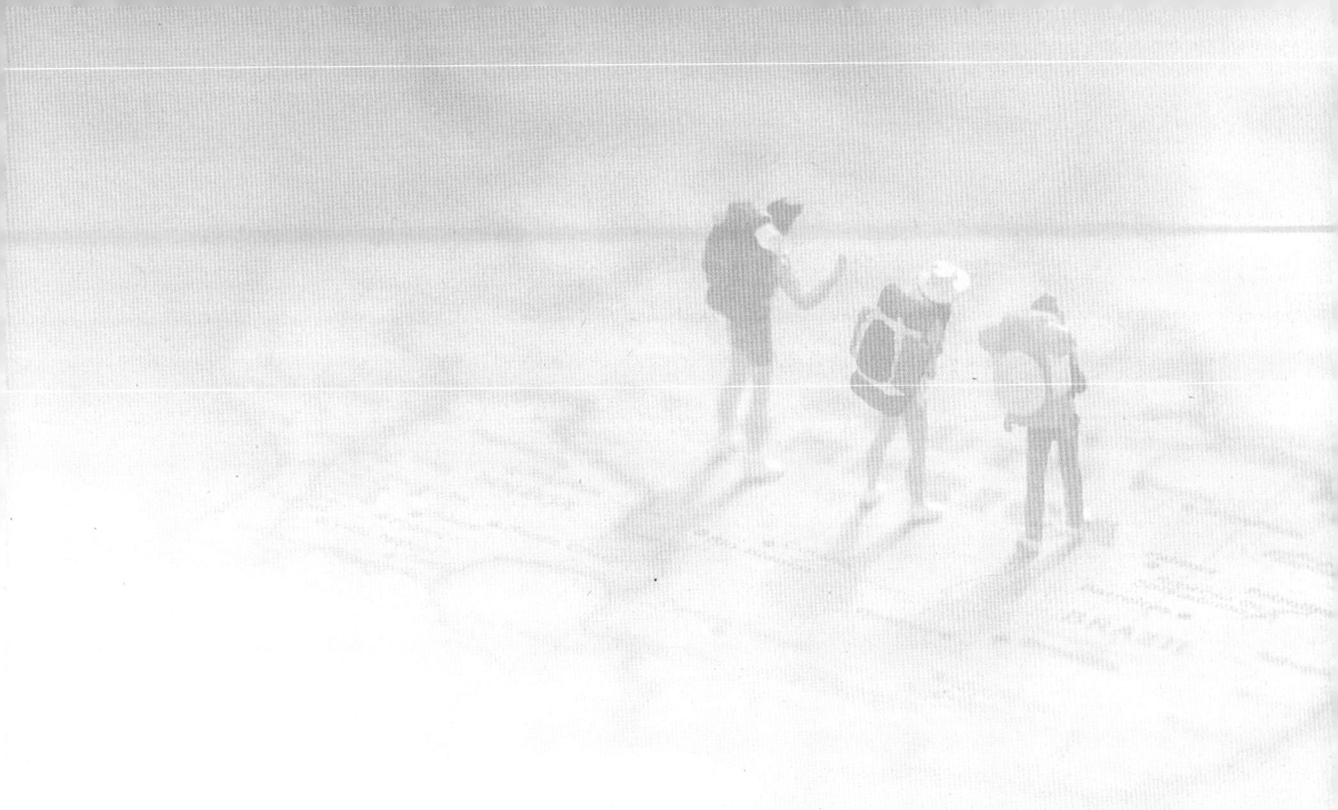

Tour Conductor

국외여행인솔자 자격증

공통 교재

Tour Conductor

국외여행인솔자 자격증

공통 교재

Chapter 02

관광법규

Chapter 02

관광법규

제1절 관광진흥법 관련법령

1 관광진흥법

제2조(정의) 이 법에서 사용하는 용어의 뜻은 다음과 같다.

1. “관광사업”이란 관광객을 위하여 운송 · 숙박 · 음식 · 운동 · 오락 · 휴양 또는 용역을 제공하거나 그 밖에 관광에 딸린 시설을 갖추어 이를 이용하게 하는 업(業)을 말한다.
2. “관광사업자”란 관광사업을 경영하기 위하여 등록 · 허가 또는 지정(이하 “등록등”이라 한다)을 받거나 신고를 한 자를 말한다.
3. “기획여행”이란 여행업을 경영하는 자가 국외여행을 하려는 여행자를 위하여 여행의 목적지 · 일정, 여행자가 제공받을 운송 또는 숙박 등의 서비스 내용과 그 요금 등에 관한 사항을 미리 정하고 이에 참가하는 여행자를 모집하여 실시하는 여행을 말한다.

6. “관광지”란 자연적 또는 문화적 관광자원을 갖추고 관광객을 위한 기본적인

편의시설을 설치하는 지역으로서 이 법에 따라 지정된 곳을 말한다.

7. "관광단지"란 관광객의 다양한 관광 및 휴양을 위하여 각종 관광시설을 종합적으로 개발하는 관광 거점 지역으로서 이 법에 따라 지정된 곳을 말한다.

12. "문화관광해설사"란 관광객의 이해와 감상, 체험 기회를 제고하기 위하여 역사 · 문화 · 예술 · 자연 등 관광자원 전반에 대한 전문적인 해설을 제공하는 자를 말한다.

판례내용 기획여행업자는 통상 여행 일반은 물론 목적지의 자연적·사회적 조건에 관하여 전문적 지식을 가진 자로서 우월적 지위에서 행선지나 여행시설의 이용 등에 관한 계약 내용을 일방적으로 결정하는 반면, 여행자는 그 안전성을 신뢰하고 기획여행업자가 제시하는 조건에 따라 여행계약을 체결하는 것이 일반적이다. 이러한 점을 감안할 때 기획여행업자가 여행자와 여행계약을 체결할 경우에는 여행자의 안전배려의무를 부담한다고 봄이 타당하다.

판례 1 甲 등이 여행사인 乙 주식회사와 기획여행계약을 체결하고 베트남 여행 중 자유시간인 야간에 숙소 인근 해변에서 물놀이를 하였는데, 乙 회사 소속 인솔자 丙이 "바닷가는 위험하니 빨리 나오라"고 말하였으나, 甲 등이 계속 물놀이를 하다가 파도에 휩쓸려 익사한 사안에서, 甲 등이 성년자이고, 사고 당시 음주한 상태가 아니었으며 별다른 신체장애도 없었던 것으로 보이는 점, 甲 등을 포함한 여행자들이 사고 당일 야간에 숙소 인근 해변에서 물놀이하는 것은 여행계약의 내용에 명시되어 있지 않았고, 위 여행계약에 당일 오전에 해변에서 해수욕하거나 휴식을 취하는 자유시간 일정이 있었다는 점만으로 이러한 해변에서의 야간 물놀이가 위 여행계약의 급부와 관련이 있다고 보기 어려운 점, 위 사고는 乙 회사가 객관적으로 예견할 수 있는 위험에 해당한다고 보기 어려운 점 등에 비추어, 乙 회사가 사고와 관련하여 기획여행계약의 여행주최자로서 여행계약상의 안전배려의무를 위반하였다고 단정하기 어렵다.

야간 해변 물놀이가 이 사건 여행계약의 내용에 포함되지 않았을 뿐만 아니라, 망 소외 2는 야간 해변 물놀이의 위험성을 충분히 인식할 수 있는 성년자이다.

설령 피고의 국외여행 인솔자 소외 3이 이 사건 사고 발생 전에 망 소외 2를 찾다가 야간 해변 물놀이 활동을 목격하였다면 그 위험성을 고지할 의무가 있다고 하더라도, 여행 주최자인 소외 3이 망 소외 2에게 물놀이를 중단하라는 취지로 그 위험성을 경고한 것만으로도 충분한 조치를 취하였다고 볼 수 있다. 이에 더 나아가 소외 3이 망 소외 2의 안전 여부가 확실해질 때까지 계속해서 망 소외 2에게 그 위험성을 경고하거나, 강제로 망 소외 2를 끌어내거나, 망인들이 물놀이하지 않도록 감시하는 행위는 소외 3에게 기대할 수 있는 합리적 조치의 범위를 초과한다.

판례 2 甲이 여행사인 乙 주식회사와 신혼여행 계약을 체결하고 기획여행 일정에 따라 태국 여행을 하였는데, 현지 가이드인 丙이 예정된 일정을 취소하고 숙소에서 저녁 식사를 하게 한 후 빌라 밖에 있는 맥주집의 위치를 가르쳐주고 심심하면 다녀오라고 하면서 빌라 주변에 소매치기가 많고 위험하다는 점을 알려주지 않았고, 甲이 맥주집에 갔다가 돌아오는 길에 강도를 만나 상해를 입은 사안에서, 현지 여행업자 또는 그 고용인인 丙이 여행자인 甲의 생명, 신체 등의 안전을 확보하기 위하여 필요한 조치를 취할 주의의무를 부담하는데도, 의무를 게을리한 채 甲에게 빌라 주변의 위험을 고지하지 아니하고 오히려 빌라 밖에 있는 맥주집을 소개함으로써 주의의무를 위반하여 甲이 강도에 의하여 피해를 당하게 하였다고 보아, 乙 회사의 손해배상책임을 인정한 사례.

판례 3 피고 회사의 국외여행인솔자인 피고 3 및 위 소외인으로서는 여행자들인 원고 일행의 생명, 신체, 재산 등의 안전을 확보하기 위하여 위험배제를 위하여 필요한 조치를 취할 주의의무를 지고, 그 주의의무의 일환으로 원고 일행으로 하여금 위험한 놀이기구인 제트스키나 바나나보트를 이용하게 하는 경우, 먼저 원고 일행에게 사고발생의 위험성에 관하여 고지함으로써 그들 스스로가 그 이용 여부를 결정할 수 있게 하여야 할 뿐만 아니라 이를 탑승하기로 결정한 자에 대하여는 그 기기조작법, 안전수칙 등에 관하여 철저한 사전 교육을 시켜 이용상의 잘못으로 인하여 위험한 상태를 일으키지 아니함은 물론 위험을 조우한 경우에도 이에 대처할 수 있도록 합리적 조치를 취할 주의의무가 있음에도, 이러한 의무를 해태한 채 제트스키를 타도록 권유하여 피고 2로 하여금 운전미숙으로 이 사건 사고를 발생하게 한 과실이 있다고 할 것이므로, 피고 회사 및 피고 3은 이 사건 사고로 인하여 원고들이 입은 손해를 배상할 책임이 있다고 할 것임.

제3조(관광사업의 종류) ① 관광사업의 종류는 다음 각 호와 같다.

1. 여행업 : 여행자 또는 운송시설 · 숙박시설, 그 밖에 여행에 딸리는 시설의 경영자 등을 위하여 그 시설 이용 알선이나 계약 체결의 대리, 여행에 관한 안내, 그 밖의 여행 편의를 제공하는 업

판례내용 피고인은 이란국인으로서 문화관광부장관에게 등록하지 아니하고, 국내에 불법취업할 의사를 가진 이란국인 13인을 모집하여 왕복항공권을 일괄 구입한 다음 이들을 인솔하여 2001. 7. 16. 항공편으로 국내로 입국하면서 이들에게 피고인 소유의 미화를 1인당 1만 내지 2만 $씩 나누어 주어 보따리상으로 위장하는 방법으로 입국심사를 쉽게 통과하도록 하고, 이에 대한 대가로 1인당 200$씩 받은 것을 비롯하여 1999년경부터 같은 방법으로 이란국인 70여 명에게 불법입국을 알선하는 등 여행의 편의를 제공하여 종합여행업을 영위하였다는 것이다.

그러나 관광진흥법의 관계 규정을 살펴볼 때, 외국인이나 외국법인이 국내에 사무소나 영업소를 두지 않고, 국내에서 여행객을 모집하지도 않으면서 다만 자국 내에서 자국인들을 대상으로 한국여행상품을 판매하고, 그 여행객들을 인솔하여 국내에 들어와 여행과 관련한 용역과 편의를 제공하였을 뿐이라면, 이러한 경우에는 우리 나라의 관광진흥법이 적용될 여지는 없고, 따라서 이 법에 의한 등록 등의 절차를 거칠 필요가 없다고 보아야 할 것이다.

제4조(등록) ① 제3조제1항제1호부터 제4호까지의 규정에 따른 여행업, 관광숙박업, 관광객 이용시설업 및 국제회의업을 경영하려는 자는 특별자치도지사 · 시장 · 군수 · 구청장(자치구의 구청장을 말한다. 이하 같다)에게 등록하여야 한다.

③ 제1항에 따른 등록을 하려는 자는 대통령령으로 정하는 자본금 · 시설 및 설비

등을 갖추어야 한다.

제9조(보험 가입 등) 관광사업자는 해당 사업과 관련하여 사고가 발생하거나 관광객에게 손해가 발생하면 문화체육관광부령으로 정하는 바에 따라 피해자에게 보험금을 지급할 것을 내용으로 하는 보험 또는 공제에 가입하거나 영업보증금을 예치하여야 한다.

판례내용 원고들은 일가족으로서 여행업자인 피고 1 주식회사가 기획·판매한 10박 11일간의 호주 및 뉴질랜드관광 기획여행계약을 체결하였다. 원고들은 이 사건 여행계약에 따라 2007. 2. 8. 출국하여 뉴질랜드를 여행하던 중, 2007. 2. 10. 11:30경 뉴질랜드 북섬 중북부 와이카토 지역의 토코로아로부터 남쪽으로 12km 떨어진 1번 고속도로에서 현지 운전자인 소외 1이 운전하는 버스를 타고 가다가 위 소외 1의 과실로 버스가 전복하는 사고가 발생하였다.

이 사건 여행계약에 적용되는 피고 1 주식회사의 여행약관 제14조는 "당사는 현지 여행업자 등의 고의 또는 과실로 여행자에게 손해를 가한 경우 여행자에게 손해를 배상하여야 한다", 제17조는 "당사는 여행출발시부터 도착시까지 당사 본인 또는 그 고용인, 현지여행업자 또는 그 고용인 등이 제2조 제1항에서 규정한 당사의 임무와 관련하여 여행자에게 고의 또는 과실로 손해를 가한 경우 책임을 진다", 제21조는 "당사는 이 여행과 관련하여 여행자에게 손해가 발생한 경우 여행자에게 보험금을 지급하기 위한 보험 또는 공제에 가입하거나 영업보증금을 예치하여야 한다"라고 규정되어 있다.

한편, 피고 1 주식회사는 2006. 4. 29. 보험사업자인 피고 2 주식회사 사이에서 피보험자를 '(사)한국종합여행업협회', 보험가입금액을 '500,000,000원', '보험기간을 2006. 4. 29.부터 2007. 4. 28.까지(365일간)'로, 보증내용을 '여행업등록 및 기획여행실시 신고에 따른 영업보증금 보증', 행정행위의 내용을 '종류: 여행업의 등록(기획여행), 조건: 관광진흥법 제9조 및 동법 시행규칙 제18조, 인·허가기간: 2007. 4. 29.부터 2008. 4. 28.까지, 인·허가 장소: 강남구 (이하 생략), 인·허가 또는 영업보증금액: 500,000,000원'으로 하는 인·허가보증보험계약(이하 '이 사건 보증보험계약'이라고 한다)을 체결하였다.

第12조(기획여행의 실시) 제4조제1항에 따라 여행업의 등록을 한 자(이하 "여행업자"라 한다)는 문화체육관광부령으로 정하는 요건을 갖추어 문화체육관광부령으로 정하는 바에 따라 기획여행을 실시할 수 있다.

第13조(국외여행 인솔자) ① 여행업자가 내국인의 국외여행을 실시할 경우 여행자의 안전 및 편의 제공을 위하여 그 여행을 인솔하는 자를 둘 때에는 문화체육관광부령으로 정하는 자격요건에 맞는 자를 두어야 한다.

② 제1항에 따른 국외여행 인솔자의 자격요건을 갖춘 자가 내국인의 국외여행을 인솔하려면 문화체육관광부장관에게 등록하여야 한다.

③ 문화체육관광부장관은 제2항에 따라 등록한 자에게 국외여행 인솔자 자격증을 발급하여야 한다.

④ 제2항 및 제3항에 따른 등록의 절차 및 방법, 자격증의 발급 등에 필요한 사항은 문화체육관광부령으로 정한다.

第14조(여행계약 등) ① 여행업자는 여행자와 계약을 체결할 때에는 여행자를 보호하기 위하여 문화체육관광부령으로 정하는 바에 따라 해당 여행지에 대한 안전정보를 제공하여야 한다. 해당 여행지에 대한 안전정보가 변경된 경우에도 또한 같다.

② 여행업자는 여행자와 여행계약을 체결하였을 때에는 그 서비스에 관한 내용을 적은 여행계약서(여행일정표 및 약관을 포함한다. 이하 같다)를 여행자에게 내주어야 한다.

③ 여행업자는 여행일정(선택관광 일정을 포함한다)을 변경하려면 문화체육관광부령으로 정하는 바에 따라 여행자의 사전 동의를 받아야 한다.

第35조(등록취소 등) ① 관할 등록기관 등의 장은 관광사업의 등록 등을 받거나 신고를 한 자 또는 사업계획의 승인을 받은 자가 다음 각 호의 어느 하나에 해당하면 그 등록 등 또는 사업계획의 승인을 취소하거나 6개월 이내의 기간을 정하여 그 사업의 전부 또는 일부의 정지를 명하거나 시설 · 운영의 개선을 명할 수 있다.

1. 제4조에 따른 등록기준에 적합하지 아니하게 된 경우 또는 변경등록기간 내에 변경등록을 하지 아니하거나 등록한 영업범위를 벗어난 경우
4. 제9조에 따른 보험 또는 공제에 가입하지 아니하거나 영업보증금을 예치하지 아니한 경우
6. 제12조에 따른 기획여행의 실시요건 또는 실시방법을 위반하여 기획여행을 실시한 경우
7. 제14조를 위반하여 안전정보 또는 변경된 안전정보를 제공하지 아니하거나, 여행계약서 및 보험 가입 등을 증명할 수 있는 서류를 여행자에게 내주지 아니한 경우 또는 여행자의 사전 동의 없이 여행일정(선택관광 일정을 포함한다)을 변경하는 경우
20. 고의로 여행계약을 위반한 경우(여행업자만 해당한다)

② 관할 등록기관 등의 장은 관광사업의 등록 등을 받은 자가 다음 각 호의 어느 하나에 해당하면 6개월 이내의 기간을 정하여 그 사업의 전부 또는 일부의 정지를 명할 수 있다.

1. 제13조제2항에 따른 등록을 하지 아니한 자에게 국외여행을 인솔하게 한 경우

제37조(과징금의 부과) ① 관할 등록기관등의 장은 관광사업자가 제35조제1항 각 호 또는 제2항 각 호의 어느 하나에 해당되어 사업 정지를 명하여야 하는 경우로서 그 사업의 정지가 그 이용자 등에게 심한 불편을 주거나 그 밖에 공익을 해칠 우려가 있으면 사업 정지 처분을 갈음하여 2천만원 이하의 과징금(過徵金)을 부과할 수 있다.

② 제1항에 따라 과징금을 부과하는 위반 행위의 종류 · 정도 등에 따른 과징금의 금액과 그 밖에 필요한 사항은 대통령령으로 정한다.

2 관광진흥법 시행령

제2조(관광사업의 종류) ① 「관광진흥법」(이하 "법"이라 한다) 제3조제2항에 따라 관광사업의

종류를 다음과 같이 세분한다.

1. 여행업의 종류

가. 종합여행업 : 국내외를 여행하는 내국인 및 외국인을 대상으로 하는 여행업(사증(査證)을 받는 절차를 대행하는 행위를 포함한다)

나. 국내외여행업 : 국외를 여행하는 내국인을 대상으로 하는 여행업(사증을 받는 절차를 대행하는 행위를 포함한다)

다. 국내여행업 : 국내를 여행하는 내국인을 대상으로 하는 여행업

제3조(등록절차) ① 법 제4조제1항에 따라 등록을 하려는 자는 문화체육관광부령으로 정하는 바에 따라 관광사업 등록신청서를 특별자치도지사 · 시장 · 군수 · 구청장(자치구의 구청장을 말한다. 이하 같다)에게 제출하여야 한다.

제4조(등록증의 발급) ① 제3조에 따라 등록신청을 받은 특별자치도지사 · 시장 · 군수 · 구청장은 신청한 사항이 제5조에 따른 등록기준에 맞으면 문화체육관광부령으로 정하는 등록증을 신청인에게 발급하여야 한다.

〈관광사업의 등록기준〉

※여행업

가. 종합여행업 :자본금(개인의 경우에는 자산평가액) 2억원 이상일 것

나. 국내외여행업 :자본금(개인의 경우에는 자산평가액) 6천만원 이상일 것

다. 국내여행업 :자본금(개인의 경우에는 자산평가액) 3천만원 이상일 것

라. 공통사항 사무실 :소유권이나 사용권이 있을 것

3 관광진흥법 시행규칙

제3조(관광사업의 변경등록) ① 제2조에 따라 관광사업을 등록한 자가 법 제4조제4항에 따라 등록사항을 변경하려는 경우에는 그 변경사유가 발생한 날부터 30일 이내에 별지 제6호서식의 관광사업 변경등록신청서에 변경사실을 증명하는 서류를 첨부하여 특별자치도지사 · 시장 · 군수 · 구청장에게 제출하여야 한다.

제18조(보험의 가입 등) ① 여행업의 등록을 한 자(이하 "여행업자"라 한다)는 법 제9조에 따라 그 사업을 시작하기 전에 여행알선과 관련한 사고로 인하여 관광객에게 피해를 준 경우 그 손해를 배상할 것을 내용으로 하는 보증보험 또는 영 제39조에 따른 공제(이하 "보증보험등"이라 한다)에 가입하거나 법 제45조에 따른 업종별 관광협회(업종별 관광협회가 구성되지 아니한 경우에는 지역별 관광협회)에 영업보증금을 예치하고 그 사업을 하는 동안(휴업기간을 포함한다) 계속하여 이를 유지하여야 한다.

② 여행업자 중에서 법 제12조에 따라 기획여행을 실시하려는 자는 그 기획여행 사업을 시작하기 전에 제1항에 따라 보증보험 등에 가입하거나 영업보증금을 예치하고 유지하는 것 외에 추가로 기획여행과 관련한 사고로 인하여 관광객에게 피해를 준 경우 그 손해를 배상할 것을 내용으로 하는 보증보험등에 가입하거나 법 제45조에 따른 업종별 관광협회(업종별 관광협회가 구성되지 아니한 경우에는 지역별 관광협회)에 영업보증금을 예치하고 그 기획여행 사업을 하는 동안(기획여행 휴업기간을 포함한다) 계속하여 이를 유지하여야 한다.

③ 제1항 및 제2항에 따라 여행업자가 가입하거나 예치하고 유지하여야 할 보증보험 등의 가입금액 또는 영업보증금의 예치금액은 직전 사업연도의 매출액(손익계산서에 표시된 매출액을 말한다) 규모에 따라 다르다.

④ 제1항부터 제3항까지의 규정에 따라 보증보험등에 가입하거나 영업보증금을 예치한 자는 그 사실을 증명하는 서류를 지체 없이 특별자치도지사 · 시장 · 군수 · 구청장에게 제출하여야 한다.

⑤ 제1항부터 제3항까지의 규정에 따른 보증보험등의 가입, 영업보증금의 예치 및 그 배상금의 지급에 관한 절차 등은 문화체육관광부장관이 정하여 고시한다.

제21조(기획여행의 광고) 법 제12조에 따라 기획여행을 실시하는 자가 광고를 하려는 경우에는 다음 각 호의 사항을 표시하여야 한다. 다만, 2 이상의 기획여행을 동시에 광고하는 경우에는 다음 각 호의 사항 중 내용이 동일한 것은 공통으로 표시할 수 있다.

1. 여행업의 등록번호, 상호, 소재지 및 등록관청

2. 기획여행명 · 여행일정 및 주요 여행지
3. 여행경비
4. 교통 · 숙박 및 식사 등 여행자가 제공받을 서비스의 내용
5. 최저 여행인원
6. 제18조제2항에 따른 보증보험등의 가입 또는 영업보증금의 예치 내용
7. 여행일정 변경 시 여행자의 사전 동의 규정
8. 제22조의4제1항제2호에 따른 여행목적지(국가 및 지역)의 여행경보단계

제22조(국외여행 인솔자의 자격요건) ① 법 제13조제1항에 따라 국외여행을 인솔하는 자는 다음 각 호의 어느 하나에 해당하는 자격요건을 갖추어야 한다.

1. 관광통역안내사 자격을 취득할 것
2. 여행업체에서 6개월 이상 근무하고 국외여행 경험이 있는 자로서 문화체육관광부장관이 정하는 소양교육을 이수할 것
3. 문화체육관광부장관이 지정하는 교육기관에서 국외여행 인솔에 필요한 양성교육을 이수할 것

② 문화체육관광부장관은 제1항제2호 및 제3호에 따른 교육내용 · 교육기관의 지정기준 및 절차, 그 밖에 지정에 필요한 사항을 정하여 고시하여야 한다.

제22조의2(국외여행 인솔자의 등록 및 자격증 발급) ① 법 제13조제2항에 따라 국외여행 인솔자로 등록하려는 사람은 별지 제24호의2서식의 국외여행 인솔자 등록 신청서에 다음 각 호의 어느 하나에 해당하는 서류 및 사진(최근 6개월 이내에 촬영한 탈모 상반신 반명함판) 2매를 첨부하여 관련 업종별 관광협회에 제출하여야 한다.

1. 관광통역안내사 자격증
2. 제22조제1항제2호 또는 제3호에 따른 자격요건을 갖추었음을 증명하는 서류

② 관련 업종별 관광협회는 제1항에 따른 등록 신청을 받으면 제22조제1항에 따른 자격요건에 적합하다고 인정되는 경우에는 별지 제24호의3서식의 국외여행 인솔자 자격증을 발급하여야 한다.

제22조의3(국외여행 인솔자 자격증의 재발급) 제22조의2에 따라 발급받은 국외여행 인

솔자 자격증을 잃어버리거나 헐어 못 쓰게 되어 자격증을 재발급받으려는 사람은 별지 제24호의2서식의 국외여행 인솔자 자격증 재발급 신청서에 자격증(자격증이 헐어 못 쓰게 된 경우만 해당한다) 및 사진(최근 6개월 이내에 촬영한 탈모 상반신 반명함판) 2매를 첨부하여 관련 업종별 관광협회에 제출하여야 한다.

제22조의4(여행지 안전정보 등) ① 법 제14조제1항에 따라 여행업자는 여행자와 국외여행 계약을 체결할 때에는 다음 각 호의 사항을 포함한 해당 여행지에 대한 안전정보를 제공하여야 한다.

1. 「여권법」 제17조에 따라 여권의 사용을 제한하거나 방문 · 체류를 금지하는 국가 목록 및 같은 법 제26조제3호에 따른 벌칙
2. 외교부 해외안전여행 인터넷홈페이지에 게재된 여행목적지(국가 및 지역)의 여행경보단계 및 국가별 안전정보(긴급연락처를 포함한다)
3. 해외여행자 인터넷 등록 제도에 관한 안내

② 법 제14조제3항에 따라 여행업자는 여행계약서(여행일정표 및 약관을 포함한다)에 명시된 숙식, 항공 등 여행일정(선택관광 일정을 포함한다)을 변경하는 경우 해당 날짜의 일정을 시작하기 전에 여행자로부터 서면으로 동의를 받아야 한다.

③ 제2항에 따른 서면동의서에는 변경일시, 변경내용, 변경으로 발생하는 비용 및 여행자 또는 단체의 대표자가 일정변경에 동의한다는 의사를 표시하는 자필서명이 포함되어야 한다.

④ 여행업자는 천재지변, 사고, 납치 등 긴급한 사유가 발생하여 여행자로부터 사전에 일정변경 동의를 받기 어렵다고 인정되는 경우에는 사전에 일정변경 동의서를 받지 아니할 수 있다. 다만, 여행업자는 사후에 서면으로 그 변경내용 등을 설명하여야 한다.

memo

제2절 여권법 관련법령

1 여권법

제1조(목적) 이 법은 여권(旅券)의 발급, 효력과 그 밖에 여권에 관하여 필요한 사항을 규정함을 목적으로 한다.

제2조(여권의 소지) 외국을 여행하려는 국민은 이 법에 따라 발급된 여권을 소지하여야 한다.

제3조(발급권자) 여권은 외교부장관이 발급한다.

제4조(여권의 종류) ① 여권의 종류는 일반여권 · 관용여권과 외교관여권으로 하되, 이를 각각 1회에 한하여 외국여행을 할 수 있는 여권(이하 "단수여권"이라 한다)과 유효기간 만료일까지 횟수에 제한 없이 외국여행을 할 수 있는 여권(이하 "복수여권"이라 한다)으로 구분할 수 있다.

② 관용여권과 외교관여권의 발급대상자는 대통령령으로 정한다.

제5조(여권의 유효기간) ① 제4조에 따른 여권의 종류별 유효기간은 다음 각 호와 같다.

1. 일반여권 : 10년 이내
2. 관용여권 : 5년 이내
3. 외교관여권 : 5년 이내

② 여권의 종류별 유효기간의 설정 등에 필요한 사항은 대통령령으로 정한다.

제6조(단수여권의 발급) ① 외교부장관은 다음 각 호의 어느 하나에 해당하는 경우에는 1년 이내의 유효기간이 설정된 단수여권을 발급할 수 있다.

1. 여권발급 신청인이 요청하는 경우
2. 제12조제4항에 따라 여권을 발급하는 경우

3. 「병역법」에 따라 국외여행의 허가를 받아야 하는 사람으로서 대통령령으로 정하는 사람에게 여권을 발급하는 경우
4. 제11조제2항의 확인기간 내에 유학생의 학사일정에 따른 출국 등 부득이한 사유로 국외여행을 하여야 할 필요가 있다고 인정되는 사람에게 여권을 발급하는 경우

② 단수여권의 발급에 관한 세부사항은 대통령령으로 정한다.

제7조(여권의 수록 정보와 수록 방법) ① 여권에 수록하는 정보는 다음 각 호와 같다.

1. 여권의 종류, 발행국, 여권번호, 발급일, 기간만료일과 발급관청
2. 여권의 명의인(名義人)의 성명, 국적, 성별, 생년월일과 사진

② 제1항 각 호의 정보는 대통령령으로 정하는 바에 따라 여권에 인쇄하고 전자적으로 수록한다. 다만, 재외공관에서의 여권발급 등 대통령령으로 정하는 부득이한 사유가 있는 경우에는 전자적으로 수록하지 아니할 수 있다.

제8조(여권업무의 수행에 필요한 정보의 수집 · 보관과 관리) ① 외교부장관은 제7조제1항에 따라 여권에 수록하는 정보를 포함하여, 여권을 발급받는 사람의 지문(指紋)(이하 "지문"이라 한다), 주소, 주민등록번호, 연락처, 국내 긴급연락처, 여권발급기록 등 외교부령으로 정하는 바에 따라 여권업무의 수행에 필요한 정보를 수집 · 보관하고 관리할 수 있다. 다만, 지문은 여권발급 과정에서 본인 여부를 확인하기 위한 목적 외에는 수집 · 보관 · 관리할 수 없으며 그 보관 및 관리 기간은 3개월 이내로 한다.

② 외교부장관은 제1항에 따른 정보의 수집 · 보관 및 관리를 위하여 여권정보통합관리시스템을 구축하고 이를 제21조제1항에 따라 여권 사무를 대행하는 기관과 연계하여 운영할 수 있다.

③ 제2항에 따른 여권정보통합관리시스템의 구축 · 운영에 필요한 사항은 대통령령으로 정한다.

제9조(여권의 발급 신청) ① 여권을 발급받으려는 사람은 제8조의 정보를 제공하면서 외교부장관에게 여권의 발급을 신청하여야 한다. 다만, 지문을 채취할 수 없는 부

득이한 사정이 있는 등 대통령령으로 정하는 경우에는 지문을 제공하지 아니할 수 있다.

② 외교부장관은 「장애인복지법」 제2조제2항에 따라 제1급부터 제3급까지의 장애등급에 해당하는 시각장애인이 제1항에 따른 여권의 발급을 신청하는 경우 시각장애인용 점자 여권을 발급할 수 있다.

③ 제1항에 따른 여권의 발급 신청은 본인이 직접 하여야 한다. 다만, 외교부령으로 정하는 사람에 대하여는 대리인으로 하여금 신청하게 할 수 있다.

제10조(정보자료의 제공 등 협조 요청) ① 외교부장관은 여권의 발급과 관련하여 필요한 경우에는 관계 기관의 장에게 「주민등록법」에 따른 주민등록전산정보자료, 「가족관계의 등록 등에 관한 법률」에 따른 가족관계 등록사항에 관한 전산정보자료 등 국가가 관리하는 정보자료의 제공이나 그 밖에 필요한 협조를 요청할 수 있다.

② 제1항에 따른 정보자료의 제공 등의 협조를 요청받은 관계 기관의 장은 특별한 사유가 없으면 요청에 따라야 한다.

제11조(여권의 재발급) ① 여권을 발급받은 사람은 다음 각 호의 어느 하나에 해당하면 외교부장관에게 여권의 재발급을 신청할 수 있다.

1. 제7조제1항 각 호의 정보의 정정이나 변경이 필요한 경우
2. 발급받은 여권을 잃어버린 경우
3. 발급받은 여권이 헐어 못쓰게 된 경우

② 외교부장관은 다음 각 호의 어느 하나에 해당하는 경우에는 여권의 재발급 전에 여권을 잃어버리게 된 경위 등을 관계 기관을 통하여 확인할 수 있다. 이 경우 확인기간은 특별한 사유가 없는 한 재발급 신청일부터 30일 이내로 한다.

1. 여권의 재발급 신청일 전 5년 이내에 2회 이상 여권을 잃어버린 사람이 같은 사유로 여권의 재발급을 신청하는 경우
2. 여권을 잃어버리게 된 경위를 정확하게 기재하지 아니하거나 그 경위를 의심할 만한 상당한 이유가 있는 경우

③ 여권의 재발급에 필요한 사항은 대통령령으로 정한다.

제12조(여권의 발급 등의 거부 · 제한) ① 외교부장관은 다음 각 호의 어느 하나에 해당하는 사람에 대하여는 여권의 발급 또는 재발급을 거부할 수 있다.

1. 장기 2년 이상의 형(刑)에 해당하는 죄를 범하고 기소(起訴)되어 있는 사람 또는 장기 3년 이상의 형에 해당하는 죄를 범하고 국외로 도피하여 기소중지된 사람
2. 제24조부터 제26조까지에 규정된 죄를 범하여 형을 선고받고 그 집행이 종료되지 아니하거나 집행을 받지 아니하기로 확정되지 아니한 사람
3. 제2호 외의 죄를 범하여 금고 이상의 형을 선고받고 그 집행이 종료되지 아니하거나 그 집행을 받지 아니하기로 확정되지 아니한 사람
4. 국외에서 대한민국의 안전보장 · 질서유지나 통일 · 외교정책에 중대한 침해를 야기할 우려가 있는 경우로서 다음 각 목의 어느 하나에 해당하는 사람
   가. 출국할 경우 테러 등으로 생명이나 신체의 안전이 침해될 위험이 큰 사람
   나. 「보안관찰법」 제4조에 따라 보안관찰처분을 받고 그 기간 중에 있으면서 같은 법 제22조에 따라 경고를 받은 사람

② 외교부장관은 제1항제4호에 해당하는 사람인지의 여부를 판단하려고 할 때에는 미리 법무부장관과 협의하고 제18조에 따른 여권정책심의위원회의 심의를 거쳐야 한다.

③ 외교부장관은 다음 각 호의 어느 하나에 해당하는 사람에 대하여는 그 사실이 있는 날부터 1년 이상 3년 이하의 기간 동안 여권의 발급 또는 재발급을 제한할 수 있다.

1. 제1항제2호에서 규정하는 죄를 범하여 그 형의 집행을 종료하거나 그 형의 집행을 받지 아니하기로 확정된 사람
2. 외국에서의 위법한 행위 등으로 국위(國威)를 크게 손상시킨 사실이 재외공관 또는 관계 행정기관으로부터 통보된 사람

④ 외교부장관은 제1항이나 제3항에 따라 여권의 발급 또는 재발급이 거부되거나 제한된 사람에 대하여 긴급한 인도적 사유 등 대통령령으로 정하는 사유가 있는

경우에는 해당 사유에 따른 여행목적에만 사용할 수 있는 여권을 발급할 수 있다.

판례내용 형사재판에 계류 중인 청구인이 유효기간 10년의 일반여권 발급을 구하자, 외교통상부장관은 2012. 9. 12. 유효기간 1년 25일의 여권을 발급하였다. 청구인은 이 사건 처분의 취소를 구하는 소를 제기한 후, 그 재판 계속 중 장기 2년 이상의 형에 해당하는 죄를 범하고 기소되어 있는 사람에 대하여 외교통상부장관이 여권의 발급 또는 재발급을 거부할 수 있다고 규정한 여권법 제12조 제1항 제1호에 대하여 위헌법률심판 제청신청을 하였으나 2013. 5. 23. 재판의 전제성이 없어 부적법하다는 이유로 각하되었다.

판례내용 여권발급 신청인이 북한 고위직 출신의 탈북 인사로서 신변에 대한 위해 우려가 있다는 이유로 신청인의 미국 방문을 위한 여권발급을 거부한 것은 거주·이전의 자유를 과도하게 제한하는 것으로서 위법하다고 한 사례이다. 거주·이전의 자유란 국민이 자기가 원하는 곳에 주소나 거소를 설정하고 그것을 이전할 자유를 말하며 그 자유에는 국내에서의 거주·이전의 자유 이외에 해외여행 및 해외이주의 자유가 포함되고, 해외여행 및 해외이주의 자유는 대한민국의 통치권이 미치지 않는 곳으로 여행하거나 이주할 수 있는 자유로서 구체적으로 우리나라를 떠날 수 있는 출국의 자유와 외국 체류를 중단하고 다시 우리나라로 돌아올 수 있는 입국의 자유를 포함한다.
여권의 발급은 헌법이 보장하는 거주 · 이전의 자유의 내용인 해외여행의 자유를 보장하기 위한 수단적 성격을 갖고 있으며, 해외여행의 자유는 행복을 추구하기 위한 권리이자 이동의 자유로운 보장의 확보를 통하여 의사를 표현할 수 있는 측면에서 인신의 자유 또는 표현의 자유와 밀접한 관련을 가진 기본권이므로 최대한 그 권리가 보장되어야 하고, 따라서 그 권리를 제한하는 것은 최소한에 그쳐야 한다. 여권발급 신청인이 북한 고위직 출신의 탈북 인사로서 신변에 대한 위해 우려가 있다는 이유로 신청인의 미국 방문을 위한 여권발급을 거부한 것은 거주·이전의 자유를 과도하게 제한하는 것으로서 위법하다고 한 사례이다.

제13조(여권의 효력상실) ① 여권은 다음 각 호의 어느 하나에 해당하는 때에는 그

효력을 잃는다.

1. 여권의 유효기간이 끝난 때
2. 여권이 발급된 날부터 6개월이 지날 때까지 신청인이 그 여권을 받아가지 아니한 때
3. 여권을 잃어버려 그 명의인이 대통령령으로 정하는 바에 따라 분실을 신고한 때
4. 여권의 발급 또는 재발급을 신청하기 위하여 반납된 여권의 경우에는 신청한 여권이 발급되거나 재발급된 때
5. 발급된 여권이 변조된 때
6. 여권이 다른 사람에게 양도되거나 대여되어 행사된 때
7. 여권의 발급이나 재발급을 받은 사람이 외국국적을 취득하여「국적법」에 따라 국적을 상실한 때
8. 제19조에 따라 여권의 반납명령을 받고도 지정한 반납기간 내에 정당한 사유 없이 여권을 반납하지 아니한 때
9. 단수여권의 경우에는 여권의 명의인이 귀국한 때

② 제1항제2호부터 제8호까지의 규정에 따른 여권의 효력상실 사유를 알게 된 지방자치단체의 소속 공무원 중 여권의 발급이나 재발급에 관한 사무를 담당하는 사람, 국가경찰공무원, 자치경찰공무원, 출입국관리나 세관업무에 종사하는 사람으로서 사법경찰관리의 직무를 행하는 사람은 그 사실을 외교부장관에게 통보하여야 한다.

제14조(여권을 갈음하는 증명서) ① 외교부장관은 국외 체류 중에 여권을 잃어버린 사람으로서 여권의 발급을 기다릴 시간적 여유가 없는 사람 등 대통령령으로 정하는 사람에게 여행목적지가 기재된 여권을 갈음하는 증명서(이하 "여행증명서"라 한다)를 발급할 수 있다.

② 여행증명서의 유효기간은 1년 이내로 하되, 그 여행증명서의 발급 목적을 이루면 그 효력을 잃는다.

③ 여행증명서의 발급과 효력에 관하여는 제7조부터 제10조까지, 제12조, 제13조와 제16조부터 제18조까지의 규정을 준용한다.

第15條(여권의 기재사항변경) 여권을 발급받은 사람은 외교부장관에게 제7조제1항 각 호의 정보를 제외한 여권의 기재사항변경을 신청할 수 있다.

第16條(여권의 부정한 발급 · 행사 등의 금지) 누구든지 다음 각 호에 해당하는 행위를 하여서는 아니 된다.

1. 여권의 발급이나 재발급을 받기 위하여 제출한 서류에 거짓된 사실을 적거나 그 밖의 부정한 방법으로 여권의 발급 · 재발급을 받는 행위나 이를 알선하는 행위
2. 다른 사람 명의의 여권을 사용하는 행위
3. 사용하게 할 목적으로 여권을 다른 사람에게 양도 · 대여하거나 이를 알선하는 행위
4. 사용할 목적으로 다른 사람 명의의 여권을 양도받거나 대여받는 행위
5. 채무이행의 담보로 여권을 제공하거나 제공받는 행위

第17條(여권의 사용제한 등) ① 외교부장관은 천재지변 · 전쟁 · 내란 · 폭동 · 테러 등 대통령령으로 정하는 국외 위난상황(危難狀況)으로 인하여 국민의 생명 · 신체나 재산을 보호하기 위하여 국민이 특정 국가나 지역을 방문하거나 체류하는 것을 중지시키는 것이 필요하다고 인정하는 때에는 기간을 정하여 해당 국가나 지역에서의 여권의 사용을 제한하거나 방문 · 체류를 금지(이하 "여권의 사용제한 등"이라 한다)할 수 있다. 다만, 영주(永住), 취재 · 보도, 긴급한 인도적 사유, 공무 등 대통령령으로 정하는 목적의 여행으로서 외교부장관이 필요하다고 인정하면 여권의 사용과 방문 · 체류를 허가할 수 있다.

② 외교부장관이 제1항에 따라 여권의 사용제한 등을 하려면 대통령령으로 정하는 절차와 방식에 따라 대상 국가나 지역, 여권의 사용제한 등의 범위 · 조건과 기간, 여권의 사용과 방문 · 체류의 허가 신청절차 등을 정하여 고시하여야 한다.

③ 외교부장관은 국외 위난상황의 해소 등으로 여권의 사용제한 등을 지속할 필요가 없는 경우에는 지체 없이 그 여권의 사용제한 등을 해제하고, 그 사실을 고시하여야 한다.

④ 외교부장관이 제1항과 제3항에 따라 여권의 사용제한 등과 그 해제, 여권의 사용과 방문 · 체류의 허가를 할 때에는 미리 제18조에 따른 여권정책심의위원회의 심의를 거쳐야 한다.

제19조(여권 등의 반납 등) ① 외교부장관은 다음 각 호의 어느 하나에 해당하는 사유가 있어서 여권이나 여행증명서(이하 "여권 등"이라 한다)를 반납시킬 필요가 있다고 인정하면 여권 등의 명의인에게 반납에 필요한 적정한 기간을 정하여 여권 등의 반납을 명할 수 있다.

1. 여권 등의 명의인이 그 여권 등을 발급받은 후에 제12조제1항 각 호 또는 같은 조 제3항 각 호의 어느 하나에 해당하는 사람임이 밝혀진 경우
2. 여권 등의 명의인이 그 여권 등을 발급받은 후에 제12조제1항 각 호나 같은 조 제3항 각 호의 어느 하나에 해당하게 된 경우
3. 착오나 과실로 인하여 여권 등이 발급된 경우

② 유효한 여권 등을 소지하고 있는 사람이 제11조제1항제1호와 제3호에 따른 사유 등으로 인하여 새로운 여권 등을 재발급 받으려면 소지하고 있는 여권 등을 반납하여야 한다.

③ 여권 등의 명의인이 사증의 사용 등을 위하여 반납하여야 할 여권 등을 보존할 것을 신청하는 경우 외교부장관은 그 여권 등에 소인(消印)하여 이를 그 여권 등의 명의인이 보존하게 할 수 있다.

④ 외교부장관은 제1항제1호와 제2호에 해당하는 사람의 여권 등을 반납받는 경우 제12조제3항에 따른 여권 등의 발급제한사유에 해당하는 사람의 여권 등은 해당 제한기간 동안 이를 보관하여야 하고, 그 기간이 지나면 여권 등의 명의인에게 돌려주어야 한다.

제20조(여권 등의 직접 회수) 외교부장관은 제16조를 위반한 사람이나 제19조제1항에 따른 반납명령을 받고 정당한 사유 없이 여권 등을 반납하지 아니한 사람이 소지한 여권 등은 이를 직접 회수할 수 있다.

제21조(사무의 대행 등) ① 외교부장관은 여권 등의 발급, 재발급과 기재사항변경에

관한 사무의 일부를 대통령령으로 정하는 바에 따라 영사(領事)나 지방자치단체의 장에게 대행(代行)하게 할 수 있다.

② 여권 등의 발급, 재발급과 기재사항변경을 신청하려는 사람은 그의 주소지를 관할하지 아니하는 지방자치단체의 장에게도 이를 신청할 수 있다.

③ 외교부장관은 제20조에 따른 여권 등의 직접 회수에 관한 권한을 대통령령으로 정하는 바에 따라 다음 각 호로 정하는 사람으로 하여금 대행하게 할 수 있다.

1. 외교부 · 지방자치단체의 소속 공무원 중 여권 등의 발급에 관한 사무를 담당하는 사람
2. 국가경찰공무원이나 자치경찰공무원
3. 출입국관리나 세관업무에 종사하는 사람으로서 사법경찰관리의 직무를 행하는 사람

④ 제3항에 따라 권한을 대행하는 공무원은 그 권한을 증명하는 증표를 지니고 이를 관계인에게 내보여야 한다.

⑤ 외교부장관은 제22조제2항의 수수료 수입만으로는 제1항의 사무를 대행하는 데 필요한 경비를 충당할 수 없는 지방자치단체에 대하여는 국고에서 그 부족분을 보조할 수 있다.

제22조(수수료) ① 여권 등(관용여권 및 외교관여권을 제외한다. 이하 이 조에서 같다)의 발급, 재발급과 기재사항변경을 받으려는 사람은 외교부장관에게 수수료를 납부하여야 한다. 다만, 제21조제1항에 따라 여권 사무를 대행하는 지방자치단체의 장에게 여권 등의 발급, 재발급과 기재사항변경을 신청하는 경우에는 그 지방자치단체의 장에게 수수료를 납부하여야 한다.

② 제1항 단서에 따라 납부하는 수수료 중 사무의 대행에 소요되는 비용에 상당하는 금액은 그 지방자치단체의 수입으로 한다.

③ 제1항과 제2항에 따른 수수료의 납부방법, 수수료의 금액과 그 중 사무의 대행에 소요되는 비용에 상당하는 금액 등은 대통령령으로 정한다.

제23조(여권전자인증체계의 구축) ① 외교부장관은 여권 등의 위조나 변조를 방지하

고 여권 등이 국제적으로 통용될 수 있도록 하기 위하여 국제민간항공기구에서 정하는 기준에 따라 전자적 방법으로 처리된 여권 등의 발급과 수록사항의 확인 등을 위한 정보체계(이하 "여권전자인증체계"라 한다)를 구축하여야 한다.

② 여권전자인증체계의 구축과 관리 등에 필요한 사항은 대통령령으로 정한다.

제23조의2(여권정보연계시스템의 구축 · 운영 등) ① 외교부장관은 여권이 국내에서 신분증명서로 활용될 수 있도록 여권번호를 바탕으로 한 여권의 진위 여부 확인 및 여권 명의인의 신원 확인에 필요한 정보시스템(이하 "여권정보연계시스템"이라 한다)을 구축 · 운영하여야 한다.

② 외교부장관은 여권의 진위 여부에 대한 확인요청이 있는 경우 여권정보연계시스템을 이용하여 그 진위를 확인하여 줄 수 있다.

③ 외교부장관은 여권 명의인의 신원 확인에 필요한 정보 제공의 요청이 있는 경우 여권정보연계시스템을 이용하여 그 신원 확인에 필요한 정보를 제공하여 줄 수 있다. 다만, 여권정보연계시스템을 통한 정보 제공이 어려운 경우에는 신원 확인에 필요한 정보를 기재한 증명서를 발급할 수 있다.

④ 제1항에 따른 여권정보연계시스템의 구축 · 운영, 제2항에 따른 여권의 진위 여부 확인 및 제3항에 따른 여권 명의인의 신원 확인에 필요한 정보의 제공과 증명서의 발급에 필요한 사항은 대통령령으로 정한다.

제24조(벌칙) 제16조제1호(제14조제3항에 따라 준용되는 경우를 포함한다)를 위반하여 여권 등의 발급이나 재발급을 받기 위하여 제출한 서류에 거짓된 사실을 적은 사람, 그 밖의 부정한 방법으로 여권 등의 발급, 재발급을 받은 사람이나 이를 알선한 사람은 3년 이하의 징역 또는 3천만원 이하의 벌금에 처한다.

제25조(벌칙) 다음 각 호의 어느 하나에 해당하는 사람은 2년 이하의 징역 또는 2천만원 이하의 벌금에 처한다.

1. 제16조제2호(제14조제3항에 따라 준용되는 경우를 포함한다)를 위반하여 다른 사람 명의의 여권 등을 사용한 사람
2. 제16조제3호(제14조제3항에 따라 준용되는 경우를 포함한다)를 위반하여 사용하게 할 목적으

로 여권 등을 다른 사람에게 양도 · 대여하거나 이를 알선한 사람

제26조(벌칙) 다음 각 호의 어느 하나에 해당하는 사람은 1년 이하의 징역 또는 1천만 원 이하의 벌금에 처한다.

1. 제16조제4호(제14조제3항에 따라 준용되는 경우를 포함한다)를 위반하여 사용할 목적으로 다른 사람 명의의 여권 등을 양도받거나 대여받은 사람
2. 제16조제5호(제14조제3항에 따라 준용되는 경우를 포함한다)를 위반하여 채무이행의 담보로 여권 등을 제공하거나 제공받은 사람
3. 제17조제1항 본문 및 제2항에 따라 방문 및 체류가 금지된 국가나 지역으로 고시된 사정을 알면서도 같은 조 제1항 단서에 따른 허가(제14조제3항에 따라 준용되는 경우를 포함한다)를 받지 아니하고 해당 국가나 지역에서 여권 등을 사용하거나 해당 국가나 지역을 방문하거나 체류한 사람

■ 사증(비자) 면제협정 체결국

<table>
<tr><th>총
체결국</th><th>적용대상</th><th colspan="3">국가명</th></tr>
<tr><td rowspan="6">90</td><td>외교관(3)</td><td colspan="3">우크라이나(90일), 우즈베키스탄(60일), 투르크메니스탄(30일)</td></tr>
<tr><td>외교관 · 관용
(29개국)</td><td colspan="3">필리핀(무제한), 이란(3개월), 몽골(30일), 에콰도르(외교: 업무수행기간, 관용: 3개월), 파라과이, 베넹, 베트남, 사이프러스, 벨리즈, 이집트, 크로아티아, 우루과이, 인도, 아르헨티나, 러시아, 알제리, 벨라루스, 카자흐스탄, 방글라데시, 라오스(이상 90일), 파키스탄(3개월), 일본(3개월), 캄보디아(60일), 아제르바이잔(30일)</td></tr>
<tr><td rowspan="4">외교관,
관용, 일반
(63개국)</td><td>30일
(1)</td><td colspan="2">튀니지</td></tr>
<tr><td>60일
(2)</td><td colspan="2">포르투갈, 레소토</td></tr>
<tr><td>아주지역
(4)</td><td colspan="2">태국, 싱가포르, 뉴질랜드, 말레이시아</td></tr>
<tr><td>90일
(60)</td><td>미주
지역
(24)</td><td>바베이도스, 바하마, 코스타리카, 콜롬비아, 파나마, 도미니카(공), 도미니카(연), 그레나다, 자메이카, 페루, 아이티, 세인트루시아, 세인트키츠네비스, 브라질, 세인트빈센트그레나딘,</td></tr>
</table>

90	외교관, 관용, 일반 (63개국)	90일 (60)	미주 지역 (24)	트리니다드토바고, 수리남, 안티구아바부다, 니카라과, 엘살바도르, 멕시코, 칠레, 과테말라, 베네수엘라(외교, 관용 30일, 일반 90일)
			구주 지역 (29)	[쉥겐국(25개국 중 슬로베니아 제외)] 그리스, 오스트리아(외교 · 관용 180일), 스위스, 프랑스, 네덜란드, 벨기에, 룩셈부르크, 독일, 스페인, 몰타, 폴란드, 헝가리, 체코, 슬로바키아, 이탈리아, 라트비아리투아니아, (이하 180일 중 90일), 에스토니아, 핀란드, 스웨덴, 덴마크, 노르웨이, 아이슬랜드(포르투갈은 60일에 해당)
				[비쉥겐국] 리히텐슈타인, 영국, 아일랜드, 불가리아, 루마니아, 터키
			중동 · 아프리카지역 (3)	모로코, 라이베리아, 이스라엘

■ 한국인의 무사증입국(30일)이 가능한 나라(52개 국가 또는 지역)

구분	가능한 나라
아주(11)	동티모르(외교 · 관용), 마카오(90일), 라오스(15일), 몽골(최근 2년 이내 4회, 통산 10회 이상 입국자에 한함), 베트남(15일), 브루나이, 인도네시아(외교 · 관용 / 14일), 일본(90일), 대만, 필리핀(21일), 홍콩(90일)
미주(9)	미국(90일), 캐나다(6개월), 가이아나, 아르헨티나(90일), 에콰도르(90일), 온두라스(90일), 우루과이, 파라과이, 북마리아나연방(1개월)
구주(15)	사이프러스(90일), 산마리노(9일), 세르비아(90일), 모나코(90일), 몬테네그로(90일), 슬로베니아(90일, 쉥겐국), 크로아티아(90일), 안도라(90일), 보스니아 · 헤르체고비나(90일),우크라이나(90일), 그루지아(90일), 코소보(90일), 마케도니아(1년 중 누적 90일), 알바니아(90일), 영국(최대 6개월)
대양주(11)	괌(15일/VWP 90일), 바누아투(1년내 120일), 사모아(60일), 솔로문군도(1년대 90일), 통가, 팔라우, 피지(4개월), 마샬군도, 키리바시, 마이크로네시아, 투발루
아프라카 · 중동(6)	남아프리카공화국, 모리셔스(16일), 세이쉘, 오만, 스와질랜드(60일), 보츠나와(90일)

■ 우리나라에서 무사증입국(30일)이 가능한 국가의 국민(51개 국가 또는 지역)

구분	가능한 나라
아주(6)	홍콩(90일), 일본(90일), 마카오(90일), 브루나이, 대만, 인도네시아(외교 · 관용)
미주(8)	미국(90일), 캐나다(6개월), 아르헨티나, 온두라스, 우루과이, 파라과이, 가이아나, 에콰도르
구주(11)	모나코, 교황청, 슬로베니아(90일), 크로아티아, 알바니아, 사이프러스, 산마리노, 안도라, 보스니아 · 헤르체고비나, 세르비아, 몬테네그로
대양주(13)	괌, 나우루, 뉴칼레도니아, 미크로네시아, 솔로몬군도, 키리바시, 피지, 마샬군도, 팔라우, 사모아, 호주(90일), 투발루, 통가
아프리카 · 중동(13)	남아프리카공화국, 레바논(외교 · 관용), 모리셔스, 바레인, 사우디아라비아, 세이쉘, 스와질란드, 아랍에미리트, 예멘, 오만, 이집트, 카타르, 쿠웨이트

■ 기타사증관련협정 체결현황

적용대상	대상국가
복수사증(12) 협정 및 상호주의에 의거	인도(상용), 호주(상용), 아르헨티나(상용), 미국(단기 종합), 일본, 캐나다(상용), 브라질(상용, 투자, 취재), 러시아(단기 복수), 중국, 우즈베키스탄(상용 등), 우크라이나(상용 · 주재 등), 독일(주재 · 투자 등)
관광취업사증(8)	호주, 캐나다, 일본, 뉴질랜드, 프랑스, 독일, 미국, 아일랜드
항공기 승무원 양해각서	중국

memo

2 여권법 시행령

제2조(여권의 규격 등) ① 여권과 「여권법」(이하 "법"이라 한다) 제14조제1항에 따른 여권을 갈음하는 증명서(이하 "여행증명서"라 한다)의 규격은 가로 8.8센티미터, 세로 12.5센티미터로 한다.

② 여권과 여행증명서(이하 "여권 등"이라 한다) 표지의 상단과 하단에는 한글과 로마자로 각각 대한민국의 국호(國號)와 여권의 종류를 표기하고, 표지의 중앙에는 나라문장(紋章)을 표시하되, 법 제7조제1항의 정보가 전자적으로 수록된 여권의 경우에는 국제민간항공기구에서 정하는 기준에 따라 정보가 전자적으로 수록된 여권임을 상징하는 표식(標識)을 표지의 하단에 추가한다.

③ 여권 등의 종류에 따른 표지 색상과 면수는 다음 각 호와 같다.

1. 일반여권: 녹색(단수여권은 12면, 복수여권은 24면 또는 48면). 다만, 5년 미만의 복수여권은 24면으로 하고, 사진부착식 단수여권은 14면으로 한다.
2. 관용여권: 황갈색(24면 또는 48면)
3. 외교관여권: 남색(24면 또는 48면)
4. 여행증명서: 연청색(8면). 다만, 사진부착식 여행증명서는 10면으로 한다.

제3조(여권 등의 수록 정보와 수록 방법) ① 법 제7조제1항 각 호의 정보는 여권의 신원정보면에 인쇄하고 여권에 전자적으로 수록한다. 이 경우 여권 명의인의 로마자로 표기한 성명(이하 "로마자성명"이라 한다)은 국제민간항공기구의 관련 규정에 따라 한글 성명에 맞게 표기하여야 하며, 이에 관한 세부 사항은 외교부령으로 정한다.

제3조의2(여권의 로마자성명 변경 등) ① 외교부장관은 다음 각 호의 어느 하나에 해당하는 사유가 있다고 인정하는 경우에는 여권을 재발급받거나 여권의 효력상실로 여권을 다시 발급받으려는 사람의 신청에 따라 제3조에 따른 여권의 수록 정보 중 로마자성명을 정정하거나 변경할 수 있다. 다만, 로마자성명의 정정이나 변경을 범죄 등에 이용할 것이 명백하다고 인정되는 경우에는 외교부장관은 로마자성명의 정정이나 변경을 거부할 수 있다.

1. 여권의 로마자성명이 한글성명의 발음과 명백하게 일치하지 않는 경우. 다만, 여권의 로마자성명 표기에 대한 통계 상 해당 한글성명을 가지고 있는 사람 중 외교부장관이 정하여 고시하는 기준 이상에 해당하는 사람이 사용하고 있는 로마자성명을 여권의 로마자성명으로 사용하고 있는 경우는 제외한다.
2. 국외에서 여권의 로마자성명과 다른 로마자성명을 취업이나 유학 등을 이유로 장기간 사용하여 그 로마자성명을 계속 사용하려고 할 경우
3. 국외여행, 이민, 유학 등의 이유로 가족구성원이 함께 출국하게 되어 여권에 로마자로 표기한 성(이하 "로마자 성"이라 한다)을 다른 가족구성원의 여권에 쓰인 로마자 성과 일치시킬 필요가 있는 경우
4. 여권의 로마자 성에 배우자의 로마자 성을 추가 · 변경 또는 삭제하려고 할 경우
5. 여권의 로마자성명의 철자가 명백하게 부정적인 의미를 갖는 경우
6. 개명된 한글성명에 따라 로마자성명을 변경하려는 경우
7. 최초 발급한 여권의 사용 전에 로마자성명을 변경하려는 경우
8. 18세 미만일 때 사용한 여권상 로마자성명을 18세 이후 계속 사용 중인 경우로서 동일한 한글성명을 로마자로 다르게 표기하려는 경우
9. 그 밖에 외교부장관이 인도적인 사유를 고려하여 특별히 필요하다고 인정하는 경우

판례내용 청구인은 이 사건 주위적 청구를 통해서 본인이 수 년간 해외 학업을 하면서 외국인의 발음과 이미지상 해당 국가의 문화에 적합한 로마자 음역의 이름으로 불려 온 사실이 있어 「여권법 시행령」 제3조의2제1항에 따라 그 로마자 음역 이름으로 영문성명이 표기되어야 하므로 피청구인의 이 사건 처분은 위법 · 부당하고 주장한다. 살피건대 「여권법 시행령」 제3조의2제1항에 의하면 여권을 재발급받는 사람의 신청에 따라 영문성명을 정정하거나 변경할 수 있는 경우로는 '국외에서 여권의 영문성명과 다른 영문성명을 취업이나 유학 등을 이유로 장기간 사용하여 그 영문성명을 계속 사용하려고 할 경우'(제2호), '개명된 한글성명에 따라 영문성명을 변경하려는 경우'(제6호) 등이 규정되어 있는바, 청구인이 국외에서

여권의 영문성명과 다른 'LEE ○○○○○○○'이라는 성명을 취업이나 유학 등을 이유로 장기간 사용하여 왔는지 여부를 객관적으로 입증할 자료가 없고, 「여권법 시행령」 제3조제1항 및 「여권법 시행규칙」 제2조의2제1항에 의하면 여권 명의인의 로마자로 표기한 성명(영문성명)은 국제민간항공기구의 관련 규정에 따라 한글 성명에 맞게 표기하되 가족관계등록부에 등록된 한글성명을 음절 단위로 음역에 맞게 표기하도록 되어 있는바, 청구인의 개명된 한글성명은 '이재용'인 반면 청구인이 사용하고자 하는 영문성명은 'LEE ○○○○○○○'으로 위 영문성명 표기 방식에 부합하지 않는 점, 달리 청구인의 경우가 「여권법 시행령」 제3조의2제1항 각 호에 나열된 영문정정 또는 변경 사유에 해당한다고 볼 자료를 찾아 볼 수 없는 점 등을 종합하여 고려하면 피청구인의 이 사건 처분이 관계법령에 반하는 위법 · 부당한 처분이라고 할 수 없으며, 나아가 피청구인이 청구인의 청구 내용대로 청구인의 영문성명을 변경 표기하여야 할 의무가 있다고 할 수 없다.

제5조(일반여권의 발급신청) 일반여권을 발급받으려는 사람은 다음 각 호의 서류(전자문서로 된 서류를 포함한다)를 외교부장관에게 제출하여야 한다. 다만, 외교부장관은 여권을 발급받으려는 사람이 국외에 체류 중인 때에는 외교부령으로 정하는 바에 따라 일부 서류의 제출을 면제할 수 있다.

1. 여권 발급신청서
2. 여권용 사진(여권발급 신청일 전 6개월 이내에 모자 등을 쓰지 않고 촬영한 천연색 상반신 정면 사진으로 머리(턱부터 정수리까지)의 길이가 3.2센티미터 이상 3.6센티미터 이하인 가로 3.5센티미터, 세로 4.5센티미터의 사진을 말한다. 이하 같다)
3. 그 밖에 병역관계 서류 등 외교부령으로 정하는 서류

제13조(단수여권의 발급대상자) 외교부장관은 법 제6조제1항제3호에 따라 만 25세 이상의 병역을 마치지 아니한 사람으로서 지방병무청장이나 병무지청장이 발행하는 국외여행 허가서의 허가기간이 6개월 미만인 사람에게는 단수여권을 발급한다.

제16조(여행증명서의 발급대상자) 외교부장관은 법 제14조에 따라 다음 각 호의 어느 하나에 해당하는 사람에게 여행증명서를 발급할 수 있다.

1. 출국하는 무국적자(無國籍者)
2. 국외에 체류하거나 거주하고 있는 사람으로서 여권을 잃어버리거나 유효기간이 만료되는 등의 경우에 여권 발급을 기다릴 시간적 여유가 없이 긴급히 귀국하거나 제3국에 여행할 필요가 있는 사람
3. 국외에 거주하고 있는 사람으로서 일시 귀국한 후 여권을 잃어버리거나 유효기간이 만료되는 등의 경우에 여권 발급을 기다릴 시간적 여유가 없이 긴급히 거주지국가로 출국하여야 할 필요가 있는 사람
4. 해외 입양자
5. 「남북교류협력에 관한 법률」 제10조에 따라 여행증명서를 소지하여야 하는 사람으로서 여행증명서를 발급할 필요가 있다고 외교부장관이 인정하는 사람

5의2. 국외에 체류하거나 거주하고 있는 사람으로서 여권의 발급 · 재발급이 거부 또는 제한되었거나 외국에서 강제 퇴거된 경우에 귀국을 위하여 여행증명서의 발급이 필요한 사람

6. 「출입국관리법」 제46조에 따라 대한민국 밖으로 강제퇴거되는 외국인으로서 그가 국적을 가지는 국가의 여권 또는 여권을 갈음하는 증명서를 발급받을 수 없는 사람
7. 제1호부터 제5호까지, 제5호의2 및 제6호에 준하는 사람으로서 긴급하게 여행증명서를 발급할 필요가 있다고 외교부장관이 인정하는 사람

제20조(여권을 잃어버린 경우의 정보제공 및 신고 등) ① 여권을 잃어버린 사람은 외교부령으로 정하는 바에 따라 여권의 분실사실을 외교부장관에게 신고할 수 있다.

제21조(헐어 못 쓰게 된 경우의 여권 재발급) 법 제11조제1항제3호에서 "여권이 헐어 못 쓰게 된 경우"에는 법 제7조제1항 각 호의 정보를 식별하는 것이 곤란한 경우와 외관상 여권에는 특별한 문제가 없다 하더라도 전자적으로 수록한 정보가 손상되어 판독이 불가능한 경우를 포함한다.

제3절 출입국 관리법 관련법령

1 출입국 관리법

제1조(목적) 이 법은 대한민국에 입국하거나 대한민국에서 출국하는 모든 국민 및 외국인의 출입국관리를 통한 안전한 국경관리, 대한민국에 체류하는 외국인의 체류관리와 사회통합 등에 관한 사항을 규정함을 목적으로 한다.

제2조(정의) 이 법에서 사용하는 용어의 뜻은 다음과 같다.

1. "국민"이란 대한민국의 국민을 말한다.
2. "외국인"이란 대한민국의 국적을 가지지 아니한 사람을 말한다.
3. "난민"이란 「난민법」 제2조제1호에 따른 난민을 말한다.
4. "여권"이란 대한민국정부 · 외국정부 또는 권한 있는 국제기구에서 발급한 여권 또는 난민여행증명서나 그 밖에 여권을 갈음하는 증명서로서 대한민국정부가 유효하다고 인정하는 것을 말한다.
5. "선원신분증명서"란 대한민국정부나 외국정부가 발급한 문서로서 선원임을 증명하는 것을 말한다.
6. "출입국항"이란 출국하거나 입국할 수 있는 대한민국의 항구 · 공항과 그 밖의 장소로서 대통령령으로 정하는 곳을 말한다.
7. "재외공관의 장"이란 외국에 주재하는 대한민국의 대사(大使), 공사(公使), 총영사(總領事), 영사(領事) 또는 영사업무를 수행하는 기관의 장을 말한다.
8. "선박등"이란 대한민국과 대한민국 밖의 지역 사이에서 사람이나 물건을 수송하는 선박, 항공기, 기차, 자동차, 그 밖의 교통기관을 말한다.
9. "승무원"이란 선박등에서 그 업무를 수행하는 사람을 말한다.
10. "운수업자"란 선박등을 이용하여 사업을 운영하는 자와 그를 위하여 통상 그 사업에 속하는 거래를 대리하는 자를 말한다.
11. "보호"란 출입국관리공무원이 제46조제1항 각 호에 따른 강제퇴거 대상에 해당된다고 의심할 만한 상당한 이유가 있는 사람을 출국시키기 위하여 외국

인보호실, 외국인보호소 또는 그 밖에 법무부장관이 지정하는 장소에 인치(引致)하고 수용하는 집행활동을 말한다.

12. "외국인보호실"이란 이 법에 따라 외국인을 보호할 목적으로 출입국관리사무소나 그 출장소에 설치한 장소를 말한다.

13. "외국인보호소"란 이 법에 따라 외국인을 보호할 목적으로 설치한 시설로서 대통령령으로 정하는 곳을 말한다.

제3조(국민의 출국) ① 대한민국에서 대한민국 밖의 지역으로 출국(이하 "출국"이라 한다)하려는 국민은 유효한 여권을 가지고 출국하는 출입국항에서 출입국관리공무원의 출국심사를 받아야 한다. 다만, 부득이한 사유로 출입국항으로 출국할 수 없을 때에는 관할 출입국관리사무소장(이하 "사무소장"이라 한다)이나 관할 출입국관리사무소 출장소장(이하 "출장소장"이라 한다)의 허가를 받아 출입국항이 아닌 장소에서 출입국관리공무원의 출국심사를 받은 후 출국할 수 있다.

② 제1항에 따른 출국심사는 대통령령으로 정하는 바에 따라 정보화기기에 의한 출국심사로 갈음할 수 있다.

③ 법무부장관은 제2항에 따른 정보화기기에 의한 출국심사에 필요한 경우에는 관계 행정기관이 보유하고 있는 국민의 지문 및 얼굴에 관한 자료의 제출을 요청할 수 있다.

⑤ 출입국관리공무원은 제3항에 따라 제출받은 자료를 출국심사에 활용할 수 있다.

제4조(출국의 금지) ① 법무부장관은 다음 각 호의 어느 하나에 해당하는 국민에 대하여는 6개월 이내의 기간을 정하여 출국을 금지할 수 있다.

1. 형사재판에 계속(係屬) 중인 사람
2. 징역형이나 금고형의 집행이 끝나지 아니한 사람
3. 대통령령으로 정하는 금액 이상의 벌금이나 추징금을 내지 아니한 사람
4. 대통령령으로 정하는 금액 이상의 국세 · 관세 또는 지방세를 정당한 사유 없이 그 납부기한까지 내지 아니한 사람
5. 그 밖에 제1호부터 제4호까지의 규정에 준하는 사람으로서 대한민국의 이익이나 공공의 안전 또는 경제질서를 해칠 우려가 있어 그 출국이 적당하지 아

니하다고 법무부령으로 정하는 사람

② 법무부장관은 범죄 수사를 위하여 출국이 적당하지 아니하다고 인정되는 사람에 대하여는 1개월 이내의 기간을 정하여 출국을 금지할 수 있다. 다만, 다음 각 호에 해당하는 사람은 그 호에서 정한 기간으로 한다.

1. 소재를 알 수 없어 기소중지결정이 된 사람 또는 도주 등 특별한 사유가 있어 수사진행이 어려운 사람: 3개월 이내
2. 기소중지결정이 된 경우로서 체포영장 또는 구속영장이 발부된 사람: 영장 유효기간 이내

③ 중앙행정기관의 장 및 법무부장관이 정하는 관계 기관의 장은 소관 업무와 관련하여 제1항 또는 제2항 각 호의 어느 하나에 해당하는 사람이 있다고 인정할 때에는 법무부장관에게 출국금지를 요청할 수 있다.

④ 출입국관리공무원은 출국심사를 할 때에 제1항 또는 제2항에 따라 출국이 금지된 사람을 출국시켜서는 아니 된다.

⑤ 제1항부터 제4항까지에서 규정한 사항 외에 출국금지기간과 출국금지절차에 관하여 필요한 사항은 대통령령으로 정한다.

제4조의2(출국금지기간의 연장) ① 법무부장관은 출국금지기간을 초과하여 계속 출국을 금지할 필요가 있다고 인정하는 경우에는 그 기간을 연장할 수 있다.

② 제4조제3항에 따라 출국금지를 요청한 기관의 장은 출국금지기간을 초과하여 계속 출국을 금지할 필요가 있을 때에는 출국금지기간이 끝나기 3일 전까지 법무부장관에게 출국금지기간을 연장하여 줄 것을 요청하여야 한다.

③ 제1항 및 제2항에서 규정한 사항 외에 출국금지기간의 연장절차에 관하여 필요한 사항은 대통령령으로 정한다.

제4조의3(출국금지의 해제) ① 법무부장관은 출국금지 사유가 없어졌거나 출국을 금지할 필요가 없다고 인정할 때에는 즉시 출국금지를 해제하여야 한다.

② 제4조제3항에 따라 출국금지를 요청한 기관의 장은 출국금지 사유가 없어졌을 때에는 즉시 법무부장관에게 출국금지의 해제를 요청하여야 한다.

③ 제1항 및 제2항에서 규정한 사항 외에 출국금지의 해제절차에 관하여 필요한

사항은 대통령령으로 정한다.

제4조의4(출국금지결정 등의 통지) ① 법무부장관은 제4조제1항 또는 제2항에 따라 출국을 금지하거나 제4조의2제1항에 따라 출국금지기간을 연장하였을 때에는 즉시 당사자에게 그 사유와 기간 등을 밝혀 서면으로 통지하여야 한다.

② 법무부장관은 제4조의3제1항에 따라 출국금지를 해제하였을 때에는 이를 즉시 당사자에게 통지하여야 한다.

③ 법무부장관은 제1항에도 불구하고 다음 각 호의 어느 하나에 해당하는 경우에는 제1항의 통지를 하지 아니할 수 있다.

1. 대한민국의 안전 또는 공공의 이익에 중대한 위해(危害)를 끼칠 우려가 있다고 인정되는 경우
2. 범죄수사에 중대한 장애가 생길 우려가 있다고 인정되는 경우. 다만, 연장기간을 포함한 총 출국금지기간이 3개월을 넘는 때에는 당사자에게 통지하여야 한다.
3. 출국이 금지된 사람이 있는 곳을 알 수 없는 경우

제4조의5(출국금지결정 등에 대한 이의신청) ① 제4조제1항 또는 제2항에 따라 출국이 금지되거나 제4조의2제1항에 따라 출국금지기간이 연장된 사람은 출국금지결정이나 출국금지기간 연장의 통지를 받은 날 또는 그 사실을 안 날부터 10일 이내에 법무부장관에게 출국금지결정이나 출국금지기간 연장결정에 대한 이의를 신청할 수 있다.

② 법무부장관은 제1항에 따른 이의신청을 받으면 그 날부터 15일 이내에 이의신청의 타당성 여부를 결정하여야 한다. 다만, 부득이한 사유가 있으면 15일의 범위에서 한 차례만 그 기간을 연장할 수 있다.

③ 법무부장관은 제1항에 따른 이의신청이 이유 있다고 판단하면 즉시 출국금지를 해제하거나 출국금지기간의 연장을 철회하여야 하고, 그 이의신청이 이유 없다고 판단하면 이를 기각하고 당사자에게 그 사유를 서면에 적어 통보하여야 한다.

제4조의6(긴급출국금지) ① 수사기관은 범죄 피의자로서 사형 · 무기 또는 장기 3년 이상의 징역이나 금고에 해당하는 죄를 범하였다고 의심할 만한 상당한 이유가 있고, 다음 각 호의 어느 하나에 해당하는 사유가 있으며, 긴급한 필요가 있는 때에는 제4조제3항에도 불구하고 출국심사를 하는 출입국관리공무원에게 출국금지를 요청할 수 있다.

1. 피의자가 증거를 인멸할 염려가 있는 때
2. 피의자가 도망하거나 도망할 우려가 있는 때

② 제1항에 따른 요청을 받은 출입국관리공무원은 출국심사를 할 때에 출국금지가 요청된 사람을 출국시켜서는 아니 된다.

③ 수사기관은 제1항에 따라 긴급출국금지를 요청한 때로부터 6시간 이내에 법무부장관에게 긴급출국금지 승인을 요청하여야 한다. 이 경우 검사의 수사지휘서 및 범죄사실의 요지, 긴급출국금지의 사유 등을 기재한 긴급출국금지보고서를 첨부하여야 한다.

④ 법무부장관은 수사기관이 제3항에 따른 긴급출국금지 승인 요청을 하지 아니한 때에는 제1항의 수사기관 요청에 따른 출국금지를 해제하여야 한다. 수사기관이 긴급출국금지 승인을 요청한 때로부터 12시간 이내에 법무부장관으로부터 긴급출국금지 승인을 받지 못한 경우에도 또한 같다.

⑤ 제4항에 따라 출국금지가 해제된 경우에 수사기관은 동일한 범죄사실에 관하여 다시 긴급출국금지 요청을 할 수 없다.

⑥ 그 밖에 긴급출국금지의 절차 및 긴급출국금지보고서 작성 등에 필요한 사항은 대통령령으로 정한다.

제6조(국민의 입국) ① 대한민국 밖의 지역에서 대한민국으로 입국(이하 "입국"이라 한다)하려는 국민은 유효한 여권을 가지고 입국하는 출입국항에서 출입국관리공무원의 입국심사를 받아야 한다. 다만, 부득이한 사유로 출입국항으로 입국할 수 없을 때에는 사무소장이나 출장소장의 허가를 받아 출입국항이 아닌 장소에서 출입국관리공무원의 입국심사를 받은 후 입국할 수 있다.

② 출입국관리공무원은 국민이 유효한 여권을 잃어버리거나 그 밖의 사유로 이를

가지지 아니하고 입국하려고 할 때에는 확인절차를 거쳐 입국하게 할 수 있다.

③ 제1항에 따른 입국심사는 대통령령으로 정하는 바에 따라 정보화기기에 의한 입국심사로 갈음할 수 있다.

④ 법무부장관은 제3항에 따른 정보화기기에 의한 입국심사에 필요한 경우에는 관계 행정기관이 보유하고 있는 국민의 지문 및 얼굴에 관한 자료의 제출을 요청할 수 있다.

⑥ 출입국관리공무원은 제4항에 따라 제출받은 자료를 입국심사에 활용할 수 있다.

2 출입국 관리법 시행령

제1조(출입국심사) ① 대한민국의 국민이 「출입국관리법」(이하 "법"이라 한다) 제3조에 따른 출국심사 또는 법 제6조에 따른 입국심사를 받을 때에는 여권을 출입국관리공무원에게 제출하고 질문에 답하여야 한다.

③ 출입국관리공무원은 제1항 및 제2항에 따른 출국심사 또는 입국심사를 마친 때에는 여권에 출국심사인 또는 입국심사인을 찍어야 한다. 다만, 국민이 출국 또는 입국하는 데 지장이 없다고 판단하는 경우 등 법무부장관이 정하는 경우에는 출국심사인 또는 입국심사인의 날인을 생략할 수 있다.

⑥ 병역의무자인 국민이 출국심사를 받을 때에는 「병역법」 제70조에 따른 국외여행허가(기간연장허가를 포함한다)를 받았다는 확인서를 제출하여야 한다. 다만, 출입국관리공무원은 병무청장으로부터 정보통신망 등을 통하여 병역의무자인 국민이 국외여행허가를 받았음을 통보받은 경우에는 확인서 제출을 생략하게 할 수 있다.

제1조의3(벌금 등의 미납에 따른 출국금지 기준) ① 법 제4조제1항제3호에서 "대통령령으로 정하는 금액"이란 다음 각 호의 구분에 따른 금액을 말한다.

1. 벌금: 1천만원
2. 추징금: 2천만원

② 법 제4조제1항제4호에서 "대통령령으로 정하는 금액"이란 다음 각 호의 구분에 따른 금액을 말한다.

1. 국세: 5천만원
2. 관세: 5천만원
3. 지방세: 3천만원

제4절 병역법 관련법령

1 병역법

제70조(국외여행의 허가 및 취소) ① 병역의무자로서 다음 각 호의 어느 하나에 해당하는 사람이 국외여행을 하려면 병무청장의 허가를 받아야 한다.

1. 25세 이상인 병역준비역 또는 보충역으로서 소집되지 아니한 사람
2. 승선근무예비역 또는 보충역으로 복무 중인 사람

② 병무청장은 정당한 사유 없이 징병검사, 재징병검사, 확인신체검사나 입영을 기피한 사실이 있거나 기피하고 있는 사람 등 대통령령으로 정하는 사람에 대하여는 다음 각 호의 기준에 따라 처리하여야 한다. 다만, 가족의 사망 등 불가피한 사유로서 대통령령으로 정하는 경우에는 그러하지 아니하다.

1. 제1항에 따른 국외여행허가 대상자인 경우에는 국외여행허가를 하여서는 아니 된다.
2. 25세 미만으로 병역준비역 또는 보충역으로서 소집되지 아니한 사람인 경우에는 국외여행이 제한되도록 필요한 조치를 취하여야 한다.

③ 국외여행의 허가를 받은 사람이 허가기간에 귀국하기 어려운 경우에는 기간만료 15일 전까지, 25세가 되기 전에 출국한 사람은 25세가 되는 해의 1월 15일까지 병무청장의 기간연장허가 또는 국외여행허가를 받아야 한다.

④ 제1항 및 제3항에 따른 국외여행허가 또는 기간연장허가의 범위 및 절차에 관하여는 대통령령으로 정한다.

⑤ 병무청장은 국외여행허가 또는 기간연장허가를 한 경우에는 그 사실을 법무부

장관에게 통보하여야 한다.

⑥ 제1항 및 제3항에 따라 국외여행허가 또는 기간연장허가를 받은 사람이 국내에서 영주할 목적으로 귀국하는 등 대통령령으로 정하는 사유에 해당하는 경우에는 국외여행허가 또는 기간연장허가를 취소하고 병역의무를 부과할 수 있다.

판례내용 청구인이 1998. 2. 10. 국외여행기간연장허가를 신청하자 피청구인은 청구인이 영주권을 취득하지 못하였다는 이유로 1998. 6. 1. 청구인에 대하여 국외여행기간연장허가를 거부하였다. 청구인은 1990. 8. 17.경 의과대학의 유학을 목적으로 피청구인으로부터 해외여행허가를 득하여 미국으로 출국하여 그동안 ○○주립대학을 졸업하고, △△ 주립대학 대학원에서 의과대학의 입학을 위한 생물학 석사과정을 마치고 1997. 9. 16. 미합중국정부에 영주권 신청을 하였는 바, 1997. 6. 4.경 미국정부에 의하여 영주권 청원신청이 받아들여진 상태였으므로 단지 형식적인 면접절차와 서명절차 등만이 남았는데 통상 4개월 정도 소요되는 영주권 취득기간이 미국정부의 사정으로 이민업무가 전체적으로 지연되어 급기야 여행기간이 도과된 것이다. 청구인에 대한 영주권이 실질적으로 받아들여진 상태로 다만 면접 등의 형식적인 절차만을 남기고 있는 상태이므로 지금이라도 영주권이 나온다면 신청인에 대한 병역의무는 당연 면제가 되는 것이고 피청구인의 청구인에 대한 여행기간연장허가여부는 아무런 의미가 없는 일이 될 것이다.

그러나 청구인이 1997. 9. 16. 미합중국정부에 영주권 신청만으로 실질적인 영주권을 취득하였다고 보아 국외여행기간연장 불허처분은 위법하다고 주장하지만 병역법시행령 제149조에서는 국외영주권취득자에 대하여 국외여행기간연장허가가 된 것으로 규정하고 있는데 청구인은 영주권을 취득하지 못하여 국외연장허가를 받을 수 없는 것이므로 이 건 처분은 적법 · 타당하다.

살피건대, 병역법 제70조에 의하면 현역복무 등을 마치지 아니한 자가 국외여행을 하고자 할 때에는 국외여행허가를 받도록 하고 있고, 국외여행의 허가를 받은 사람이 허가기간 내에 귀국하기 어려운 때에는 기간만료 15일전까지 기간연장허가를 받도록 하고 있으며, 동법시행령 제147조에서는 외국의 학교에 재학하고 있는 사람에 대한 허가기간연장은 27세를 초과할 수 없도록 하고 있고, 동법시행령 제149조에서는 외국에서 영주권을 취득한 자에 대하여는 국외여행기간연장허가를 받은 것으로 보되, 과태료가 부과되기 전에 영주권을 얻고 영주권을 얻은 날부터 1년 이상 그 나라에서 거주한 자에 한하도록 하고 있는 바, 위 사실에 의하면, 청구인은 국외여행허가기간이 지난 후에 기간연장허가신청을 하였고, 1998. 2. 10. 현재 만 28세로서 이미 기간연장허가를 받을 수 있는 연령을 초과한 점, 청구인은 1997. 9. 17. 미국정부에 영주권신청만 하고 현재까지 영주권을 받지 못하고 있으며, 청구인에 대하여 과태료가 부과되었기 때문에 설사 앞으로 영주권을 취득하더라도 기간법령규정상 국외여행기간연장허가를 받을 수 없는 점 등을 인정할 수 있고, 그렇다면 청구인은 어느모로 비추어 보더라도 국외여행허가 대상자에 해당되지 않음이 분명하다 할 것이고, 따라서 이 건 처분은 위법 · 부당하다고 할 수 없을 것이다.

2 병역법 시행규칙

제124조(학교별 제한연령 등) ① 법 제60조제2항제1호 또는 제2호에 해당되는 사람은 다음 각 호의 연령까지 징집이나 소집(이하 제124조의2, 제124조의3, 제125조부터 제127조까지, 제127조의2, 제128조, 제128조의2 및 제129조에서 "입영등"이라 한다)을 연기할 수 있다.

1. 고등학교는 28세
2. 전문대학 및 「평생교육법」 제31조제4항에 따른 전공대학(이하 "전공대학"이라 한다)의 2년제 과정은 22세, 3년제 과정은 23세, 학위심화과정은 24세
3. 대학의 4년제 과정은 24세, 5년제 과정은 25세, 6년제 과정은 26세(의과대학, 치과대학, 한의과대학, 수의과대학 또는 약학대학은 27세)
4. 대학원의 석사학위과정 중 2년제 과정은 26세, 2년을 초과하는 과정은 27세(일반대학원의 의학과 · 치의학과 · 한의학과 · 수의학과 · 약학과 및 의학전문대학원 · 치의학전문대학원은 28세), 박사학위과정은 28세
5. 연수기관은 26세

제145조(국외여행허가 등) ① 법 제70조제1항 또는 제3항에 따라 국외여행허가를 받으려는 사람은 출국 예정일 2일 전까지 병무청장에게, 25세가 되기 전에 출국한 사람은 25세가 되는 해의 1월 15일까지 재외공관의 장을 거쳐 병무청장에게 국외여행허가 신청서(전자문서로 된 신청서를 포함한다)를 제출하여야 한다. 다만, 제146조제1항제7호 및 제9호 외의 사유로 국외여행허가를 받으려는 사람은 재외공관의 장을 거치지 아니하고 병무청장에게 제출할 수 있다.

② 제1항에 따른 국외여행허가 신청서에는 국방부령으로 정하는 서류를 첨부하여야 한다.

③ 병역준비역에 편입되기 전에 「해외이주법」 제6조에 따른 해외이주 신고를 한 사람으로서 거주목적의 여권(이하 "거주여권"이라 한다)을 가진 사람이 일시 귀국하여 다시 출국하는 경우에는 국외여행허가를 받은 것으로 본다.

④ 법 제70조제2항 본문에 따라 국외여행허가 등이 제한되는 사람은 다음 각 호와 같다. 다만, 승선근무예비역이나 보충역으로 복무 중인 사람은 제외한다.

1. 법 제87조 및 제88조에 따른 징병검사 또는 입영을 기피하고 있거나 기피한 사실이 있는 사람
2. 법 제89조의2에 따른 공익근무요원 등의 복무를 이탈하고 있거나 이탈한 사실이 있는 사람
3. 법 제94조에 따른 국외여행허가 의무를 위반한 사실이 있는 사람
4. 제147조의2제1항제1호다목부터 마목까지의 규정 중 어느 하나에 해당하는 사유로 징병검사 연기, 입영 연기 또는 공익근무요원소집 해제처분이 취소된 사람. 다만, 「해외이주법」 제12조에 따라 영주귀국 신고를 한 사람은 제외한다.
5. 병역의무를 기피하거나 감면받을 목적으로 도망가거나 행방을 감춘 경우 또는 신체를 손상하거나 속임수를 쓴 사람

⑤ 법 제70조제2항 단서에 따른 국외여행허가 등을 제한할 수 없는 사유는 다음 각 호의 어느 하나에 해당하는 경우로 한다.

1. 국외에 거주하는 배우자, 본인이나 배우자의 형제자매 · 직계존속 · 직계비속의 사망

2. 국내에서 치료가 곤란한 본인 질병의 치료
3. 입영을 위한 가사의 정리

제146조(국외여행의 허가 범위 및 기간) ① 법 제70조제1항 또는 제3항에 따른 국외여행허가는 다음 각 호의 어느 하나에 해당하는 경우에만 한다.

1. 국제회의 및 국제경기(전지훈련을 포함한다)
2. 훈련 · 연수 · 견학 또는 문화교류
3. 수출시장개척 또는 수출입계약
4. 국외를 왕래하는 선박의 선원(해양 및 수산계 고등학교 이상의 학교에 재학 중인 학생의 승선 실습을 포함한다)
5. 국외를 왕래하는 항공기의 승무원
6. 국외파견 공무원 및 취재기자
7. 국외취업자
8. 국내에서 치료가 곤란한 질병의 치료
9. 국외이주
10. 유학(고등학교에 수학하기 위한 유학은 제외한다). 이 경우 국외여행허가기간은 제124조에 따른 학교별 제한연령까지로 하되, 이미 외국의 학교에 재학 중인 사람에 대해서는 제147조제2항 단서 및 같은 조 제3항에서 규정하고 있는 연령까지로 한다.
11. 친척이나 친지의 방문 등 병무청장이 특히 필요하다고 인정하는 경우

② 제1항에 따른 국외여행허가의 대상, 세부적인 허가기준 및 기간은 병역사항, 여행목적, 여행기간 등을 고려하여 병역의무부과에 지장이 없다고 인정되는 범위에서 병무청장이 정한다.

제147조(국외여행기간 연장허가 등) ① 법 제70조제3항에 따라 국외여행기간 연장허가를 받으려는 사람은 병무청장이 정하는 체재목적을 증명하는 서류와 국외여행기간 연장허가 신청서(전자문서로 된 신청서를 포함한다)를 재외공관의 장을 거쳐 병무청장에게 제출하여야 한다. 다만, 제146조제1항제7호 및 제9호 외의 사유로 국외여행기간 연장허가를 받으려는 사람은 재외공관의 장을 거치지 아니하고 병무청장에게

제출할 수 있다.

② 병무청장은 제1항에 따른 국외여행기간 연장허가 신청서를 받은 경우에는 국외체재 목적을 고려하여 병역의무부과에 지장이 없다고 인정되는 범위에서 허가할 수 있다. 다만, 외국의 학교(고등학교는 제외한다)에 재학 중인 사람은 제124조에 따른 학교별 제한연령까지 허가하되, 학교별 제한연령 내에 졸업이나 학위취득이 곤란한 사람에 대해서는 29세를 초과하지 아니하는 범위에서 학교별 제한연령에 1년을 더한 기간까지 허가할 수 있다.

③ 병무청장은 제2항 단서에도 불구하고 외국의 대학원에 재학 중인 사람이 30세가 되는 해의 6월 이전에 박사학위를 취득할 수 있는 경우에는 30세가 되는 해의 6월 30일까지 허가할 수 있다.

④ 병무청장은 제2항 및 제3항에 따라 국외여행기간 연장허가 여부를 결정한 경우에는 그 결과를 지체 없이 재외공관의 장에게 통보하여 본인에게 통지하도록 하여야 한다.

판례내용 청구인은 미국유학 목적으로 1994. 8. 4.부터 1998. 12. 31.까지 국외여행허가를 받은 후, 1999. 3. 19. 국외여행기간연장허가 신청을 하여 1999. 4. 24. 피청구인으로부터 1999. 1. 1.부터 1999. 12. 31.까지 국외여행기간연장허가를 받았다. 1999. 12. 8. 청구인은 피청구인에게 2000. 1. 1.부터 2000. 12. 31.까지 국외여행기간연장신청을 하였으나, 피청구인은 박사과정 수학자의 경우 28세까지만 기간연장을 할 수 있다는 이유로 2000. 1. 6. 청구인에 대하여 이 건 처분을 하였다. 살피건대, 병역법 제70조, 동법시행령 제129조, 제147조 등 관계법령에 의하면, 국외여행기간을 연장하는 경우 외국의 학교에 재학하고 있는 사람은 학교별 제한연령까지 허가하되, 학교별 제한연령 내에 졸업 또는 학위취득이 곤란한 사람에 대하여는 1년(박사과정 수학자의 경우에는 28세까지)의 범위안에서 다시 허가기간을 연장할 수 있도록 되어 있고, 또한 박사과정의 수학자로서 28세까지 국외여행기간연장허가를 받은 사람은 통산 1년의 범위 안에서 병역의무이행기일을 연장할 수 있도록 되어 있는 바, 위 인정사실에 의하면, 청구인은 미국유학 목적으로 1994. 8. 4.부터 1998. 12. 31.까지 국외여행허가를 받은 후 피청구인으로부터 1999. 1.

1.부터 1999. 12. 31.까지 1년간 국외여행기간연장허가를 받은 점, 위 기간연장 만료일인 1999. 12. 31.현재 청구인의 나이가 28세이고 다시 국외여행기간을 연장할 경우 28세를 초과하게 되는 점 등에 비추어 볼 때, 박사학위취득을 위하여 국외여행기간연장이 필요하다는 개인적인 사정만으로는 피청구인의 이 건 처분이 위법 · 부당한 처분이라고 할 수 없을 것이다. 그러나 이 판례는 2000년 1월 6일에 있었던 판례로 이러한 법 규정은 2012년 12월 20일 병역법 시행령 제147조제3항에서 현재 재학 중인 박사학위자는 30세까지 가능한 것으로 개정되었다.

제147조의2(국외여행허가의 취소) ① 법 제70조제6항에 따라 국외여행허가 또는 국외여행기간 연장허가를 취소하고 병역의무를 부과할 수 있는 경우는 다음 각 호와 같다. 다만, 제1호다목 및 마목에 해당하는 사람이 제128조제5항에 따른 재외국민 2세에 해당하는 기간 동안은 그러하지 아니하다.

1. 국외이주 목적으로 국외여행허가를 받고 출국하거나 국외이주사유로 국외여행기간 연장허가를 받은 사람이 다음 각 목의 어느 하나에 해당하는 경우. 이 경우 부 또는 모와 거주하는 것을 요건으로 국외여행허가 또는 국외여행기간 연장허가를 받은 사람은 부 또는 모가 가목부터 다목까지의 사유에 해당하는 경우에도 적용한다.
   가. 「해외이주법」 제12조에 따라 영주귀국 신고를 한 경우
   다. 1년의 기간 내에 통틀어 6개월 이상 국내에서 체재하고 있는 경우. 이 경우 국내체재기간(입국일은 포함하고 출국일은 제외한다. 이하 같다)은 산정일부터 거꾸로 계산하여 합산하되, 1) 또는 2)의 사유로 국내에서 60일 이내의 기간 동안 체재하는 경우와 부 · 모나 배우자가 국내에 체재하지 아니한 상태에서 3) 또는 4)의 사유로 국내에 체재하는 경우에는 그 기간을 합산하지 아니한다.
      1) 본인의 혼인, 배우자의 출산, 본인이나 배우자의 형제자매 · 직계존속 · 직계비속의 장례나 회갑 또는 혼인에의 참석
      2) 대한체육회 산하 경기단체에서 주관하는 운동경기에 선수 또는 임원

으로의 참가

3) 제124조에서 정한 국내교육기관(고등학교는 제외한다)에서 학교별 제한연령에 1년을 더한 기간까지(박사과정의 경우 30세가 되는 해의 6월 이전에 학위를 취득할 수 있는 경우에는 30세가 되는 해의 6월 30일까지)의 범위에서 재학

4) 재외국민을 위한 국내교육과정에서 일정기간 동안의 재학. 이 경우 해당 교육과정 및 기간은 제124조에서 정한 학교별 제한연령 및 해당 교육과정의 성격 등을 고려하여 병무청장이 정한다.

마. 국내취업 등 병무청장이 고시하는 영리활동을 하는 경우

2. 국외이주 목적으로 국외여행허가를 받아 병역판정검사, 재병역판정검사 또는 입영일이 연기된 사람이 정당한 사유 없이 연기받은 날부터 1년 6개월 이내에 출국하지 아니하는 경우

3. 국외이주 외의 목적으로 국외여행허가를 받고 정당한 사유 없이 허가받은 날부터 1년 이내에 출국하지 아니하거나 법 제70조제1항제1호에 해당하는 사람이 국외여행허가기간 내에 귀국하여 3개월 이상 계속하여 국내에 체재하는 경우

4. 제145조 및 제147조에 따른 국외여행허가 또는 국외여행기간 연장허가를 받은 사람이 허가기간이나 연장허가기간이 종료되기 전에 귀국하여 병역의무를 이행하려는 경우

5. 제146조제1항 각 호의 어느 하나에 해당되어 국외여행허가를 받은 사람이 그 허가요건을 유지하지 못하게 된 경우

② 병무청장은 제1항에도 불구하고 제1항제1호다목 및 마목에 해당되는 사람에 대해서는 한 번만 3개월의 허가취소 유예기간을 주고, 그 기간 내에 출국하지 아니하는 경우에는 국외여행허가나 국외여행기간 연장허가를 취소하고 병역의무를 부과할 수 있다.

제148조(국외여행허가 등 사실 통보) 병무청장은 국외여행허가 또는 기간연장허가를 한 경우에는 그 사실을 정보통신망 등을 이용하여 법무부장관에게 통보하여야 한다.

제149조(국외이주자 등의 처리) ① 국외에 거주하고 있는 병역의무자가 25세가 되기 전에 본인이나 그 부모가 다음 각 호의 어느 하나에 해당하는 경우에는 37세까지를 허가기간으로 하는 국외여행허가를 받은 것으로 본다.

1. 본인이나 그 부모가 국외에서 영주권(조건부 영주권은 제외한다)을 얻거나 영주권제도가 없는 국가에서 무기한 체류자격 또는 5년 이상 장기 체류자격을 얻어 국외에 계속 거주하고 있는 경우
2. 본인이나 그 부모가 일본의 특별영주자 또는 영주자의 체류자격을 얻어 국외에 계속 거주하고 있는 경우
3. 본인이 외국에서 출생하여 해당 국가로부터 국적 또는 시민권을 받아 부모와 같이 국외에 계속 거주하고 있는 경우
4. 본인이나 그 부모가 「해외이주법」에 따라 해외이주하여 국외에 계속 거주하고 있는 경우
5. 본인이 18세가 되기 전에 국외 주재원이 아닌 부모와 같이 출국하여 그 부모와 같이 국외에 계속 거주하고 있는 경우

② 제1항 각 호에 해당하는 사람이 여권을 발급받으려는 경우에는 그 사실을 증명하는 서류(전자문서를 포함한다)를 재외공관의 장을 거쳐 병무청장에게 제출하여야 한다.

③ 제1항에 따라 국외여행허가를 받은 것으로 보는 사람이 제147조의2제1항제1호 각 목의 어느 하나에 해당하는 경우에는 국외여행허가가 취소된 것으로 보아 병역의무를 부과할 수 있다. 이 경우 제147조의2제1항 각 호 외의 부분 단서 및 같은 조 제2항을 적용한다.

memo

제5절 관세법 관련법령

1 관세법

제96조(여행자 휴대품 및 이사물품 등의 면세) ① 다음 각호의 어느 하나에 해당하는 물품이 수입될 때에는 그 관세를 면제할 수 있다.

1. 여행자의 휴대품 또는 별송품으로서 여행자의 입국 사유, 체재기간, 직업, 그 밖의 사정을 고려하여 기획재정부령으로 정하는 기준에 따라 세관장이 타당하다고 인정하는 물품
2. 우리나라로 거주를 이전하기 위하여 입국하는 자가 입국할 때 수입하는 이사물품으로서 거주 이전의 사유, 거주기간, 직업, 가족 수, 그 밖의 사정을 고려하여 기획재정부령으로 정하는 기준에 따라 세관장이 타당하다고 인정하는 물품
3. 외국무역선 또는 외국무역기의 승무원이 휴대하여 수입하는 물품으로서 항행일수, 체재기간, 그 밖의 사정을 고려하여 세관장이 타당하다고 인정하는 물품. 다만, 기획재정부령으로 정하는 물품은 제외한다.

② 여행자가 휴대품 또는 별송품(제1항제1호에 해당하는 물품은 제외한다)을 기획재정부령으로 정하는 방법으로 자진신고하는 경우에는 15만원을 넘지 아니하는 범위에서 해당 물품에 부과될 관세의 100분의 30에 상당하는 금액을 경감할 수 있다.

2 관세법 시행규칙

제48조(관세가 면제되는 휴대품 등) ① 법 제96조제1항제1호에 따라 관세가 면제되는 물품은 다음 각 호의 어느 하나에 해당하는 것으로 한다.

1. 여행자가 휴대하는 것이 통상적으로 필요하다고 인정하는 신변용품 및 신변장식품일 것
2. 비거주자인 여행자가 반입하는 물품으로서 본인의 직업상 필요하다고 인정

되는 직업용구일 것

3. 세관장이 반출 확인한 물품으로서 재반입되는 물품일 것
4. 물품의 성질 · 수량 · 가격 · 용도 등으로 보아 통상적으로 여행자의 휴대품 또는 별송품인 것으로 인정되는 물품일 것

② 제1항에 따른 관세의 면제 한도는 여행자 1명의 휴대품 또는 별송품으로서 각 물품(제1항제3호에 따른 물품은 제외한다)의 과세가격 합계 기준으로 미화 600달러 이하(이하 이 항 및 제3항에서 "기본면세범위"라 한다)로 하고, 법 제196조제2항에 따른 보세판매장에서 구매한 내국물품이 포함되어 있을 경우에는 기본면세범위에서 해당 내국물품의 구매가격을 공제한 금액으로 한다. 다만, 농림축산물 등 관세청장이 정하는 물품이 휴대품 또는 별송품에 포함되어 있는 경우에는 기본면세범위에서 해당 농림축산물 등에 대하여 관세청장이 따로 정한 면세한도를 적용할 수 있다.

③ 제2항에도 불구하고 술 · 담배 · 향수에 대해서는 기본면세범위와 관계없이 다음 표(이하 이 항에서 "별도면세범위"라 한다)에 따라 관세를 면제하되, 19세 미만인 사람이 반입하는 술 · 담배에 대해서는 관세를 면제하지 않고, 법 제196조제2항에 따른 보세판매장에서 구매한 내국물품인 술 · 향수가 포함되어 있을 경우에는 별도면세범위에서 해당 내국물품의 구매수량을 공제한다. 이 경우 해당 물품이 다음 표의 면세한도를 초과하여 관세를 부과하는 경우에는 해당 물품의 가격을 과세가격으로 한다.

<table>
<tr><th>구분</th><th colspan="3">면세 한도</th><th>비고</th></tr>
<tr><td>술</td><td colspan="3">1병</td><td>1리터(ℓ) 이하이고, 미화 400달러 이하인 것으로 한정한다.</td></tr>
<tr><td rowspan="6">담배</td><td colspan="2">궐련</td><td>200개비</td><td rowspan="6">2 이상의 담배 종류를 반입하는 경우에는 한 종류로 한정한다.</td></tr>
<tr><td colspan="2">엽궐련</td><td>50개비</td></tr>
<tr><td rowspan="3">전자담배</td><td>궐련형</td><td>200개비</td></tr>
<tr><td>니코틴용액</td><td>20밀리리터(㎖)</td></tr>
<tr><td>기타유형</td><td>110그램</td></tr>
<tr><td colspan="2">그 밖의 담배</td><td>250그램</td></tr>
<tr><td>향수</td><td colspan="3">60밀리리터(㎖)</td><td></td></tr>
</table>

④ 법 제96조제1항제2호에 따라 관세가 면제되는 물품은 우리나라 국민(재외영주권자를 제외한다. 이하 이 항에서 같다)으로서 외국에 주거를 설정하여 1년(가족을 동반한 경우에는 6개월) 이상 거주하였거나 외국인 또는 재외영주권자로서 우리나라에 주거를 설정하여 1년(가족을 동반한 경우에는 6개월) 이상 거주하려는 사람이 반입하는 다음 각 호의 어느 하나에 해당하는 것으로 한다. 다만, 자동차(제3호에 해당하는 것은 제외한다), 선박, 항공기와 개당 과세가격이 500만원 이상인 보석 · 진주 · 별갑 · 산호 · 호박 · 상아 및 이를 사용한 제품은 제외한다.

1. 해당 물품의 성질 · 수량 · 용도 등으로 보아 통상적으로 가정용으로 인정되는 것으로서 우리나라에 입국하기 전에 3개월 이상 사용하였고 입국한 후에도 계속하여 사용할 것으로 인정되는 것
2. 우리나라에 상주하여 취재하기 위하여 입국하는 외국국적의 기자가 최초로 입국할 때에 반입하는 취재용품으로서 문화체육관광부장관이 취재용임을 확인하는 물품일 것
3. 우리나라에서 수출된 물품(조립되지 아니한 물품으로서 법 별표 관세율표상의 완성품에 해당하는 번호로 분류되어 수출된 것을 포함한다)이 반입된 경우로서 관세청장이 정하는 사용기준에 적합한 물품일 것
4. 외국에 거주하던 우리나라 국민이 다른 외국으로 주거를 이전하면서 우리나라로 반입(송부를 포함한다)하는 것으로서 통상 가정용으로 3개월 이상 사용하던 것으로 인정되는 물품일 것

⑤ 제4항 각 호 외의 부분 본문에도 불구하고 사망이나 질병 등 관세청장이 정하는 사유가 발생하여 반입하는 이사물품에 대해서는 거주기간과 관계없이 관세를 면제할 수 있다.

⑥ 법 제96조제1항제1호에 따른 별송품과 법 제96조제1항제2호에 따른 이사물품 중 별도로 수입하는 물품은 천재지변 등 부득이한 사유가 있는 때를 제외하고는 여행자 또는 입국자가 입국한 날부터 6월 이내에 도착한 것이어야 한다.

⑦ 법 제96조제1항제3호 단서에 따라 관세를 부과하는 물품은 자동차(이륜자동차와 삼륜자동차를 포함한다) · 선박 · 항공기 및 개당 과세가격 50만원 이상의 보석 · 진주 · 별

갑 · 산호 · 호박 및 상아와 이를 사용한 제품으로 한다.

제49조의2(여행자 휴대품 등에 대한 자진신고 방법) 법 제96조제2항에서 "기획재정부령으로 정하는 방법"이란 여행자가 다음 각 호의 구분에 따른 여행자 휴대품 신고서를 작성하여 세관공무원에게 제출하는 것을 말한다.

1. 항공기를 통하여 입국하는 경우: 별지 제42호서식의 여행자 휴대품 신고서
2. 선박을 통하여 입국하는 경우: 별지 제43호서식의 여행자 휴대품 신고서

3 세관 관련법령

1) 해외여행자 세관절차

(1) 해외여행자를 위한 세관절차 안내

① 자진신고제도 실시

우리나라는 여행자 스스로 세관통로(세관검사, 면세)를 선택할 수 있는 Dual Channel System을 도입 · 운영하고 있으며, 특히 여행자의 자발적인 법규준수를 위해 여행자가 휴대품신고서를 성실하게 작성, 세관에 신고하면 신속통관, 신고가격 인정, 세금사후납부 등 각종 편의를 제공하는 자진신고제도를 시행하고 있다.

② 여행자의 권리와 의무

우리나라를 방문하는 모든 여행자는 관세법에 의한 세관검사를 받을 의무와 불편 · 부당한 대우를 받지 않고 공정한 세관서비스를 받을 권리가 있다.

③ 신속하고 편리한 간이통관절차

여행자가 휴대반입한 물품 중에서 통상적으로 여행자의 신분 · 직업 · 연령 · 성별 · 여행목적 · 체류기간 등을 감안하여 여행자가 통상적으로 휴대하는 것이 타당하다고 세관장이 인정하는 물품에 대해서는 전체 과세가격에서 1인당 400달러를 면제해 주는 한편 통관절파를 간이하게 함으로써 신속한 통관이 이루어

지도록 하고 있다.

④ 반출입금지 및 제한물품의 보관

음란물, 화폐 · 채권, 기타 유가증권의 위조품 · 변조품 또는 모조품 등은 반출입이 금지되어있으며, 총기, 마약, 멸종위기의 야생동식물보호에 관한 국제협약(CITES)에서 규정한 동식물 및 이들의 제품 등 반출입제한물품은 세금납부와 관계없이 통관에 필요한 제반 요건을 구비해야 통관이 가능하다.

⑤ 세금납부

여행자가 휴대반입한 물품이 면세범위를 초과할 경우에는 소정의 관세(내국세 포함)를 납부하여야 한다.

⑥ 통관할 의사가 없는 물품

여행자의 휴대품 중 우리나라 여행에 필요치 않아 통관할 의사가 없는 물품은 세관에 일시 보관하였다가 출국 시 반출가능하며, 소정의 수수료를 납부하여야 한다.

⑦ 휴대품의 원격지통관제도의 실시

지방소재 기업 및 무역업자가 납기준수 및 시장개척 등의 사유로 해외에서 직접 구입하여 휴대반입하는 물품 중 입국현장에서 바로 통관이 어려운 경우, 원하는 목적지로 즉시 보세운송하여 현지세관에서 통관하는 제도를 실시하고 있다.

⑧ 골프채 휴대반입절차 간소화

골프관광차 일년에 수차례씩 우리나라를 방문하는 외국인관광객이 매번 출입국 시 골프채를 휴대반출입 신고해야 하는 불편을 해소하기 위해 골프채 휴대반출입절차 간소화제도의 이용을 희망하는 여행자가 처음 입국할 때 세관에 신고하고 국내 보관장소(골프장 또는 3급이상 호텔)에 보관해 놓으면 1년 범위 내에서 골프채의 휴대반출 의무를 유예할 수 있다.

2) 출국 시 유의사항

(1) 일반사항

우리나라에서는 출국 시 가지고 나가는 물건에 대해서는 세금을 징수하지 않는다. 다만, 일시 입국하는 자가 입국할 때 재반출 조건으로 면세통관한 물품을 출국 시에 반출하지 않는 경우에 한하여 면세받은 세금 및 가산세를 추징하고 있다.

거주자인 여행자가 해외여행 중에 사용하고 재반입할 고가의 귀중품 등은 출국 시 세관에 신고하여 확인증을 받아 두었다가 입국 시 제출해야만 면세를 받을 수 있다. 또한 출국시 별도로 작성하여 제출하는 세관신고서는 없으나 반출금지 · 제한물품을 갖고 나갈 때에는 반드시 세관직원에게 구두로 신고하여 사후에 불이익을 당한는 사례가 없도록 주의한다.

(2) 반출금지 및 제한물품

술 · 담배 · 향수 · 외화 등은 여행대상국에서 엄격히 규제하는 경우가 있으므로 여행사 또는 항공기(선박) 승무원의 안내를 받아 상대국 규정을 숙지하여 성실히 신고함으로써 예상치 않은 벌금납부 또는 국위손상의 사례가 발생하지 않도록 각별히 유의한다.

(3) 여행 중 사용하고 재반출 · 반입할 고가 · 귀중품 등의 신고요령

① 휴대반입물품의 반출확인

㉠ 일시 입국하는 여행자가 여행 중 사용하고 재반출 할 고가 · 귀중품 등을 면세통관하기 위해서는 세관에 신고하여'재반출 조건 일시반입 물품확인서'를 교부받아야 한다.

㉡ 최고 출국 시 반드시 세관에 신고하고 신고한 물품을 갖지 않고 출국장에서 구두로 신고하는 경우 현품확인이 되지 않아 출국수속이 지연될 수도 있으니 휴대하여야 한다.

㉢ 만일 현품을 분실하였거나 반출하지 않으면 해당 세금을 납부한 후 출국이 가능하다.

㉣ 다만, 일 년에 수차례씩 골프관광을 위해 방문하는 외국관광객 등의 경우 입국 시 휴대반입한 골프채를 국내에 보관해 두고 사용하겠다는 의사를 세관에 신고하면 1년의 범위 내에서 국내 골프장 또는 3급 이상 호텔대표가 보관확인한 '재 반출 조건 일시반입 골프채보관증'을 제출하는 것으로 출국 시 휴대반출의무를 1년간 유예해 주고 있다.

㉤ 만일 질병 등 부득이한 사유로 기한 내 반출이 어려울 때에는 타인을 통하여 대리반송 할 수 있는 위임반송제도를 이용한다.

② 휴대반출물품의 세관신고

해외여행 시 사용하고 입국 시 재반입할 고가(통상적으로 미화 400달러 이상)의 골프채, 보석류, 시계 · 카메라 · 모피의류 · 전차제품 등(외국산 · 국산 불문)은 최초출국 시 '휴대품반출신고서'에 모델 · 제조번호 등 상세한 규격을 기재하여 세관에 신고하여야만 입국 시 면세통관이 가능하며, 한 번 신고한 동일한 물품은 재출국시 세관신고절차가 생략된다.

③ 면세점 이용안내

면세점의 경우 일반적으로 보세판매장, 외국인관광객 면세판매장 등 두 가지 형태로 분류하고 있다.

㉠ 보세판매장

외국물품을 외국으로 반출하거나 주한외국외교관이 사용하는 조건으로 물품을 판매하는 구역으로 세관장이 지정한다.

종류는 외교관면세점 · 출국장면세점 · 시내면세점 · 모피류면세점 · 귀금속류면세점 등이 있다. 외교관면세점은 국산품은 취급하지 않으며, 주한외교관 신분을 가진 사람만 이용이 가능하고, 판매물품은 일상생활용품으로 외교통상부장관이 발행하는 면세통관의뢰서를 제시하여야 한다. 나머지 보세판매장은 외국인과 재외한국인은 구입한도가 없으나 내국인은 출국 시에만 이용이 가능하고, 1인당 구입한도가 3,000달러이며, 출입 시에 반드시 여권을 소지하여야 한다. 시내면세점에서 구입 시 물품교환권을 받아 공항에서 세관과 법무부 심사를 마친 후 출국장 내 인도장 해당 면세점의 파견근무자에게 제시하면 물품을 인수할 수 가 있다. 단, 보세판매장 물품은 세금이 유보된 상태에 있는 물품으로서 입국 시 재반입할 경우 세금을 납부하여야 한다. 따라서 입국 시 신고하지 않고 재반입하려다 적발되면 밀수로 간주되어 관세법 위반으로 처벌을 받을 수 있음을 주의하여야 한다.

㉡ 외국인관광객 면세판매장

외국인관광객 유치차원에서 세무서장이 지정한 장소로서 외국인관광객이 구입한 물품을 외국으로 반출하는 경우에 한하여 내국간접세(부가가치세 · 특별소비세)를 환급받을 수 있도록 제도화한 곳을 말한다.

물품을 구입한 외국인관광객 판매장에서 외국인관광객 물품판매확인서를 교부받아 출국시(3개월 이내) 현품과 함께 세관직원에게 신고해야 한다. 반출 방법은 출국 시 휴대반출하는 방법 이외에 국제소포나 일반수출로도 가능하며, 반출자는 판매자로부터 해당 세액에 상당하는 금액을 차후에 송금을 받을 수 있다.

3) 입국 시 유의사항

(1) 입국통관절차

① 세관 휴대품 신고서를 항공기(선박) 기(선)내에서 미리 작성하였다가 제출

② 세관 휴대품 신고서의 작성

③ 세관의 휴대품검사

㉠ 법무부 절차를 마치면 X-ray 투시기와 문형금속탐지기를 이용한 간접검사를 받게 된다.

㉡ 휴대품을 X-ray 투시기 벨트에 올려놓고 금속성 물질은 문형 게이트 바구니에 넣어준다.

㉢ 문형 금속탐지기를 지날 때 경고음이 울릴 경우 세관직원 휴대용 금속탐지기로 신변을 검색할 수 있으며, 범칙물품을 신변에 은닉하였다고 판단되거나 물품의 제시요구에 응하지 않을 경우 직접 신변을 수색할 수도 있다.

㉣ 기내에 들고 탑승하지 못한 짐(기탁화물)은 세관입국장 안에 있는 컨베이어벨트에서 본인 짐을 확인하여 찾아야 한다.

㉤ X-ray 판독결과 세관검사가 필요하여 '세관검사안내표지'(Red, Yellow Seal)가 부착된 짐은 세관직원의 안내를 받아 휴대품 검사를 받아야 한다.

㉥ 짐을 다 찾은 경우 세관통로 중에서 면세통로(신고물품이 없는 여행자 이용)와 세관검사통로(신고물품이 있는 여행자, Seal 부착 짐소지자 또는 정밀검사대상 여행자전용) 중에서 하나를 선택하여야 한다.

㉦ 신고한 가격에 대해서 특별히 낮은 가격이 아니면 신고가격을 인정. 다만, 면세범위를 초과할 경우 세금이 부과된다.

㉧ 세관신고서를 허위로 작성하거나 신고하지 아니하고 '면세통로'를 통과하다가 세관직원 등에게 적발되면 별도의 검사대로 안내되어 정밀검사와 조사를 받은 후 반입물품의 수량과 가격 및 반입금지 또는 제한물품의 반입 여부, 과세물품의 과다반입 여부 등을 심사하여 범칙사실이 확인되는 경우에는 관세법 등 위반혐의로 처벌(물품몰수 · 벌금형 · 징역형)받을 수 있다.

(2) 입국신고

① 여행자휴대품신고서 작성방법

㉠ 휴대품신고서는 검사대상 선별의 중요한 자료로서 사실 그대로를 빠짐없이 적고, 동반가족 또는 수학여행 목적의 단체학생의 경우에는 대표자 1인이 기재 · 신고 가능하다.

㉡ 휴대품을 신고하는 경우 신고서 뒷면의 신고대상물품 중 소지하고 있는 물품의 해당란에 체크표시를 하면 된다.

㉢ 별송품이 있는 경우에는 휴대품신고서 2매를 작성하며 1매는 제출하고 1매는 입국지세관장의 확인을 받아 별송품(이삿짐 등) 통관 시 통관지 세관장에게 제출한다.

㉣ 휴대품신고서를 받으면 우선 유의사항 · 면세허용범위 · 신고대상물품 등 통관안내사항을 확인하여야 한다.

㉤ 휴대품신고서 작성 후에는 반드시 뒷면의 신고인란에 서명한다.

㉥ 세금의 사후납부를 원할 경우에는 휴대품신고서를 제출한 세관공무원에게 구두로 신청한다.

② 세관에 신고할 사항

총포 · 도검 · 석궁 등 무기류, 실탄 및 화학류, 유독성 또는 방사성 물질, 감청설비, 아편 · 헤로인 · 코카인 · 메스암페타민 · MDMA · 대마 등 마약류 및 살빼는 약 등 법에 접촉될 수 있는 약품류, 동물 · 축산물(가공품) · 식물 · 과일 · 채소류 등, 멸종위기에 처한 야생동식물 및 이들을 사용하여 만든 제품

(3) 세금사후납부제도

① 자진신고한 여행자 중 신원이 확실한 여행자에 대해서는 물건을 먼저 통관해 주고 세금은 주거지 근처 은행에서 납부하는 제도로서 세금을 사후납부할 수 있는 사람은 휴대품을 자진신고한 국내거주여행자 중 신분이 확실하고 기한 내에 세금을 납부할 것으로 세관장이 인정한 자 중에서 신용카드 소지자, 공무원, 교원, 언론기관 임직원, 상장기업 임직원, 기타 세관장이 인정하는 자 등이다.

② 신용카드의 종류 및 번호, 직장명, 전화번호와 납부고지서 수령희망지 주소를 신고서에 기재하여야 하고, 납부기한까지 세금 미납시에는 향후 세금사후납부 혜택을 받을 수 없으며, 가산금 부과 및 독촉장이 발부되고 관련법에 따라 체납절차가 진행된다.

(4) 면세통관

우리나라에 입국하는 여행자는 누구나(승무원 제외) 동등하게 일정한도의 면세권을 가지며, 그 종류에는 무조건면세와 조건부 면세 및 1인당 면제금액 등 3가지가 있다.

① 무조건면세

㉠ 주류 1병(1L 이하의 것으로서 해외취득가격 400달러 이하)

㉡ 1L를 초과하는 주류는 전체에서 1L를 공제하지 않고 전체 구입가격에 대해 과세(2L 용량의 주류를 휴대반입할 경우에는 1L를 공제하지 않고 2L 전체에 대해 과세)

㉢ 담배: 지방세법 시행령 제 176조에서 정한 수량으로 궐련(200개비), 엽궐련(50개비), 기타 담배 250g(단, 만 19세 미만의 미성년자가 반입하는 주류 및 담배는 제외)

㉣ 향수: 60ml

㉤ 여행지에서의 갑작스런 기후변화, 분실 등의 사유로 불가피하게 해외에서 구입하여 현재 사용 중이거나 여행 중 사용한 의류 · 화장품 등의 신변용품과 반지 · 목걸이 등 신변 장식용품(총구입가격이 400달러를 초과할 경우는 과세)

㉥ 여행자가 출국할 때 반출한 물품으로서 본인이 재반입하는 물품

㉦ 정부 · 지자체 · 국제기구 간에 기증되었거나 기증될 통상적인 선물용품으로 세관장이 타당하다고 인정하는 물품

② 조건부 면세

㉠ 여행자 1인당 현지구입가격 600달러를 과세가격에서 면제

㉡ 두 개 이상의 휴대품금액 합계가 600달러를 초과하는 경우에는 1인당 면제금액은 고세율품목부터 적용

㉢ 신변용품이라도 외국에서 구입한 것은 과세가격에 포함하여 계산

㉣ 600달러를 면제할 수 없는 경우

ⓐ 1인당 면세기준을 초과한 주류 · 담배 · 향수의 과세 시 적용불가

ⓑ 판매를 목적으로 반입하는 상용물품에 대해서는 적용불가

③ 농축수산물 및 한약재 등의 면세통관범위

㉠ 면세범위는 해외 총취득가격 10만원 이내에서 품목당 기준에 따르며, 농축수산물 및 한 약재 등의 면세금액은 1인당 면제금액에 포함

㉡ 참기름 · 참깨 · 꿀 · 고사리 · 더덕 각 5kg

㉢ 잣 1kg

㉣ 기타 품목당 5kg

㉤ 모시와 삼베는 면세통관을 불허하고, 각 3필(규격 50cm×16m)까지 과세통과만을 허용

㉥ 쇠고기 10kg(다만, 검역에 합격된 경우에 한함)

㉦ 녹용은 면세통관분(150g)을 포함하여 500g까지 과세통관이 가능함. 다만, 검역에 합격 된 경우에 한함(쇠고기 및 녹용의 수입허용국가는 수출국의 가출전염병 발생동향에 따라 변동〈개별 사항은 국립수의과학검역원에 문의〉)

㉧ 인삼(수산 · 백삼 · 홍삼 등 포함) 300g

㉨ 기타 한약재 3kg

㉩ 상황버섯 300g

4) 외국세관 여행자 통관안내

(1) 일반적 유의사항

① 다른 사람의 부탁으로 대리운반하는 물품은 테러물품 · 마약 · 밀수품일 경우가 많아 본인이 모르고 대리운반한 경우에도 처벌을 받게 되므로 유의

② 과일 · 식물 · 씨앗 등 식물의 종사와 같이 병충해를 전파할 우려가 있는 물품은 각국에서 엄격히 반입을 제한

③ 각국의 법령에서 규정한 외환신고대상에 해당하는 외화 등은 신고하지 않는 경우 압수할 수 있으므로 반드시 신고

memo

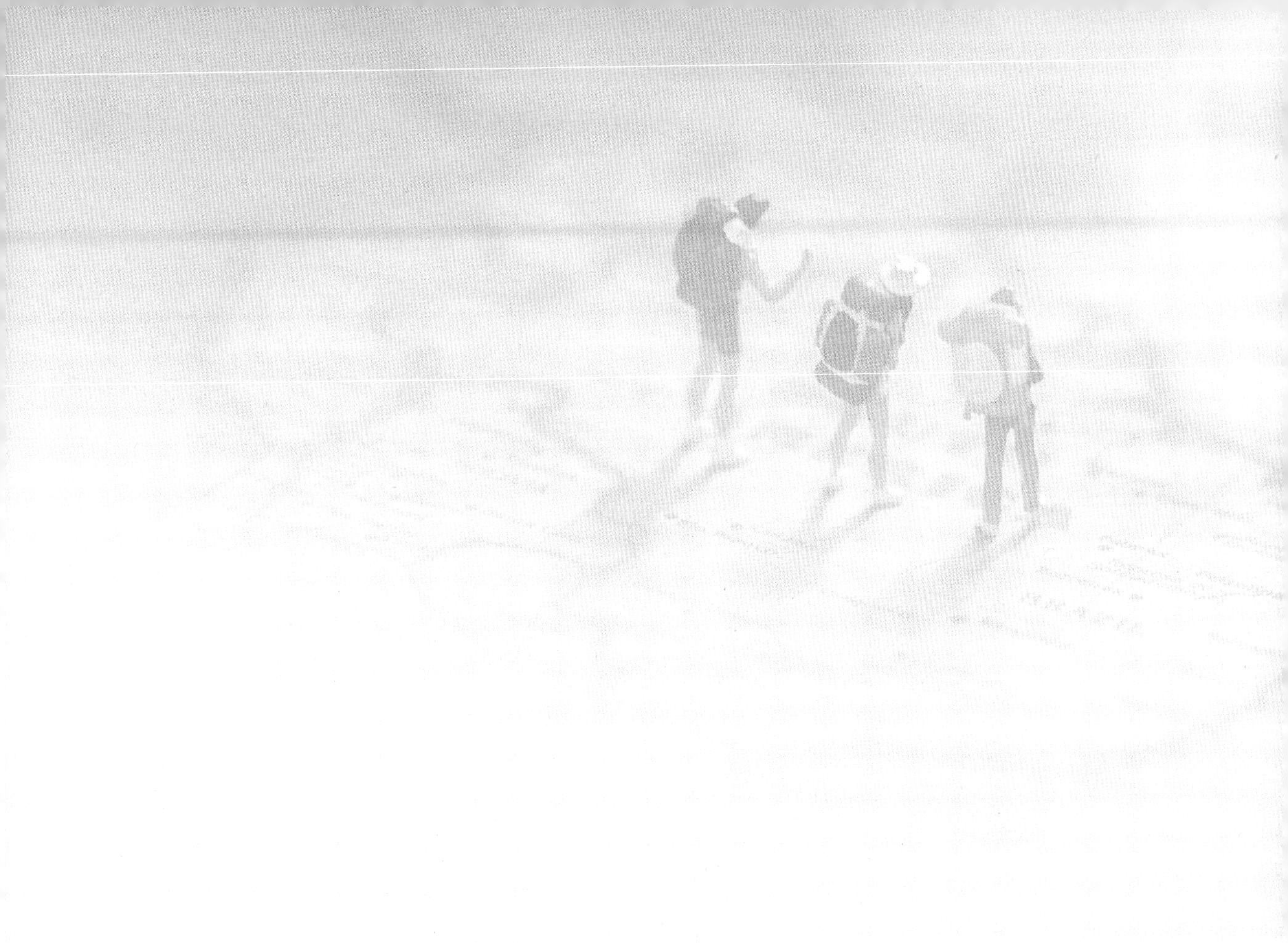

Tour Conductor

국외여행인솔자 자격증

공통 교재

Tour Conductor

국외여행인솔자 자격증

공통 교재

Chapter 03

국외여행인솔자 실무

Chapter 03

국외여행인솔자 실무

제 1 절 국외여행인솔자의 개념

1 국외여행인솔자의 개념과 유형

1) 국외여행인솔자의 개념

국외여행인솔자(TC : Tour Conductor)란 단체여행객의 출국에서부터 여행을 마치고 귀국하는 단계까지 동행하여 인솔, 안내하는 여행의 진행자를 말한다.

여행일정 동안 행사일정 및 계약내용에 관하여 회사의 대표자로서의 권한과 실무 담당자로서의 책임을 갖고 모든 여정을 관리한다. 고객의 안전과 욕구 충족에 관한 서비스를 제공하여 여행일정이 원만히 진행될 수 있도록 여행단체의 인솔, 지휘, 감독하는 관광연출자라고 할 수 있다.

우리나라의 관광진흥법 제13조에서는 '여행업자가 내국인의 국외여행을 실시할 경우 관광객의 안전 및 편의 제공을 위하여 그 여행을 인솔하는 자를 둘 때에는 문화체육관광부령으로 정하는 요건에 맞는 자를 두어야 한다.'고 규정하고 있다.

표 3-1 국외여행인솔자의 용어정리

구 분	정 의
Tour Conductor	가장 일반적인 용어로서 유럽, 미주지역 등에서 광범위하게 사용되고 있다. 'Conductor'란 의미는 교통기관의 안내원이란 뜻도 있지만 관광을 진행하는 지휘자로서의 의미에 가깝다.
Tour Escort	미주지역에서 많이 쓰이는 용어로서 'Escort'의 의미는 호위자란 뜻도 있지만 관광객을 보호하는 보호자로서의 의미에 가깝다.
Tour Leader	유럽이나 동남아에서 많이 쓰이는 용어로서 'Leader'란 지도자, 인도자 등의 의미를 갖고 있다. 관광객에 대한 인도자의 역할을 강조하고 있다.
국외여행 인솔자	이 용어는 우리나라 관광진흥법(13조)상에 나오는 말로 과거 '국외여행안내원'을 대신하여 사용하고 있다.
기 타	Tour Master, Tour Director, Tour Manager, 첨승원(添乘員)

2) 국외여행인솔자의 유형

- 여행사 직원 국외여행인솔자
- 전문 · 전속 국외여행인솔자
- 프리랜서 국외여행인솔자

2 국외여행인솔자의 자격요건(역할과 자세)

1) 법적 자격요건

관광진흥법 시행규칙 제22조(국외여행인솔자의 자격요건)에 따르면, 건전한 국외여행 문화의 정착에 기여하고 국외여행의 전문교육장으로 활용하고자 여행업을 경영하는 자는 내국인의 국외여행을 실시할 경우, 관광자의 안전 및 편의를 제공하기 위하여 국외여행인솔자의 법적 자격요건을 분명히 설정하고 일정한 자격을 갖춘 자가 근무하도록 규정하고 있다.

- 전문대학 이상의 학교에서 관광 분야의 학과를 이수하고 졸업한 자 또는 졸업예정자, 관광관련 실업계 고등학교를 졸업한 자로서 문화체육관광부장관이 지정한 국외여행인솔자 양성교육기관에서 80시간 이상 교육을 이수하고 국외여행인솔자 자격 인정증을 받은 자.
- 여행업체에서 6개월 이상 근무하고 국외여행 경험이 있는 자로서 문화체육관광부장관이 지정한 국외여행인솔자 소양 교육기관에서 3일 이상 5일 이내의 기간 중 15시간 이상 교육을 이수하고 국외여행인솔자 자격 인정증을 받은 자.
- 관광통역안내사 자격증을 취득한 자.

2) 국외여행인솔자의 역할

역할	내 용
일정관리	계약조건에 따라 작성된 여행 일정표와 현지행사 간의 차이를 비교하며 현지행사 진행이 원만히 이루어질 수 있도록 수시로 관리, 감독해야 한다.
관광객의 행동통제	관광객의 안전과 편익을 위하여 관광객 개인 및 집단 이탈행동을 통제하는 책임을 진다.
여행분위기 관리	관광객들 사이의 긴장감을 없애고 생기와 활기를 가지고 여행할 수 있도록 여행분위기를 조성한다.
중재자로서의 역할	관광객과 여행지 현지주민과의 만남에서 일어날 수 있는 여러 가지 문제를 중재해 주는 역할을 수행해야 한다.
관광지 정보제공	여행지에 관한 전문적인 지식을 가지고 여행지의 문화적 전통과 관습, 예절, 매너 등에 관한 다양한 정보를 제공해 줄 수 있어야 한다.
여행사의 이미지 제고	국외여행인솔자의 역할을 충실히 수행함으로써 관광객으로 하여금 해당 여행사에 대한 긍정적 이미지를 창출할 수 있으므로 국외여행인솔자는 언행과 자세에 신중을 기하며, 서비스정신에 입각한 성의있는 행사진행이 될 수 있도록 노력해야 한다.
여행의 연출자로서의 역할	여행의 전 일정을 관장하며, 행사를 연출함으로써 여행의 효과를 극대화시킬 수 있도록 각별히 신경을 써야 한다.

제2절 국외여행인솔자의 기본지식

1 여권 및 비자

1) 여권

여권은 국외여행을 할 때 반드시 필요하며, 각국의 정부가 국외로 출국하는 자국민에 대해 신분이나 국적을 증명하고 상대국에 여행객의 보호를 요청하는 일종의 공문서이다. 여행 중 분실하지 않도록 각별한 주의를 요한다.

2) 여권의 필요성과 용도

- 국외여행객의 여행허가증으로 국외에서의 신변보호 및 편의를 요청하는 공식문서로 사용된다.
- 입국사증인 비자를 신청하거나 발급 시에 필요하다.
- 입 · 출국 수속 시 제시해야 한다.
- 여행자수표(Traveller's Check)로 대금을 지불하거나 현지 화폐로 환전할 때 제시하여야 한다.
- 면세점에서 물품구입 시 여권을 제시해야 한다.
- 국제운전면허증을 발급할 경우, 렌터카를 임대할 경우, 청소년 연맹카드(FIYTO CARD)를 만들 때 필요하다.

3) 여행증명서(Travel Certification Passport)

외국 여행 중 여권을 분실했을 경우, 귀국하기 위해 임시로 발급 받는 증명서로 귀국 후 신규여권 신청 시에 반납하여야 한다.

4) 사증(VISA)

방문하고자 하는 대상국의 정부에서 입국을 허가해주는 일종의 입국허가증이며, 여권의 사증란에 스탬프를 찍거나 스티커를 붙이는 형태로 발급하고 있다. 우리나라 국민의 경우, 많은 나라와 비자 면제협정이 체결되어 있으므로 방문하는 국가의 비자면제 사항과 무비자 체류기간을 확인할 필요가 있다.

2 항공 및 수하물

1) 항공권

항공권은 항공사의 운송약관 및 특약에 따라 승객과 항공사 간에 성립된 운송계약을 표시하는 항공기 탑승 · 이용에 대한 증권이다.

(1) 전자항공권(e-ticket : Electronic Ticket)

e-ticket은 여객의 운송 또는 여객 관련 서비스에 대한 판매 방식의 하나로 해당 항공사의 컴퓨터 시스템(DATA BASE)에 항공권의 모든 세부사항을 저장하여 여행, 변경, 환불, 재발행 등을 전산으로 조회하고 사용자의 요구에 맞게 처리할 수 있는 방법이다.

항공권 분실이나 도난 등의 피해를 줄이고 여권과 Itinerary & Receipt만을 소지하도록 함으로써 불필요한 시간과 번거로움을 줄이는 신속한 탑승수속을 할 수 있게 되었다. 또한 휴대부피가 줄어듦으로써 휴대하기가 간편해졌다.

전자항공권 구입 시 주의할 점은 필히 ITR(Itinerary & Receipt)을 프린트해서 지참해야 하며 여권의 영문이름과 항공권상의 영문이름이 동일한지 확인해야 한다.

그림 3-1 전자항공권

엠앤서비스(주)투어비스 e-Ticket Itinerary & Receipt

02-6360-4210 KANG/YOOJIN MS . fax 2196-4097 1230/31DEC10 Powered By TOPAS

승객성명 Passenger Name CHOI/YOUNGEUNMR
예약번호 Booking Reference 851-6640
항공권번호 Ticket Number 1801743121438

최대 15만원 신라면세점 할인쿠폰 증정!

여정 Itinerary

편명 Flight KE 639 (예약번호:EZCUSP) Operated by KE(KOREAN AIR) 경유 Via : -

출발 Departure 서울(ICN) Incheon 15JAN11 20:40 Local Time Terminal No. : -
도착 Arrival 푸켓(HKT) Phuket 16JAN11 01:20 Local Time Terminal No. : 1

예약등급 Class G (일반석) 항공권 유효기간 Not Valid Before 15JAN11
예약상태 Status OK (확약) Not Valid After 15JAN11
운임 Fare Basis GHGV10 무료 수하물 허용량 Free Baggage Allowance 20K
좌석번호 Seat No.

편명 Flight KE 638 (예약번호:EZCUSP) Operated by KE(KOREAN AIR) 경유 Via : -

출발 Departure 푸켓(HKT) Phuket 19JAN11 01:15 Local Time Terminal No. : 1
도착 Arrival 서울(ICN) Incheon 19JAN11 09:00 Local Time Terminal No. : -

예약등급 Class G (일반석) 항공권 유효기간 Not Valid Before 19JAN11
예약상태 Status OK (확약) Not Valid After 19JAN11
운임 Fare Basis GHGV10 무료 수하물 허용량 Free Baggage Allowance 20K
좌석번호 Seat No.

*모든 정보는 항공사나 공항 사정에 의해서 변경될 수 있습니다.

항공권 운임정보 Ticket/Fare Information

(2) 예약기록(PNR : Passenger Name Record)

항공을 예약하게 되면 인원수나 구간에 관계없이 예약 단위별로 승객의 이름, 여정, 연락처 등 예약과 관련된 내용이 하나의 기록으로 보관된다. 이 단위별 기록을 PNR이라 하며 각 PNR에는 그 전체 기록과 함께 단위별 고유의 번호가 부여되게 된다.

그림 3-2 항공 여정표

항공여정표

받으시는 분(TO)	JANG/INHWANMR
보내는 사람(FROM)	384-9607
발행일(ISSUED)	2006.08.31
예약번호(BOOKING NO)	690-8405

■ 탑승객명(PASSENGER)

1. JANG/INHWANMR 2. LEE/SANGBONGMR 3. BAEK/DUKGILMR 4. SUNG/SANGYEONMR
5. WOO/CHOONWOONGMR 6. LEE/YONGBOKMR 7. CHO/MYUNGRAEMS 8. JEONG/MOOHOMR
9. JUNG/BYUNGINMR 10. LEE/DALKWONMR 11. LEE/JOONHAKMR 12. PARK/INSOOMR
13. CHOI/HYUNJINMR

■ 항공 여정(FLIGHT ITINERARY)

출발 공항(도시) 도착 공항(도시)	DEPARTURE (CITY) ARRIVAL (CITY)	비행편 FLIGHT	등급 CLASS	일자 / 시간 DATE / TIME	예약상태 STATUS
DAEGU INCHEON	(DAEGU) (SEOUL)	KE1412	일반석 (G)	09월 04일 07시20분 09월 04일 08시15분	확 약
INCHEON PRAGUE	(SEOUL) (PRAGUE)	KE0935	일반석 (G)	09월 04일 13시40분 09월 04일 18시00분	확 약
PRAGUE INCHEON	(PRAGUE) (SEOUL)	KE0936	일반석 (G)	09월 11일 19시40분 09월 12일 12시55분	확 약

(3) 탑승권(Boarding pass)

탑승권에는 탑승자의 영문이름, 출발지와 도착지, 항공편명과, 탑승구, 좌석번호 등이 표기된다.

항공 편명에는 항공사 코드와 편수가 표시되며, 탑승구는 이륙 전에 변경될 수 있으므로 공항 내에 있는 항공기 출발 현황판을 탑승 전에 수시로 확인하는 것이 필요하다.

그림 3-3 탑승권(Boarding pass)

2) 도시(공항), 항공사 코드

항공기가 취항하는 전 세계의 도시와 공항, 그리고 항공사에는 IATA기준에 의해 약속된 약어를 사용하고 있다.

(1) 도시 코드(City Code)

도시 코드(City Code)는 영문 3자리(3 Letter)로 사용되고 있다.

아시아 지역					
도시 명	코드	도시 명	코드	도시 명	코드
싱가포르	SIN	방콕	BKK	푸켓	HKT
쿠알라룸푸르	KUL	마닐라	MNL	세부	CEB
발리	DPS	호치민	SGN	자카르타	CGK

중국 · 일본 지역					
도시 명	코드	도시 명	코드	도시 명	코드
북경	PEK	상해	PVG	홍콩	HKG
도쿄	NRT	후쿠오카	FUK	오사카	KIX

미주 지역					
도시 명	코드	도시 명	코드	도시 명	코드
로스엔젤레스	LAX	샌프란시스코	SFO	호놀룰루	HNL
시애틀	SEA	뉴욕	JFK	아틀랜타	ATL
라스베가스	LAS	워싱턴	IAD	밴쿠버	YVR
토론토	YYZ	상파울로	SAO	멕시코시티	MEX

유럽 지역					
도시 명	코드	도시 명	코드	도시 명	코드
파리	CDG	런던	LHR	로마	FCO
프랑크푸르트	FRA	암스텔담	AMS	취리히	ZRH

러시아, 몽골 지역					
도시 명	코드	도시 명	코드	도시 명	코드
모스크바	SVO	블라디보스토크	VVO	울란바트로	ULN

남태평양 지역					
도시 명	코드	도시 명	코드	도시 명	코드
괌	GUM	사이판	SPN	시드니	SYD
브리스베인	BNE	오클랜드	AKL	크라이스트처치	CHC

(2) 항공사 코드(Airline Code)

항공사 코드(Airline Code)는 영문자 또는 영문과 아라비아숫자로 조합된 2자리(2 Letter)로 사용되고 있다.

표 3-2 항공사 코드

코드	항공사 명	코드	항공사 명	코드	항공사 명
AC	에어캐나다	AI	인도항공	AF	에어프랑스
AZ	이탈리아항공	CA	중국국제항공	BX	에어부산
CX	케세이퍼시픽항공	CI	중화항공	DL	델타항공
CZ	남방항공	FM	상해항공	HA	하와이안항공
GA	가루다인도네시아항공	JL	일본항공	KE	대한항공
KL	KLM 네덜란드항공	LH	루프트한자항공	LJ	진에어
MH	말레이시아항공	PR	필리핀항공	MU	동방항공
SU	러시아항공	NW	노스웨스트항공	TK	터키항공
OZ	아시아나항공	UA	유나이티드항공	QF	콴타스항공
ZE	이스타항공	SQ	싱가폴항공	7C	제주항공
TG	타이항공	TW	티웨이항공	VN	베트남항공

3) 수하물

(1) 무료수하물

화물칸에 싣는 수하물의 경우라도 인천공항 수하물 처리 시스템 상 최대의 크기가 90cm×70cm×40cm이므로, 어느 한 변의 크기가 초과되는 크기면 수하물로 위탁할 수가 없다.

(2) 기내수하물

항공사마다 승객이 무료로 갖고 갈 수 있는 허용치가 다르다. 그리고 갖고 타는 짐도 화물칸에 싣는 짐(수하물)과 비행기 내로 갖고 타는 짐(기내휴대)으로 구분되어 각각 그 기준이 다르다.

(3) 대형수하물

대형수하물은 항공사 탑승수속 카운터에서 요금을 지불한 후 인천국제공항의 경우, D, J 탑승 수속카운터 뒤편 세관신고 카운터에서 세관신고를 하고 대형 수하물 카운터에서 탁송한다.

(4) 기내 반입금지 수하물

총기류, 칼, 곤봉류, 폭발물 및 탄약, 인화물질, 가스 및 화학물질, 가위, 면도날, 얼음송곳 등 위해물품은 기내 반입을 금지한다.

3 환전 및 여행자보험

1) 환전

(1) 현금(Cash)

여행목적지가 여러 국가라면 각 국가에서 통용되는 화폐를 모두 환전하는 것이 좋지만, 가장 많이 사용되는 국가의 화폐만 환전하고 나머지는 미국달러로 환전해 가는 것도 실용적이다.

귀국 후 외화지폐는 재환전이 가능하지만 동전은 재환전을 할 수가 없으므로 동전을 다 사용하고 돌아오는 것이 바람직하다. 동전을 다 사용하지 못한 경우에는 공항 또는 기내에서 모금하는 유니세프 아동기구나 적십자에 기부를 하는 것도 뜻 깊은 일이다.

(2) 여행자수표(Traveller's Check)

현금의 분실, 도난 등 위험을 피하기 위하여 은행에서 발급하는 자기앞수표(정액권)로 전 세계 은행은 물론이고, 호텔, 백화점, 음식점, 상점, 환전상 등에서 현금과 같이 사용된다.

그림 3-4 여행자수표

① 여행자수표의 사용방법

여행자수표에는 사용자가 서명을 해야 하는 곳이 두 곳으로 정해져 있다. 한 곳은 카운터 서명란으로 은행에서 여행자수표 구입 시 서명을 해야 하는 곳이고 나머지 한 곳은 여행자수표로 지불을 할 경우나 현금으로 환전할 때 여권제출과 함께 서명을 하는 곳이다. 이때 서명란의 서명은 여권의 서명과 반드시 동일하여야 한다.

서명란 두 곳 모두 서명하거나 서명을 전혀 안 한 여행자수표를 분실했을 경우에는 아무런 보상을 받을 수 없으며 현금을 분실했을 경우와 같다.

만일 분실했을 경우에는 분실 신고 후 24시간 안에 재발행이 가능하므로 분실에 대비하여 발행번호를 미리 기록해서 여행자수표와 따로 보관해 둘 필요가 있다.

② 여행자수표의 장점

- 현금휴대에 따른 분실과 도난의 위험으로부터 안전하다.
- 분실, 도난신고 접수와 환급이 가능하다.
- 외화현금보다 유리한 환율로 구입, 매각할 수 있다.

③ 여행자수표의 분실

현지 여행자수표 발행처에 전화하여 분실신고를 하고 절차를 알아본다. 대개의 경우 refund claim 사무소가 각 나라별로 한 도시에 일원화되어 있다.

분실 경위, 장소, 수표번호 등을 정확히 신고하고 나서 24시간 후에 희망 지역의 은행 또는 수표 발행처에서 재발급 받을 수 있다. 정확한 수표 번호를 알고 있어야 하므로 여행자수표 지참 시에는 수표 번호를 별도로 기재하여 지참하여야 한다.

(3) 신용카드(credit card)

카드결제 환율은 카드 거래일보다 2~3일 늦은 국제카드사 정산기준으로 정해지기 때문에 환율하락 땐 현금결제보다 신용카드 사용이 유리하다.

2) 여행자보험

여행 중 불의의 사고로 인한 상해, 질병, 휴대품 분실 등 각종 손해를 보상해 주는 여행종합보험을 말한다. 여행객이 사전에 계약한 일정 기간, 즉 거주지를 출발하여 여행을 마치고 귀국하여 거주지에 도착할 때까지를 보험 가입기간으로 정한다.

(1) 보험가입

개인이 직접 보험회사에, 또는 여행사를 통하여 가입을 할 수 있으며, 여행기간(시간적용) 및 보상금액에 보험료의 차이가 있다. 보험가입 시에는 여행객의 성명, 주민등록번호, 주소, 여행지, 여행기간을 명시하게 된다.

(2) 보험의 특성

- 단기성이다.
- 여행객이 신청한 기간만 보험의 효력이 유효하다.
- 여행객이 여행을 종료하면 소멸된다.

- 보험료가 저렴하고 가입절차가 간단하다.
- 손해배상의 범위가 다양하다.

4 공항 및 CIQ

1) 공항

(1) 기본시설

활주로, 유도로, 계류장, 착륙대 등 항공기의 이 · 착륙시설과 여객청사, 화물청사 등 여객 및 화물처리시설, 관제소, 통신시설, 기상관측시설, 주차시설, 경비보안시설 등이 포함된다.

(2) 도심공항터미널

공항구역 외에서 항공여객 및 항공화물의 수송 및 출입국수속에 관한 편의를 제공하기 위하여 이에 필요한 시설을 설치하여 운영하는 것을 말한다.

명칭	한국도심공항	코레일 공항철도 서울역 터미널
소 재 지	강남구 삼성동 159-6	용산구 동자동 43-227
영업 개시일	1990. 04. 10	2010. 12. 29
탑승수속 시간	05:20 ~ 18:30	05:20 ~ 19:00
서비스 항공사	대한항공, 아시아나항공, 콴타스항공, 싱가포르항공, 카타르항공, 에어캐나다	대한항공, 아시아나항공, 제주항공
탑승수속 마감시간	국제선 : 출발 3시간 10분 전 국내선 : 출발 2시간 10분 전	국제선 : 출발 3시간 전

2) C.I.Q 시설

공항이나 항만을 통해 출 · 입국하는 모든 여행객들은 출입국절차(C.I.Q)를 거쳐야 한다. 출입국절차란 Customs(세관), Immigration(출 · 입국관리), Quarantine(검역) 부분이며 출 · 입국 시 필요한 검사와 수속 및 그와 관련된 업무를 말한다.

(1) 세관(Customs)

세관은 국경을 통과하는 사람, 화물, 선박, 항공기 등에 대한 출입의 허가 및 단속, 관세의 부과 및 징수업무를 관장하는 관청이다.

입 · 출국 시에 모두 세관신고를 해야 하며, 우리나라를 포함한 대부분의 나라들이 자진신고 제도를 실시하고 있다. 출국 시에는 자진신고만으로 출국이 가능하지만, 입국 시에는 세관신고서를 작성해야 한다.

(2) 출 · 입국관리(Immigration)

입국 또는 출국하려는 사람에 대하여 여권 등의 유효여부를 확인하여 국민의 무사한 여행을 지원하는 한편, 위 · 변조여권 소지자 등 불법 출 · 입국 기도자와 출 · 입국 금지자의 출 · 입국을 관리하는 것을 말한다.

① 보안검색

항공기의 안전한 운행을 위하여 여행객의 소지품에 위험물품이 있는지를 검색하는 과정이다. 여행객들은 출국과정에서 소지품을 분리하여 소지품 검색대로 통과시키고 본인도 검색대를 통과하여 보안검색을 받게 된다.

② 출국심사

여행객이 법적으로 출국에 문제가 없는지를 확인하고 승인하는 절차이다. 여행객은 출국심사대에 여권과 탑승권을 제시한다. 대부분의 국가에서 출입국신고서 작성 및 제출을 요구하고 있으나 우리나라의 경우 행정 간소화 차원에서 2006년 8월 1일부터 자국민의 출입국신고서를 생략하고 있다.

출국신고를 마치면 면세구역에 이르게 되는데, 탑승구(Boarding Gate)를 확인하고 면세점 등 편의시설을 이용하며 탑승시간을 기다린다.

(3) 검역(Quarantine)

전염병의 확산을 막기 위해 차량, 선박, 비행기, 승객, 승무원, 짐 등에 대해 전염병의 유무를 진단 · 검사하고 소독하는 일이다. 출국수속 중 최종절차는 검역이며 일반적으로 특별한 법정 전염 선포지역으로의 여행을 제외하고는 출국 시 검역절차는 생략되고 있다.

전염병 감염지역으로의 여행 시에는 반드시 해당 질병에 대한 주사를 맞아야 한다. 예방접종은 가급적 여행 개시 2주 전에 접종을 해야 효과적이다. 또한 동식물, 과일을 가지고 나갈 경우에는 반드시 검역확인을 해야 한다.

제3절 출장준비업무

1 회사관련업무

1) 행사관련서류 수령 및 확인

TC는 출장 전에 배정받은 여행상품의 진행과정과 여행조건 및 내용을 확인해야 하며 행사진행에 필요한 서류를 회사로부터 수령할 때 필요한 서류를 제대로 수령하였는지 세심하게 확인하는 자세가 필요하다.

(1) 여행일정표(tour itinerary)

여행일정표는 여행상품의 구성과 서비스 등 보이지 않는 무형의 것들을 지면상으로 표현하여 유형화한 것이며, 여행사가 판매하는 대표적인 상품으로 상품을 선택한 고객과는 여행일정 진행의 계약서 역할까지도 한다. 기본적으로 여행일정의 진행 및 인솔은 여행일정표에 준하여 이루어져야 한다.

TC는 여행일정표의 중요성을 인식하고 모든 준비내용이 고객이 계약한 여행일정표와 일치하는지는 최종적으로 점검해야 한다.

표 3-3 여행일정표(TOUR ITINERARY)

[여행조건]

이용항공	아시아나 항공(OZ)	교통수단	전용버스
모이는 시간	11:00	모이는 장소	인천 국제공항 집결
출발 시간	OZ 521 13:50	도착 시간	OZ 542 12:30

일	지역	교통	시간	여 행 일 정	식 사
제 1 일	인천 런던	OZ521	11 : 00 13 : 50 16 : 55	•인천 국제공항 3층 B~C 사이 •'만남의 장소' 앞 집결 •인천 출발/런던향발 •런던 도착(시차 9시간, 11시간 45분 소요) •석식 후 호텔 투숙 •HTL : FIRST HOTEL	중 : 기내식 석 : 도시락
제 2 일	런던 파리	전용 버스 유로 스타	전일 18 : 39 22 : 23	•호텔조식 후 대영박물관, 국회의사당, 버킹검 궁, 웨스터 민스터 사원, 빅벤, 하이드파크, 트라팔가 광장 등 관광 •런던 출발/파리향발 •파리 도착 후 호텔투숙 •HTL : FIRST HOTEL	조 : 호텔식 중 : 현지식 석 : 한 식
3일 ~ 8일				중 략	
제 9 일	하이델 베르그 프랑크 푸르트	전용 버스 OZ542	09 : 00 18 : 00	•호텔조식 후 하이델베르그 이동 •고성, 대학가, 네카강 등 관광 •프랑크푸르트 이동.(95KM-1시간 30분 소요) 도착 후 시청사, 뢰머 광장 관광 •프랑크푸르트 출발/ 인천향발	조 : 호텔식 중 : 현지식 석 : 기내식
제 10 일	인천		12 : 30	•인천도착(10시간 30분 소요) 후 해산 ★★ 감사합니다.	조 : 기내식

※ 상기 일정은 교통편 및 현지사정에 의해 다소 변경될 수 있습니다.

(2) 항공권 및 PNR(예약기록 : Passenger Name Record)

① 전자항공권(E-ticket : Electronic Ticket)

사전 승객정보 시스템(APIS : Advance Passenger Information System)의 적용으로 전자항공권 발권 시 영문이름(성/이름), 성(남/여), 생년월일, 국적, 거주국가, 여권번호, 여권만료일 등 여권상의 정보를 모두 입력해야 발권이 가능하므로 항공권 확인에 관한 업무는 다소 줄었으나 다음 사항에 대해 확인하여야 한다.

- 여권과 항공권의 영문이름이 일치하는지를 확인한다.
- 일정에 따른 구간과 예약구간, 예약날짜에 착오가 없는지를 확인한다.
- 전 구간의 예약사항을 확인(ok 또는 waiting구간)한다.
- PNR(Passenger Name Record)을 확보하고 확인한다. 또한, 현지에서 일정변경의 경우를 대비하여 다음 사항에 대해서도 사전에 확인하는 것이 바람직하다.
- 구간, 운임(fare construction), 날짜변경 가능 유무, 개별리턴 가능 유무, 환불에 관한 사항 등을 확인한다.
- 개별 return의 경우 추가요금에 대한 사항 등을 확인한다.

② 예약기록(PNR : Passenger Name Record)

PNR상의 전체 예약인원에 대한 영문이름 확인, 예약구간의 도시와 날짜, 항공편, 예약상태 등을 철저히 확인하여야 한다.

(3) 확정서(confirmation sheet)

현지 지상수배업자나 관련업체로부터 받은 최종 확정서와 조건이 일치하는지를 확인하여야 하며 호텔, 식당 등 수배가 적절한지도 확인해야 한다. 간혹 여행의 진행 방향과는 반대로 호텔, 식당 등이 수배되는 경우가 발생되기도 한다.

그림 3-5 호텔 확정서

Confirmation Sheet

Booking No. 0604110476-1 **Issued Date.** 2006-10-18

Hotel	**Shinjuku Star Hotel**	7-10-5, Nishi-Shinjuku, Shinjuku-ku, Tokyo, Japan Tel : 813-3361-1111 Fax: 813-3369-4216
In/Out	**2006-04-19 / 2006-04-21**	Nights: **2**
Conditions	**BF INC / STD / No Remark** (Tax & SVC Included)	
Rooms	DOUBLE () **TWIN (1)** TRIPLE () SINGLE ()	
Guest Name	Room / Last, First Name / Adult (2),Child (0) TWN **Ms. JEONG, YURI** **Ms. KIM, HYEJIN**	
Remark		

Check In	Nts	Rooms				PAX	Price				Total
		SGL	DBL	TWN	TRP		SGL	DBL	TWN	TRP	
06-04-19	2	0	0	1	0	2	0	0	12900	0	25800

Total ¥ 25800

최종 취소 가능일 : 2006-04-14

(4) 여행객 명단표(name list)

여행객의 정보는 국외여행인솔자가 인솔단체의 여행객을 파악하고 출국 전 또는 기내에서 여행객을 대신하여 방문 국가의 출입국신고서 및 세관신고서를 작성할 때 사용되며 회사 차원에서는 소중한 고객자료로 활용되고 있다.

표 3-4 Name List

NO	성명	성별	주민등록 번호	여권번호	유효기간	주소	전화	비고
1	김철수 KIM/CHULSU	M	700000- 1234567	JR123456	12AUG99 12AUG04	서울시 노원구 월계동 123-4	집전화 핸드폰	
2	이영희 LEE/YOUNGHEE	F						

(5) 객실 배정표(rooming list)

객실 배정표의 사전 준비는 단체여행객이 호텔투숙 시 원활한 업무를 위하여 필수적이다. 이용하게 될 호텔의 수에 따라 넉넉히 준비하는 것이 좋다.

표 3-5 Rooming List

Room NO.	이름 Name	Sex (성별)	Room NO.	이름 Name	Sex (성별)
	김철수 KIM/CHULSU	M			
	이영희 LEE/YOUNGHEE	F			
	기상 : 식사 : 출발 :		방과 방 : 수신자 부담전화 :		

(6) 방문국가의 출입국신고서 및 세관신고서

① 출입국신고서

출입국신고서는 E/D Card(Embarkation & Disembarkation Card), Immigration Card, Arrival/Departure Card로 불리며 방문하게 될 국가의 입국 및 출국신고 시 필요한 서류이다. 개인의 신상에 대한 기록과 방문목적, 체재기간 및 장소 등을 밝힘으로써 입국 및 출국을 허가받는 의미로 사용되고 있다.

많은 국가에서 출입국신고서 제출을 요구하고 있으나 우리나라는 행정 간소화 차원에서 2006년 8월 1일을 기해 출입국신고서가 폐지되었다.

출입국신고서의 작성은 해당국가의 언어나 영어로 기록하면 되며, 국외여행인솔자가 기내승무원으로부터 수령하여 일괄적으로 작성한 후 여행객에게 나누어준다.

② 세관신고서

세관신고서는 방문국의 세관사무소에서 입국객의 소지품에 대한 반입허용 및 반입불가품목의 여부를 조사하는 의미를 담고 있으며 우리나라를 비롯한 대부분의 국가가 출입국 시 세관신고서 작성 및 제출을 요구하고 있다.

세관신고서를 사전준비 및 기내승무원으로부터 수령하여 작성하는 것이 일반적이나 간혹 세관신고서의 대리 작성 및 서명의 문제로 법적인 문제로까지 일어날 수 있으므로 세관신고서는 여행객 각자 작성하도록 설명하는 것이 바람직하다.

③ 검역질문서

검역질문서는 각국이 전염병의 확산 등에 대한 통제를 하고자 하는 의미로 사용되고 있다. 검역질문서 작성 및 제출은 통상적으로 생략되고 있으나 조류독감, 사스, 신종 인플루엔자, 구제역 등과 같은 세계적 전염병이 발생됐거나 콜레라 등 전염병 발생지역 방문자 등의 경우에 요구된다.

(7) Baggage Tag(수하물 표)

여행사에서 제작하여 사용하고 있는 형태와 공항에서 수하물 탁송 시 항공사에서 발행하는 tag의 두 가지 형태로 구분된다. 여행사 baggage tag은 여행단체의 표시와 회사 홍보용으로 활용되므로 출장준비 시 회사의 baggage tag을 작성하여 출발 당일 공항에서 여행객들 수하물에 부착하여 준다.

공항에서 수하물을 탁송하고 받는 baggage tag은 목적지 공항에 도착하여 수하물을 찾을 때 표식이 된다. 또한 짐을 분실하였을 경우 수하물로 탁송하였다는 사실을 밝히고 찾을 수 있는 증빙자료가 되기 때문에 탁송 수하물을 찾을 때까지 잘 보관하여야 한다.

(8) 단체행사 일지

단체행사 일지는 여행상품의 문제점 및 장점을 파악하고 분석하는데 귀중한 자료로 상품의 내용을 보완하거나 신상품 개발의 자료로 활용되고 있으며 후배 국외여행 인솔자들에게 귀중한 학습 자료로 활용되고 있다.

2) 여행조건의 확인

일정표에 명기된 관광일정, 호텔, 식사 등 여행 조건을 반드시 읽고 숙지해야 한다.

- 최종 일정을 확인한다.
- 최종 확정서를 확인한다.
- 지불관계를 확인한다.
  현지 일정 진행에 필요한 금액을 어떻게 지불한 것인가에 대한 것으로 현지지불인지, 회사지불인지를 확인한다.
- optional tour의 계획과 지불에 관한 사항을 확인한다.
  언제, 어디서, 어떤 것이 가능한가와 지불방법 등을 확인하고 최저 참여인원과 행사 가능여부를 확인한다.
- 개별 행동자(deviator)의 취급사항에 대해 확인해 둔다.
  여행일정 중 또는 일정종료 후 현지의 친척이나 친구 등 지인과 함께 여행을 같이 하고자 하는 경우가 종종 발생한다.
- 항공권, 호텔 등의 수배사항에 있어 재요청(request)과 대기(waiting)상황이 있는지 확인한다.

(1) 호텔

- 계약내용과 일치하는 호텔로 예약되어 있는지 확인해야 한다.
- 호텔의 등급 및 위치, 시설에 대해 확인한다.
- 객실배정(room assignment)을 확인한다.
  single room, twin room 또는 double room, triple room 등 객실배정이 단체의 구성에 맞게 예약되어 있는지 확인한다.

(2) 식사

현지의 특식을 포함시키는 경우도 많으므로, 특식의 포함사항 및 범위 등 여행조건과 확정서(confirm sheet)상의 내용과 일치하는지 확인한다.

(3) 관광

국외여행인솔자는 일정표 상의 관광지에 대한 사전정보를 숙지하고 관광지의 위치, 특성, 사전 준비사항, 주의점 등을 점검한다.

(4) 현지교통

단체여행객은 전 일정을 전용버스를 이용하는 것이 일반적이나 국가와 지역의 특수한 상황에 따라 항공기, 기차, 선박 등 다양한 교통편을 이용하게 되므로 여행일정 중 다른 교통편의 이용이 있는지 출장준비 시 확인한다.

(5) 기타(팁, 쇼핑, 불 포함 사항)

출장준비 시 팁의 포함 유무를 확인하여야 하며 포함되어 있지 않을 경우 팁의 범위와 사용 용도를 자세히 안내하여 문제의 소지를 만들지 않아야 한다.

단체여행의 경우 해당 지역의 특산물 상점을 방문하게 되므로 각 지역의 특산품의 종류와 가격 등에 대한 사전정보수집도 필요하다.

3) 행사진행비용의 수령 및 확인

여행일정 진행에 소요되는 비용은 한국의 지상수배업자가 회사로부터 수령하여 현지의 수배업자에게 전달하는 것이 일반적이나 간혹 국외여행인솔자가 현지 행사비용을 현지에 직접 전달하는 경우가 있다. 이 경우 국외여행인솔자는 수령한 금액을 정확하게 확인해야 하며 담당자로부터 전달지역과 방법을 확인해야 한다.

2 여행객 관련업무

출장에 필요한 각종 준비사항과 준비물을 세심하게 준비해야 하며 출국 이틀 전 여행객들에게 재확인 전화통화를 하여 미팅시간과 장소, 여권소지, 환전, 날씨 등 필요한 사항을 안내한다.

1) 여행단체의 특성파악

여행단체의 목적 및 여행객들에 대한 파악은 원활한 행사진행을 위하여 필수적인 사항이다.

- 인솔단체가 패키지, 일반모임, 공무단체, 협회, 학교단체 등의 인센티브 단체인 경우 여행목적을 파악하여 그 단체에 맞는 서비스를 제공하게 된다.
- 인센티브 단체인 경우 주관사의 명칭, 여행목적, 단체의 구성과정, 단체장 및 담당자의 성격, 여행경력 및 어학능력 등을 확인하여 그 성격에 맞는 서비스를 제공한다.
- 단체의 책임자 또는 참가자 개인으로부터 받는 특별한 요구사항, VIP, 여행객과 판매담당자와의 특별한 약속 등의 유무를 확인하고 그에 맞는 서비스를 제공해야 한다.
- 여행객의 연령, 직업, 학력, 성격 등을 파악해 서비스제공 범위 및 수준을 설정한다.
- 몸이 불편한 여행객이 있는지 파악한다. 몸이 불편한 여행객이 있을 경우 복용하는 약을 준비토록 안내한다.
- 도매(wholesale)상품인 경우 신청영업소, 대리점 명 및 판매 대리점과 여행객과의 특이사항이 있는지 확인하여 그에 맞는 서비스를 제공해야 한다.
- 사전 경험이 있는 국외여행인솔자로부터 서비스의 범위, 주의해야 할 점 등 정보를 얻고 숙지한다.

2) 여행객과의 사전접촉

(1) 여권 및 비자확인

① **여권**(passport)

- 여권의 유효기간을 확인해야 한다(유효기간이 6개월 이상).
- 여권의 영문이름과 항공권의 영문이름이 일치하는지를 확인한다.
- 여권의 보존 상태를 확인한다. 여권이 심하게 훼손된 경우에는 입 · 출국이 거부될 수도 있다.

② **비자**(사증)

인솔 예정 국가의 비자 유무를 확인하고, 비자가 필요한 경우 여행객들의 비자 발급유무, 유효기간, 사용가능 여부(single, multiple) 등을 확인해야 한다.

- 방문하게 되는 국가의 비자 유무와 형태를 확인한다.
- 인솔단체의 개인별 비자 발급 및 유효기간을 확인한다.
- 비자 사용가능 여부(single, multiple)를 확인한다.

(2) 미팅장소 및 시간 재확인

여행의 시작은 여행객들과의 만남에서부터 시작된다. 단체미팅은 인원이나 수속 시간을 고려하여 출발 2시간 전에 이루어지는 것이 일반적이나 성수기 등 특별한 상황이 있는 경우 3시간 전에 이루어지기도 한다. 판매담당자가 여행상품 판매 시 미팅장소와 시간을 공지하지만 국외여행인솔자는 출발 2일 전 여행객들과의 사전 전화통화를 통하여 미팅장소와 시간을 재확인하여야 한다.

memo

3 국외여행인솔자 개인 준비사항

1) 여행지역 정보 숙지

(1) 지리적 위치 및 기후

지리적 위치를 통해 그 국가의 환경적 특성 및 주변국과의 관계를 이해할 수 있으며 현재의 기후를 확인해 복장관계나 휴대품을 준비하는데 참고할 수 있다.

(2) 역사적 배경

역사적 배경은 그 지역의 인종, 정치, 종교, 사회, 경제 등 모든 문화를 이해하는 기초가 된다.

현지가이드가 있는 경우 현지가이드가 안내를 하지만, 없는 경우 국외여행인솔자가 그 지역을 안내해야 하므로 방문지역의 역사에 대한 이해와 숙지가 필요하다.

(3) 정치, 경제, 사회, 문화 등

방문지역의 정치, 경제, 사회, 문화 등 폭넓은 정보습득에는 한계가 있을 수 있으나 대중매체나 인터넷을 통해 해당 지역의 정치특성과 경제상황 등에 대한 정보를 숙지하는 자세가 필요하며 우리와 다른 생활양식과 문화적 특성을 이해함으로써 여행 중에 발생할 수 있는 현지인들과의 문화적 충돌을 방지해야 한다.

예를 들면, 태국의 경우 사람의 머리를 만지는 행위에 대한 거부감, 왼손은 부정을 탄다고 생각하여 화장실에서만 사용하는 이슬람국가, 소를 신성시하는 인도의 힌두교 등 그 나라의 문화를 이해하고 있지 못하는 경우 고의적이지 않다 하더라도 현지인들과의 마찰이 있을 수 있다. 또한 싱가포르와 같이 엄격한 질서유지와 법을 시행하는 국가는 우리에게 가볍게 느껴지는 문제에 대하여도 엄격한 규제가 이루어지는 문화적 차이가 있음을 이해해야 한다.

(4) 통화, 시차, 국제전화 이용 방법 등

여행객들은 현지에서 물품 구매나 사용 등으로 그 나라의 통화를 사용하게 되는데 화폐단위라든가 환율에 대하여 익숙하지 않은 것이 보통이며 그 지역의 물가에 대해 개념이 없어 종종 실수를 하기도 한다. 여행객들은 국외여행인솔자에게 통화, 환율, 물가에 대해 자주 질문을 하므로 정확한 숙지가 필요하다. 특히 여러 국가를 여행할 경우 각 지역의 통화, 환율, 물가를 숙지해야 한다.

대부분 국가는 우리나라와 시차가 발생하므로 해당 국가에 도착하는 즉시 여행객들의 시계를 현지시간으로 맞추도록 하여 시차에서 발생할 수 있는 문제를 사전에 방지하도록 한다.

(5) 현지의 유명요리, 음료수 등

전통식이나 유명한 음식의 소개나 교체를 원하는 여행객이나 인센티브 팀이 있으므로 현지의 전통식이나 유명한 음식의 종류와 특징, 가격대 등을 파악하고 있어야 한다.

(6) 최근 뉴스와 화제 거리 등

국외여행인솔자는 여행객들의 관심이 높은 현지의 생생한 뉴스와 화제 거리를 수집하여 제공함으로써 여행 만족도를 극대화할 수 있도록 노력해야 한다.

(7) 교통기관

일정진행 중 이용하는 항공기, 열차, 선박 등의 종류와 특징, 이용방법과 주의점에 대해 숙지하여 이용 시 불편함이 없어야 하며 상황에 따라 여행객에게도 안내하여야 한다.

2) 개인준비물

출장지역과 개인의 상황에 맞는 check list를 만들어 사용하는 것도 좋은 방법이다.

(1) 업무관련 휴대품

업무관련 휴대품은 단체의 성격과 지역에 따라 차이가 있을 수 있으나 일정진행에 매우 중요한 품목들로 빠뜨려서는 안 되는 중요한 품목들이다.

(2) 개인관련 휴대품

국외여행인솔자도 여행객들과 같은 일정과 상황에서 생활해야 하므로 자신에게 필요한 품목도 철저히 준비해야 한다. 자신의 상황에 맞고 원활한 업무를 수행하는 데 필요한 품목을 정하고 준비해야 한다.

표 3-6 Tour Conductor Check List

단체 명 :				총 인원 :			
업무관련 필수 휴대품목							
NO	ITEM	수량	CHK	NO	ITEM	수량	CHK
1	국외여행인솔자 자격증			2	일정표(한글, 영문)		
3	여권			4	비자		
추가(기타) 휴대품							
1	지상비			2	출장비		
개인 휴대품							
1	세면도구			2	속옷		
기 타							

3) 복장

국외여행인솔자는 회사를 대표하는 이미지를 가지고 있으므로 항상 깔끔하고 단정한 모습으로 여행일정을 진행하여야 한다. 첫인상은 그 사람을 판단하는 매우 중요한 순간이므로 여행객과 처음 만나는 첫 미팅장소에는 단정한 정장스타일이 바람직하다. 여행일정 진행 중에는 현지상황에 어울리는 자연스럽고 세련된 복장이 바람직하다.

제4절 출입국업무

1 출국업무

1) 사전준비 업무

(1) early arrival

단체여행객의 미팅시간은 상황에 따라 조정이 가능하지만 일반적으로 항공기 출발 2시간 전에 모이게 되는데 국외여행인솔자는 여행시기나 공항의 사정을 감안하여 최소 1시간 전에 미리 도착해 미팅준비를 하는 자세가 필요하다.

(2) 미팅보드의 게재

인천공항에는 여행사 전용 만남의 장소(3층 A와 M카운터 창 측)가 별도로 지정되어 있으므로 여행객과의 사전 전화통화 시 정확하게 고지하여 Meeting Miss가 나는 일이 없도록 한다. 공항에서의 첫 대면이 순조롭게 이루어지지 않고 미팅장소를 찾는 일부터 어긋난다면 국외여행인솔자에 대한 첫 인상에 부정적 영향을 줄 수 있으므로 유의한다.

(3) 편의시설 및 부대시설 확인

주변의 은행(환전소), 병무신고소, 휴대폰 로밍센터, 약국, 편의점, 화장실, 항공사 마일리지 데스크 등 주변 편의시설의 위치를 확인한다.

2) 여행객 미팅

여행객과 대면하여 첫 업무가 시작되는 단계이다. 여행객에게 좋은 인상을 줄 수 있는 기회이므로 단정한 모습으로 정중하게 응대해야 하며 공항업무를 신속하고 정확하게 처리하는 모습을 보여주어야 한다.

(1) 여행객과의 첫 대면과 인원파악

약속된 시간이 되면 미팅장소에 여행객명단과 여행객에게 나눠줄 네임택, 배지, 확정일정표 등을 준비하고 대기한다. 여행객이 도착하면 반갑고 정중하게 인사를 하고 본인이 TC임을 밝힌다. 여행객과 첫 만남이 이루어지는 순간이므로 예의바르고 단정한 모습을 갖춰 여행객에게 신뢰를 줄 수 있어야 한다.

(2) 여행객 확인

여행객 본인이 단체의 일원임을 이야기하더라도 TC는 여행객명단에서 다시 한 번 확인하는 절차가 필요하다.

성수기 때는 일정과 항공이 같은 여행단체들이 많아 자신의 고객임을 확인하지 않고 공항업무를 진행하는 경우가 발생하기도 한다. 여행코스는 같아도 행사하는 여행사가 다를 경우가 많으므로 여행객 명단을 다시 한 번 확인을 해야 한다.

(3) 여권 회수와 서류 전달

확인된 여행객의 여권을 회수하여 이상 유무를 확인하고 확정일정표, 계약서 사본 등을 전달한다. 또한 Baggage Tag을 나눠주고 수하물에 부착하도록 안내한다.

(4) 병무 신고 및 마일리지 안내

- 병역의무자는 국외 출국 시 여권과 국외여행허가증명서를 구비하여 출국 당일 병무신고소(여객터미널 3층 동쪽, 국내선 A, B 뒤쪽)에 출국신고를 하여야 하며 귀국 시에도 귀국신고를 해야 한다.
  병무신고대상자는 25세 이상 병역미필 병역의무자(영주권사유 병역연기 및 면제자 포함)에 해당하는 대한민국 남자(병역필자, 제2국민역 제외)가 해당된다.
- 해당 항공사 마일리지 적립에 관한 안내를 하고 기존의 마일리지 회원이 아닌 경우 신규가입을 할 수 있도록 해당 항공사 서비스카운터의 위치를 안내한다.

(5) 위탁수하물의 분류와 정리

수하물 수속에 관해 설명하고 기내 반입용 수하물과 위탁수하물로 분리하도록 한다. 특히 귀중품이나 현금, 파손이 우려되는 물건 등은 반드시 기내 휴대품으로 반입할 것을 당부한다. 또한 기내반입이 불가한 물품에 대한 안내를 한다.

(6) 탑승수속 및 위탁수하물 탁송

여행객 전원의 도착이 확인되면 해당 항공사 체크인 카운터로 이동하여 여권과 항공권을 제출하고 탑승수속과 위탁수하물을 탁송한다. 좌석배정과 함께 위탁수하물 수속이 이루어진다. 수속이 끝난 후 여권, 항공권, 탑승권, 수하물표를 돌려받고 이상이 없는지 확인한다.

위탁수하물 수속 시 하는 수하물표(Baggage Claim Tag)의 최종 도착지를 확인하고 잘 보관하도록 안내한다. 경유나 환승의 경우 수하물은 최종목적지까지 부쳐지므로 수하물 탁송 시 최종목적지까지의 수속을 꼭 확인하게 한다. 수하물표는 도착 후 짐의 분실이나 손상 등의 사고 시 꼭 필요하며 Though Check-in의 경우 경유지에서 위탁수하물표를 해당카운터에 재확인시켜 수하물이 다른 곳으로 보내지는 분실사고를 방지할 수 있다.

체크인카운터에서는 기내에 휴대하는 물품을 제외하고는 모두 위탁수하물로 처리하여야 한다. 기내에는 가로 55cm, 세로 40cm, 높이 20cm, 무게 10kg 이내의 물품에 대해서만 반입이 허용되며, 휴대물품 중 기내반입 시 여객의 생명과 안전에 위협이 될 수 있는 물품은 반입이 금지된다.

- 위탁수하물 중 세관신고가 필요한 경우에는 대형수하물 전용카운터 옆 세관신고대에서 신고하여야 하며, 대형수하물은 대형수하물 전용카운터에서 위탁 · 처리한다.

3) 출국안내

(1) 인원파악

탑승수속 종료 후 출국안내를 위해 근처의 여유공간으로 이동한 뒤 인원파악을 한다. 인원파악 시 절대로 손가락으로 가리키거나 큰소리를 내어 인원을 세는 일이 없도록 한다. 들리지 않을 만큼의 소리로 세는 방법과 팔을 아래로 하여 손가락을 이용해 인원을 파악하는 것이 바람직하다.

(2) 일정의 개요 및 안내

인원파악이 완료된 후 국외여행인솔자는 여행사를 대표하여 여행에 참여해 주신 것에 대한 감사의 인사와 함께 본인 소개를 한다. 또한 단체 구성원의 소개와 여행일정, 특이사항, 주의사항 등에 관해 간단하게 설명을 한다.

공항사정 및 탑승수속의 지연 등 부득이 한 사정에 의하여 시간이 없는 경우에는 탑승절차에 대한 안내만 하고 서둘러 출국절차를 진행한다.

(3) 출국순서 안내

세관에 신고할 물품이 있는가를 확인하고 상황에 따라 검색대 통과 요령, 출국심사, 면세구역에 대한 설명과 주의사항을 안내한다.

탑승시간과 탑승구 번호를 재확인시키고, 간혹 발생할 수 있는 탑승구의 변경에

대비하여 항공기 출발정보 전광판과 안내방송에 주의를 기울여 탑승에 차질이 없도록 당부한다.

(4) 출국장소 이동

국외여행인솔자와 함께 출국장소로 이동하여 절차를 밟는 것이 좋으나, 여행객 개인사유나 국외여행인솔자의 업무가 남아있는 경우 자유롭게 수속절차를 마치고 탑승구 앞에서 다시 집합하도록 한다.

4) 출국심사 및 탑승 - C.I.Q(Customs, Immigration, Quarantine)

(1) 세관신고(Customs)

① 출국 시 외화신고

국내거주자는 여행경비로 US$ 10,000를 초과하는 외화를 휴대 반출할 경우 세관 외환신고대에 신고하면 직접 가지고 출국할 수 있다.

② 휴대물품 반출신고(출국 후 재반입)

여행 시 사용하고 입국할 때 다시 가져올 귀중품 또는 고가품은 출국하기 전에 세관에 신고한 후 "휴대물품반출신고(확인)서"를 받아야 입국 시에 면세를 받을 수 있다. 세관신고소는 국제선 출국장 안쪽에 위치하며 '여행객 휴대물품반출신고(확인)서' 양식에 품목, 수량, 가격을 적어 반출신고를 하고 출국한다.

(2) 검역(Quarantine)

출국 시에는 대부분 생략되는 경우가 많으나 예방접종이 필요한 특정지역으로의 여행이나 동 · 식물 반출입 시 반드시 검역소에 신고를 하도록 한다.

(3) 안전 검색대 통과(Security Check)

탑승수속 후 가까운 출국장의 보안검색대로 이동하여 X-ray 검색장비에 의한 휴대물품 검사와 검색직원에 의한 몸 검사를 한다. 여행객은 검색대 앞에서 대기하다가 본인의 순서가 되면 휴대용 가방이나 주머니 속의 소지품(금속성 열쇠나 동전, 라이터, 담배 등)을 비치되어 있는 바구니에 올려 금속 탐지기를 통과시키게 된다.

검색이 강화되는 시기나 국가에서는 신발을 벗거나 허리띠를 풀고 검색대를 통과하는 경우도 있다. 검색대 통과 후 잊지 말고 개인의 짐을 챙기도록 한다.

가위, 주머니칼 등 기내반입이 불가한 물품이 체크된 경우 RI봉투(Envelope for restricted item)에 담겨져 따로 탑재된다. 물품 보관증은 도착 후 수하물 수취장(Carrousel)에서 물품을 찾을 때까지 보관하도록 한다.

(4) 출국심사(Immigration Inspection)

출국심사는 출국 가능한 여행객인지를 심사하는 과정으로, 여행객은 출국심사대 앞에 대기하고 있다가 차례가 되면 개인별로 여권과 탑승권을 제시하고 심사를 받는다. 여권과 탑승권을 출국심사관에게 제출하여 여권의 사증란에 출국허가 스탬프를 받고 여권과 탑승권을 되돌려 받는다.

출국심사대를 통과하면 면세구역으로 나오게 되는데 일단 면세구역으로 들어가면 다시 밖으로 나가는 절차가 복잡하다. 우리나라의 면세점은 출국장에서만 이용이 가능하므로 국외여행이 처음인 여행객들에게는 사전에 안내를 하는 것이 좋다.

(5) 면세(Duty Free Zone)구역 업무

출국심사대를 통과한 여행객들을 한 곳으로 집합하도록 유도한 후 모든 여행객이 이상 없이 출국심사를 마쳤는지 확인하고, 여권과 탑승권을 잘 보관하도록 안내한다.

시내면세점에서 물품을 구입한 여행객이 있는지 확인하여 면세점 물품인수 카운터에서 영수증을 제시하고 물품을 수령하도록 안내한다. 면세점 물품구입 시 여권과 탑승권을 제시할 경우가 있으므로 계산이 끝난 후 여권이나 탑승권을 분실하는 일이 없도록 주의시킨다.

다시 한 번 탑승시간과 탑승구 번호를 재확인시키고 자유 시간을 준다.

단체 해산 후 여행사 담당자에게 전화를 걸어 출국심사가 종료되었음을 보고한다. 이는 회사로부터 더 깊은 신뢰를 받을 수 있는 간단하지만 중요한 업무 중의 하나이다.

(6) 탑승구(Boarding Gate) 집합대기 업무와 탑승

TC는 면세구역 내에서의 휴식 중에도 탑승구가 임의로 변경이 되는 경우가 있을 수 있으므로 출발정보 전광판을 통해 탑승구를 수시로 확인하고 안내방송에 주의를 기울여야 한다.

여행객들과 약속된 시간이 되면 탑승구로 이동하여 인원파악을 하고 항공사의 탑승안내에 따라 탑승하도록 한다.

2 탑승 및 기내업무

1) 기내업무

(1) 이륙 전 업무

- 인원파악
- 착석여부 확인
- 승무원과의 협조구축
- 상황에 따른 기내시설물 사용법 안내

탑승 후 여행객들의 착석여부를 확인한다. 여행객의 특성과 상황에 따라서 기내시설의 사용법과 기내매너 및 에티켓에 대한 설명을 하고 만석(Full booking) 등의 이유로 가족이 떨어져 앉게 된 경우 좌석조정을 해야 한다.

좌석 재배정(seat reassignment)을 못한 경우 여행객에게 항공기가 이륙하여 안전벨트 사인이 꺼진 후 좌석을 조정할 수 있음을 안내하고 각자의 지정좌석에 앉도록 한다.

(2) 이륙 후 업무

비행기 이륙 후 좌석벨트 사인이 꺼지면 기내를 자유롭게 이동할 수 있다.

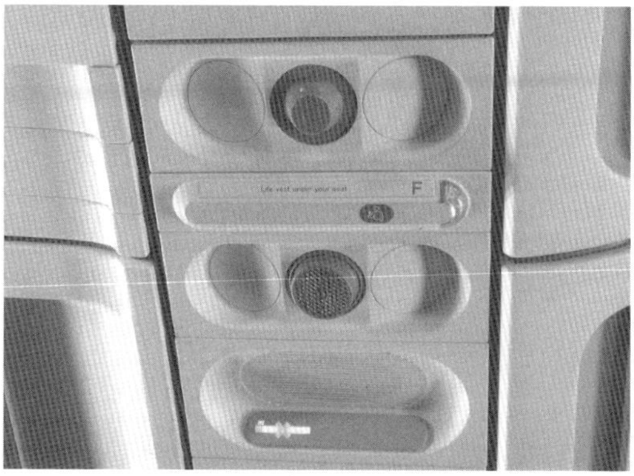
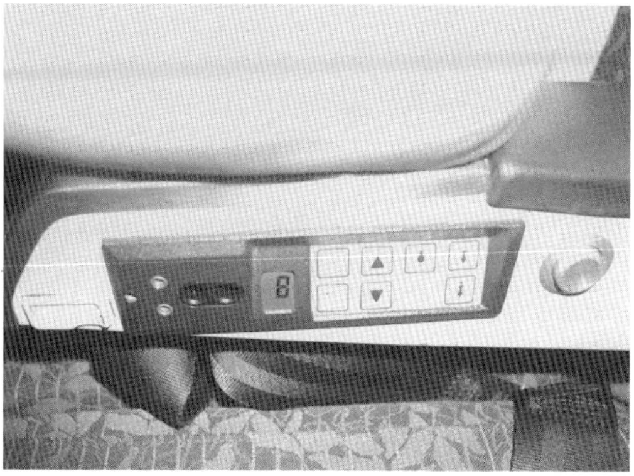

- 좌석 재배치 협조
- 식음료 제공 시 언어서비스 지원
- 입국서류(출입국카드, 세관신고서, 검역서) 작성
- 여행객과의 유대관계 구축
- 여행객 불편사항 체크 및 처리

TC는 상황에 따라 식사나 음료서비스 제공 시 언어지원 서비스를 하여야 하며 목적지 국가의 출입국카드, 세관신고서, 검역서 등을 승무원으로부터 수령하여 작성한다.

기내는 여행객들과 유대관계를 돈독히 할 수 있는 좋은 기회이기도 하다. 기내를 돌면서 여행객들의 자리를 확인하고 도움사항, 불편사항 체크, 필요사항 안내, 여행 관련 질문 등 담소를 나누며 유대관계를 쌓는 것이 바람직하다. 또한 여권이나 고객리스트, 좌석배치 등을 통해 여행객의 얼굴과 이름을 숙지할 수 있도록 노력한다.

(3) 목적지 도착 전 준비사항

- 하기 후 집합안내
- 출입국서류 준비
- 휴대품 확인 안내
- 기내 비품 및 주변정리 안내
- 사전 화장실 안내

TC는 목적지 도착 1시간 전에 여행객들에게 하기 시 필요한 사항을 안내한다. 도착 잔여시간을 알리고 입국에 필요한 출입국카드, 세관신고서 등을 나눠주며 하기 시 휴대한 물품을 잊지 않도록 주의를 준다.

하기 후 집합하여 단체로 이동하는 것을 여행객들에게 주지시키고 국외여행인솔자는 여행객보다 먼저 하기를 할 수 있도록 준비한다. Transit(경유) 또는 Trans- fer(환승)의 경우 그 순서나 수속방법에 관하여도 간단하게 설명해 둔다.

2) 경유(Transit)와 환승(Transfer)업무

이용하는 항공기가 목적지까지 직항편이 아니고 중간지점을 경유하여 목적지까지 가는 경우가 있다. 이때 이루어지는 업무를 경유지업무라고 하며 Transit(경유)와 Transfer(환승)의 두 가지로 분류한다.

(1) Transit(경유)업무

- 하기 전 휴대품의 체크(분실물주의)
- transit card 받기
- transit area에서의 대기 또는 면세점 쇼핑
- 탑승(transit card 반납)
- 비행기 하기
- 탑승구 및 탑승시각 확인과 안내
- 탑승구 집합, 탑승대기

직항편이 아닌 항공기는 최종 목적지까지 어떤 지역이나 국가의 공항을 거쳐서 이동하게 된다. 경유 공항이 목적지인 승객은 하기하여 경유국으로 입국하지만 다음 목적지까지 가는 승객은 잠시 하기하여 공항의 면세구역에서 기다린 후 재탑승을 하게 되는데 이를 Transit(경유)이라 한다. 국외여행인솔자는 여행객들에게 재탑승시간과 게이트 번호를 엄수하도록 안내하고 경유시간에 따라 자유 시간을 준다.

대기시간 중 면세점 이용이 가능하지만 목적지 국가의 면세범위와 여권, Transit Card의 관리에 주의를 준다. 재 탑승시간이 되면 여행객들의 탑승을 확인하고 탑승 후 기내에서 다시 한번 인원파악을 한다.

▲ transit card

Check Point 경유 업무

- 하기 시 모든 소지품은 반드시 휴대하도록 안내한다.
- 시계를 현지시간에 맞추도록 한다(재 탑승시간은 현지시간으로 이루어진다).
- 탑승 예정시각을 전달하고 탑승 안내방송에 항상 귀를 기울이도록 한다.
- Transit Card는 탑승할 때까지 잃어버리지 않도록 주의 안내한다.
- 탑승게이트를 미리 알고 있는 경우 하기 시 여행객에게 안내한다.
- 현지 통화단위 및 환율에 대한 안내를 한다.
- 거스름돈은 가능한 여행 국가의 통화나 미국달러로 받도록 안내한다.
- 필요에 따라서는 여행객의 쇼핑에 관한 조언을 한다(여행국가 면세범위 등).
- 경유지의 도시명, 공항명, 출발시각, 시차, 통화단위, 환율, 특산품 등을 안내한다.

(2) Transfer(환승)업무

- 공항에 관한 사전 지식
- 하기 후 인원 파악
- 연결편 탑승 수속
- 탑승권 배부
- 탑승구 이동 및 자유 시간
- 탑승
- 하기 시 휴대품 체크
- 환승 카운터로 이동
- 위탁수하물 확인
- 탑승구 및 탑승시각 안내
- 탑승구 재집합 및 인원 파악

여행일정 중 환승구간이 있는 경우 해당 공항의 구조, 규모, 시설 등에 관한 사전지식을 미리 준비해 두어야 한다.

환승수속 절차는 여행객들을 인솔하여 환승 카운터로 이동한다. 여권과 항공권을 제시하고 탑승권을 받는 것이 일반적이며 탁송수하물표도 재확인하여 수하물의 지연도착이나 분실에 대비하는 것이 바람직하다.

환승수속은 다음 구간의 탑승수속시간, 환승 터미널 이동시간, 항공기의 지연도착 등의 시간문제가 발생할 수 있으므로 최소 환승시간(MCT : Minimum Connecting Time)에 주의하여야 한다.

3 입국업무

1) 도착

비행기가 도착하기 전에 여행객들에게 기내승무원으로부터 받아 작성한 입국신고서(우리나라의 경우 대한민국 여권소지자는 생략), 세관신고서, 검역신고서를 여권과 함께 소지토록 한다.

하기 후 국외여행인솔자는 신속하게 여행객들을 유도하여 입국심사장으로 향한다. 입국심사장으로 진행하는 사인은 국가별로 다르지만 일반적으로 Immigration, Arrival, Passport Control, Baggage Claim 등으로 표기되고 있다. 입국수속을 하기 전에 다시 한 번 여행객들의 입국서류를 체크한다.

2) 검역(Quarantine)

입국심사대로 이동하다 보면 첫 번째 검역신고대가 나타난다. 통상적으로 검역은 생략되나, 전염병 발생지역이나 의심지역을 여행하고 돌아오는 여행객은 검역질문서를 작성한 후 제출하여야 한다.

3) 입국심사(Immigration Inspection)

입국심사대에서 해당국가에 입국을 신청하고 허가를 받는 과정이다. 여행객은 비행기에서 내려서 '내국인' 또는 'Nations', 'Foreigners', 'Aliens' 등의 표시가 되어 있는 출입국심사대(Immigration)에서 입국심사를 받는다. 여행객은 입국심사대에서 자신의 차례가 오면 여권과 입국신고서를 제시하고 입국심사를 받는다.

일본, 태국, 미국 등 일부국가에서는 테러와 범죄예방 차원에서 새로운 입국심사수속(개인식별정보 제공 의무화)을 도입하여 입국하는 모든 여행객의 지문채취와 안면사진을 찍고 있으며 점차 전 세계로 확산될 예정이다. 우리나라는 자동 출 · 입국관리 시스템을 운영하고 있다.

구성원들의 심사 종료 시까지 입국심사장 뒤쪽에 대기하여 문제발생 시 도움을 주도록 한다.

개별심사를 받을 경우 사전에 여행객들에게 입국목적, 체류기간, 호텔명 등 질문사항의 내용을 설명하여 입국심사 시 대답할 수 있도록 준비시킨다.

입국이 허가되면 사증란에 입국 스탬프를 찍어 주는 것이 일반적이나 입국 스탬프가 생략되는 국가들도 있다.

4) 위탁수하물 인수(Baggage Claim)

입국심사를 마치고 나면 수하물 도착 안내전광판에서 이용 항공편(Flight Number)이나 탑승 도시명으로 수하물 수취대(Baggage Claim) 번호를 확인하여 여행객에게 안내한다.

(1) 위탁수하물의 확인

여행사 짐택(Baggage Tag)이나 개인적으로 해두었던 표시 등으로 자신의 수하물인지 아닌지를 확인하도록 한다.

가방의 색이나 형태만으로 자신의 짐이라 판단하여 들고 나가는 경우가 생기기 때문에 수하물 수취 후에는 반드시 확인할 것을 안내하고 장소를 지정하여 집합하도록 한다.

(2) 위탁수하물 파손과 분실

모든 위탁수하물이 온전한 상태로 수취되는 것이 당연하지만 간혹 수하물이 파손(damage)되거나 분실(missing) 및 지연도착(delay)되는 경우가 발생한다.

국외여행인솔자는 수하물 사고를 당한 여행객과 같이 해당 항공사의 수하물 사고 신고소(Lost & Found office)로 이동하여 수하물 사고보고서(PIR) 작성에 도움을 주어야 한다. 신고 시 여권과 탑승권, 항공권, 수하물표 등이 필요하다.

5) 세관검사(Customs Declaration)

국가에 따라 차이가 있으나 일반적으로 우리나라를 포함한 대부분의 국가들은 세관신고 물품이 없는 경우에는 녹색라인(Nothing to Declare)으로 세관검사 없이 통과하며 세관신고 물품이 있는 경우에는 적색(Goods to Declare) 또는 황색라인에서 세관신고 및 검사를 받는다. 만약 세관신고 물품이 있음에도 녹색라인(Nothing to Declare)으로 통과하다 적발되면 중과세를 물을 수도 있음으로 주의해야 한다.

여행객들을 인솔하여 면세출구 쪽으로 진행한다. 경우에 따라서 신고해야 할 물품이 있는 여행객에 대해서는 과세출구 쪽으로 안내한다.

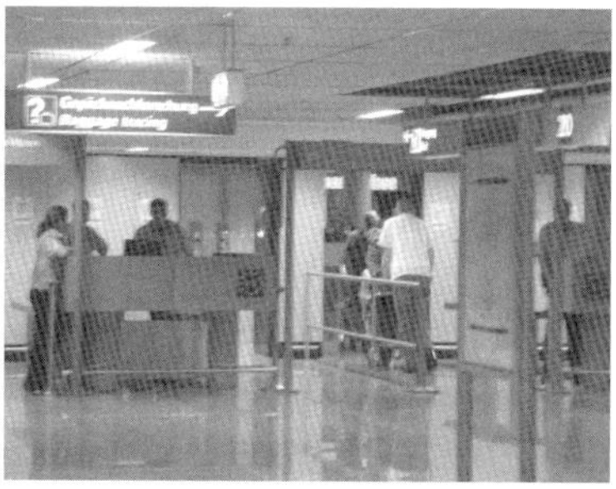

(1) 면세출구(nothing to declare)

출구의 간판이나 램프, 바닥의 Line 등이 녹색으로 되어 있으며 신고할 물품이 없는 비과세 대상자가 통과한다.

(2) 과세출구(Goods to declare)

출구의 간판이나 램프, 바닥의 Line이 빨강색으로 되어 있으며 신고할 물품이 있는 과세 대상자가 통과한다.

과세대상 물품이 있을 경우에는 적정한 세금이 부과되며 반입금지 품목이 있으면 세관에서 압수하거나 예치(Bond)시켜 놓고 출국 시 찾도록 되어 있다.

6) 환영홀

세관검사대를 통과하면 공항에서 필요한 수속은 모두 마치게 된다.

국외여행인솔자는 여행객들의 신변과 수하물에 문제가 없는지를 다시 한 번 확인하고 환영홀로 인솔하여 현지가이드(Local Guide)를 만나게 한다. 일반적으로 여행단체의 단체명으로 된 미팅보드(Meeting Board)를 들고 있다.

제5절 현지행사 진행업무

1 현지가이드 미팅 및 이동

1) 현지가이드 미팅

TC는 여행객들을 인솔하여 입국장 환영홀로 이동하여 현지가이드를 미팅한다. 일반적으로 현지가이드는 미팅보드를 들고 있으므로 어려움 없이 미팅을 할 수 있으나 간혹, 버스기사 또는 현지여행사의 직원이 미팅을 나오는 경우도 있다. 또한 일부 국가는 일반인출구와 그룹출구를 따로 두고 있으므로 현지가이드와 미팅미스가 나지 않도록 사전에 확인하는 것이 좋다.

현지가이드와 서로 확인이 되면 여행객들을 일정장소로 유도하여 현지가이드에 대한 간단한 소개와 다음 일정진행 시 필요한 사항에 대해 안내하고 상황에 따라 여행객들에게 개인 용무시간을 주도록 한다. 약속시간이 되면 인원, 수하물의 이상 유무를 확인하고 차량 대기 장소로 이동을 한다.

2) 이동

(1) 버스탑승 업무

현지가이드를 선두로 차량으로 이동을 하고 국외여행인솔자는 뒤에서 이탈자가 없는지 확인하며 뒤따른다.

차량에 도착하면 여행객 본인에게 수하물의 탑재를 확인하게 한 후 차량에 탑승토록 하고 국외여행인솔자는 다시 한 번 수하물 적재에 이상이 없는지 최종확인을 한 후 차량에 탑승한다. 모든 인원이 탑승했는지 다시 한 번 확인한 후 출발한다.

(2) 버스 내 업무

차량이 출발하면 국외여행인솔자는 마이크를 잡고 경쾌한 목소리로 "장시간 수고하셨습니다." 등의 인사말과 국외여행인솔자 본인의 소개, 간단한 일정설명, 주의사항 및 필요사항 등을 설명한 후 현지가이드를 소개한다. 팀의 특성상 단체의 대표가 있을 시 대표에게 간단한 인사말을 하도록 기회를 주는 것도 좋다.

국외여행인솔자는 버스의 앞좌석에 앉는다. 항상 현지가이드와 가까이 앉아 일정의 원활한 진행을 위한 협조, 일정진행의 관리 · 감독을 해야 한다.

안내사항

- 현지가이드 · 국외여행인솔자의 전화번호와 통화방법을 설명한다.
- 도착 공항, 도시, 나라 등의 이름을 설명한다.
- 한국과의 시차를 설명하고 시계를 현지 시간으로 조정한다.
- 공항에서 호텔 또는 다음 목적지까지의 거리, 방향, 시간 등을 안내한다.
- 일정이나 여행조건 등의 개요를 설명한다.
- 최근의 현지 기후와 관광에 적절한 복장에 대해 설명한다.
- 현지 통화명, 지폐 · 동전 등의 종류, 원화와의 환율 등을 설명하고 환전에 관한 설명을 한다.
- 호텔, 식당, 관광지 등에서 통용되는 팁 제도에 관한 설명을 한다.
- 그 나라의 주요한 특산물과 선물로 적절한 상품에 대해 안내한다.
- 풍속이나 관습의 차이를 설명한다.
- 치안, 위생 등에 관한 설명을 한다.
- 여권, 가방 등 휴대품 관리에 관한 설명을 한다.
- 국제전화(수신자 부담전화), 시내전화에 관한 설명을 한다.
- 국가 및 도시개요, 정치, 경제, 문화, 역사 등에 관한 설명을 한다.
- 일정을 끝내고 호텔로 이동 시 다음날 일정에 관한 설명을 한다.

2 호텔업무

1) 호텔 체크인(check-in)

여행객들을 로비로 안내하고 프런트 데스크로 이동하여 단체명이나 그룹번호 또는 호텔 바우처(voucher)를 제시하고 체크인을 한다.

지역, 국가에 따라 체크인 시 여행객 전체의 성명, 생년월일, 여권번호 등 신상정보와 여권을 요구하는 경우 준비된 여행객명단(passenger list)을 제시하고 TC가 대표로 신상정보를 기재하는 것이 일반적이다.

(1) 객실 배정

단체의 경우 2인 1실을 기본으로 하고 있다. 가족이나 일행 등 구성형태를 파악하여 객실배정 시 같은 층이나 가까운 객실로 배정함을 잊지 말아야 하며 연장자, 환자, 유아동반가족 등은 가능한 아래층으로 배정하는 것이 좋다.

객실 키를 수령한 후에는 객실의 형태와 수, 아침식사 장소와 시간, 퇴실시간 등을 점검한 후, 사전에 준비한 객실 배정 리스트(rooming list)를 작성한다.

(2) 객실 키와 공지사항 전달

체크인이 끝나면 객실 배정표(rooming list)에 필요한 부분을 기재하여 복사한 후 객실 키와 함께 나누어 주고 안내사항을 전달한다. 일반적으로 기상(morning call)시간, 아침식사 시간과 장소, 다음날 호텔 출발시간, 전화이용방법(room to room) 등을 안내한다.

필요에 따라서는 객실 키 사용법, 호텔 내 부대시설 이용안내, 엘리베이터, 객실 내 미니바(Mini-bar), 유료방송(Pay-TV), 전화, 안전금고(Safety box) 등의 이용법을 안내한다. 호텔에서 외출할 때는 호텔명함(hotel name card)을 반드시 지참하여 만일의 사태에 대비토록 하고, 치안상태에 따라서 야간 외출을 자제토록 안내한다. 또한 TC의 객실 번호를 안내하여 필요사항이나 비상시 연락을 할 수 있도록 한다.

TC는 여행객과의 친밀감을 높이고 불만해소를 위해 여행일정에 처음 숙박하는 호텔은 각 객실을 돌며 객실의 사용법, 주의사항 등을 안내하는 것이 바람직하다.

(3) 식사 확인

대형 호텔의 경우 여러 개의 식당을 운영하므로 체크인 시 아침식사의 장소와 시간을 확인하여 안내하고 예약시간 전에 나와서 단체의 자리를 확인하고 안내하는 것이 바람직하다. 시간이나 좌석의 지정이 없는 자유식으로도 하는 경우 준비된 쿠폰을 제시하거나 객실 번호를 제시하도록 안내한다.

2) 호텔시설 이용 관련 안내사항

① 객실 키(room key)

최근 많은 호텔들이 빈-카드(Vin-card)를 활용하고 있다. 빈-카드시스템은 카드 형태의 키를 키 박스에 대거나 넣어서 문을 여는 시스템이다. 객실 안에 부착되어 있는 포켓(pocket)에 키를 넣어야 객실 내 전원이 작동된다. 객실 문이 닫히면 자동으로 문이 잠기게 되므로 외출 시 항상 키를 휴대하도록 한다. 보안의 이유로 카드에 방 번호가 따로 표기되어 있지 않으므로 객실번호를 잊지 말도록 안내한다. 메탈 키의 경우 두 번 이상 돌려야 열리고 잠기는 경우가 많다.

② 미니바(mini-bar)

객실 내에 비치된 냉장고에는 각종 음료와 주류, 초콜릿, 안주류 등이 비치되어 있다. 이들 품목 외에도 스타킹, 양말, 속옷, 일회용품 등을 냉장고 외부에 비치하기도 하는데 이를 모두 미니바라고 한다. 미니바의 가격은 시중에 비해 많이 비싸며, 이를 이용할 때는 냉장고 위에 비치되어 있는 빌(Bill)에 표시된 금액을 확인하고 수량을 기입해서 체크아웃 시 제출하고 정산하면 된다.

③ 전화

객실 내의 전화를 이용해서 객실 간 전화(room to room)나 시내전화(city call), 국제전화(over seas call)를 할 수 있다.

④ 모닝콜 확인

국외여행인솔자는 모닝콜을 전적으로 믿어서는 안 되며 만약을 대비해 개인 자명종을 준비한다.

⑤ 엘리베이터

유럽의 호텔들은 0층의 개념을 가지고 있으며 한국의 1층을 0, G(ground), L(lobby)층으로 표기하고 있다.

⑥ 유료 TV(pay-TV)

유료 TV는 추가로 금액을 지불하는 유료방송이며 대개 최신영화나 성인영화(adult movie)를 방송한다.

⑦ 안전금고(Safety Box)

대부분의 호텔은 여행객의 귀중품 보관을 위해 안전금고(Safety Deposit Box)를 설치하여 운영하고 있으며 통상 프런트 데스크와 객실에 설치하는 2가지의 형태가 있다.
객실 내 안전금고의 이용 방법은 금고를 연 후 비밀번호를 지정하고 닫으면 자동으로 잠기게 된다. 비밀번호를 잊지 않도록 한다.

⑧ 욕실 사용

욕실에는 매트용으로 사용하는 타월(foot towel), 손을 씻고 사용하는 핸드타월, 세면과 샤워 후에 사용하는 페이스타월(wash cloth), 샤워 후 몸을 감싸는 전신타월(bath towel) 등 3~4종류의 타월류가 비치되어 있다. 유럽, 미국의 호텔들은 욕실 바닥에 배수시설이 없는 경우가 많다.
욕조 밖에서 샤워기를 사용하면 물이 객실로 넘쳐 배상해야 하는 경우도 발생할 수 있으므로 욕조를 사용할 때는 샤워커튼을 욕조 안쪽으로 들여서 물이 밖으로 튀지 않도록 하고, 욕조 옆에 매트(foot towel)를 깔아 나오면서 물기를 닦도록 한다.

⑨ 청소와 세탁

여행객이 객실을 사용하고 나면 룸 메이드(room maid)가 침구류, 타월, 비품을 교환하고 쓰레기통 비우는 등 객실을 원 상태로 정비하고 청소하게 된다. 그들에 대한 고마움의 표시로 외출이나 체크아웃 시 1달러 내외의 팁(tips)을 놓아두는 것이 국제적인 에티켓이다.
세탁(laundry)이 필요한 경우는 객실의 서랍장(Drawer chest)에 비치된 세탁물 봉투에 담고 세탁요청서(laundry slip)에 표기해서 객실 문 안쪽에 두면 룸 메이드가 수거한다. 세탁뿐만 아니라 다림질(press service)을 의뢰할 수도 있으며 요령은 같다.

3) 퇴실업무(check-out)

체크아웃 시 TC는 먼저 프런트 데스크로 내려와서 팀의 체크아웃을 요청한다. 객실 별로 발생한 추가요금(미니바, 전화이용료, 유료TV, 기타 시설 이용요금) 등을 확인하여 여행객에게 청구요금을 공시한 후 개별 확인을 돕고 지불토록 안내한다. 객실 키의 반납 유무도 확인한다.

전체 요금이 정산되면 여행객의 인원과 수하물을 점검하고 유실물이 없는지 재점검하는 것으로 호텔에서의 업무는 종료된다. 또한 현지가이드를 미팅하여 당일의 일정에 관해 상의하고 조정사항이 있을 경우 협의하는 시간을 가져야 한다.

체크아웃이 끝나면 버스로 이동하여 수하물을 탑재시키고 수하물 적재의 이상이 없는지를 확인한 후 탑승한다. 인원파악 후 차량을 이동시킨다.

3 행사진행업무

1) 관광

여행객들의 궁극적인 목적은 여행을 통한 휴식과 삶의 재충전이라는 목적도 있으나 새로운 국가나 지역의 문화를 경험하고 독특한 먹거리 · 볼거리 등을 직접 체험하는 과정을 통해 많은 것을 느끼고자 하는 것이다.

(1) 시내관광

여행 당일의 기후에 따른 복장관계, 복장에 제약이 있는 관광지, 특수한 현지상황 등에 관해 사전정보를 제공해야 한다.

예를 들어 종교적인 지역들은 복장의 제약이 많으므로 짧은 치마, 반바지, 슬리퍼, 민소매 등의 입장이 불가함을 안내하고 산악지역의 경우 두툼한 외투를 준비하도록 하며 걷는 구간이 많은 지역은 편안한 운동화를 준비하도록 한다.

① 출발

출발 전 현지가이드와 일정을 재확인하고 여행객의 복장이나 휴대물품의 상태를 체크한다. 현지가이드가 없는 경우 버스기사와 관광지 동선, 소요시간 등을 상의한 후 출발한다. 간단한 인사말과 일정, 현지가이드와 버스기사의 소개를 한다. 버스기사 소개 시 버스의 색깔, 형태, 차량번호를 같이 소개하여 차량을 인지할 수 있도록 한다.
항공 · 기차 · 선박 등 다른 교통수단을 이용하여 다음 국가나 지역으로의 이동이 있는 경우 각별한 주의를 주어야 하며 정확한 출발시간과 장소를 안내하고 일행과의 이탈 시 대처 방안을 설명한다.

② 관광지

관광지에 도착 전 해당 관광지에서의 대략적인 소요시간, 관광 진행방법 등을 안내하고 도착 후 선두에서 현지가이드가 인솔하고 TC는 뒤에서 이동한다. TC는 버스에서 잔류하는 여행객이나 혼잡한 관광지에서는 이탈하는 여행객의 유무를 항상 체크해야 하며 출발 전에는 여행객이 모두 탑승했는지 확인 또 확인해야 한다. 관광지 설명이 끝나면 시간과 약속장소를 정하고 자유 시간을 준다.
유적지나 고도의 경우 문화재보호를 위해 대형버스의 진입을 금지한 곳이 많으며 주차공간의 부족으로 주차가 한정되어 있는 경우가 많다. 지역에 따라 승 · 하차장소로만 특정지역이 허가된 경우가 있으며 승 · 하차장소가 다른 경우가 많으므로 국외여행인솔자는 사전에 미팅장소를 숙지하여 현지가이드와 떨어져도 여행객을 인솔할 수 있어야 한다. 또한 국외여행인솔자나 현지가이드는 항상 화장실의 위치를 확인해 여행객의 요구 시 안내할 수 있어야 한다.

③ 자유 시간

기후, 주변 환경과 상황, 여행객들의 특성을 고려해 시간을 주어야 한다. 또한 지역의 특성상 자유 시간 중에 개인적으로 경험할 수 있는 부분이 있다면 설명하고 안내하는 것이 바람직하며 그에 따르는 충분한 시간을 고려해야 한다.

약속시간을 어기는 여행객은 어떤 방법으로도 주의를 주어 다른 여행객에게 피해가 가지 않도록 해야 한다.

(2) 버스여행

버스여행은 출발과 도착시간에 구속을 받지 않으며 목적지 변경과 정차의 자유 등의 장점을 가지고 있다. 다음날 일정이 국경을 넘는 경우, 추운 지역을 경유하는 경우, 하루 종일 버스여행을 하는 경우 등 일정상의 안내가 필요할 때에는 전날 자세한 내용을 전달하여 여권, 방한복장, 먹거리 등을 버스 안으로 휴대하게 한다.

또한 여름철에는 항상 에어컨을 틀어 버스 안이 추울 수도 있으므로 스웨터나 점퍼를 준비하도록 한다. 출발 시 이동하는 거리 및 예상시간을 파악하여 여행객에게 안내한다. 유럽 등 일부 지역의 고속도로휴게소는 화장실 이용 시 팁을 지불해야 하므로 팁의 범위를 안내하여야 한다.

① 버스 안에서

장거리 버스여행이 있는 여행지역은 유럽, 미주, 호주 · 뉴질랜드 지역이 대표적이다. 미국, 호주 · 뉴질랜드 지역의 경우 현지가이드가 동행을 하여 국외여행인솔자는 자신의 업무에만 충실하면 되나 유럽지역의 경우 일부 지역을 제외하고 전 일정을 국외여행인솔자 혼자서 진행을 하게 된다.

유럽지역을 담당하는 국외여행인솔자는 Through Guide 형태로 국외여행인솔자의 업무와 가이드의 업무를 동시에 소화해내야 한다.

② 장거리버스 안의 국외여행인솔자

ⓐ 여행의 아나운서

해당 지역이나 국가의 역사, 경제, 사회, 문화 등 전반적인 설명을 하여 관광

시 도움이 될 수 있도록 한다.

많은 시간을 설명한다고 좋은 것은 아니며 여행객의 특성이나 피로도, 버스 안의 분위기를 감안하여 설명을 하는 것이 바람직하다. 특히 시차가 있는 국가는 며칠간은 시차적응이 어려우므로 가급적 오전시간대에 설명을 하고 오후는 음악이나 영화를 상영하는 것이 바람직하다.

ⓑ 여행 문화의 전도사

그 지역의 관광지 안내뿐만 아니라 문화적 차이에서 발생할 수 있는 실수나 여행 시 필요한 매너 · 에티켓 등을 많은 사례와 여행담을 통해 전달하는 여행 문화의 전도사 역할을 하여야 한다.

ⓒ 만능 엔터테이너

버스여행의 무료함을 없애기 위해 국외여행인솔자는 다양한 게임 · 퀴즈 등을 준비해 여행객에게 즐거움을 줄 수 있다. 그러나 지나친 재미위주의 진행은 자칫 여행객들의 오해를 살 수 있으므로 삼가야 한다. 또한 그 지역의 음악, 그 지역을 배경으로 한 영화 등을 준비해 무료한 버스여행 시 여행객에게 틀어주는 것도 좋다. 음악과 영화상영 시 간단한 배경설명을 하면 더욱 감동적일 것이다.

ⓓ 사회자

국외여행인솔자는 단체구성과 자신을 소개한 후 개인별로 마이크를 건네 여행객들 간에 서로를 알 수 있는 계기를 만들어 주고 남은 일정을 좀 더 즐겁게 보낼 수 있도록 한다.

ⓔ 중개사 · 해결사

현지인과 여행객, 현지가이드와 여행객, 국외여행인솔자와 여행객, 여행객과 여행객 등 여러 곳에서 트러블이 생길 수 있다.

국외여행인솔자는 사소한 문제라도 빨리 파악하여 문제를 해결해야 한다.

(3) 기차여행

① 기차여행의 종류

유럽의 경우 45개 이상의 국가가 하나의 대륙 안에 자리 잡고 있으며 초고속열차 시스템이 잘 발달되어 있어서 철도여행을 하기에 매우 편리한 편이다.

일반적으로 한국의 여행객이 이용하는 열차는 다음과 같다.

런던과 파리, 런던과 브뤼셀을 연결하는 영국의 유로스타(EURO STAR), 프랑스 내륙과 스위스 간을 오가는 프랑스의 떼제베(T.G.V), 독일과 유럽 전역을 오가는 독일의 이체(ICE), 이탈리아의 에우로스타(EURO STAR), 화려함을 자랑하는 스페인의 아베(AVE) 등 유럽의 고속열차와 일본의 신칸센, 미국의 암트랙, 러시아의 성 페테르부르그와 핀란드의 헬싱키를 오가는 시베리아 횡단열차도 이용을 하게 된다. 여행일정에 따라 야간열차를 이용해 숙박을 하며 이동을 하는 경우도 있다.

② 기차여행의 절차

대도시의 경우 여러 개의 기차역을 가지고 있어 출발 · 도착역의 정확한 명칭과 위치를 확인해야 하며 현지의 교통상황을 미리 숙지해 역에서 1시간 전에 도착할 수 있도록 한다.

출발 기차역의 이름, 출발시간, 이동구간, 소요시간, 경유지, 도착기차역의 이름, 도착시간 등을 설명한다. 또한 기차역은 매우 혼잡하고 소매치기가 많은 지역임을 주지시켜 짐, 휴대품의 관리와 단체에서의 이탈사고를 방지해야 한다.

ⓐ 탑승준비

역에 도착을 하면 버스의 모든 짐을 내려 역사 안쪽의 일정장소를 지정해 여행객을 대기하게 하고 열차 탑승 시까지 특별한 상황을 제외하고 개인행동을 자제하도록 당부한다.

TC는 출발정보 전광판에서 행선지, 열차번호와 플랫폼번호를 확인하고 미팅장소로 돌아와 여행객들과 해당 플랫폼으로 이동한다. 여행객들에게 승차권을 나눠주고 플랫폼번호, 기차의 일정, 객차번호, 출발 · 도착시간, 좌석 번호 등 승차권 보는 법을 간단히 설명한다.

ⓑ 탑승

유럽국가의 열차는 출발 시 출발 벨이나 안내방송 없이 출발하므로 주의를 하도록 하며 특히 중간 역에서 승차하는 경우 정차시간이 짧기 때문에 신속히 탑승하도록 한다.

ⓒ 하차준비 및 하차

목적지가 열차의 종착역이 아닐 경우 도착 15분 전에 여행객에게 도착을 알리고 모든 짐을 출구 쪽으로 내어 놓아 신속한 하차를 하도록 한다.

2) 식사

단체여행의 경우 일반적으로 현지식과 한식으로 적절하게 식단을 배정한다. 일부 국가나 지역은 한식당이 없는 곳도 있으므로 현지식이 잘 맞지 않는 경우 중국식을 배정하는 것이 바람직하다.

식당에서 유럽지역의 경우 식수가 무료로 제공되지 않으며 반찬 추가 시 비용을 지불해야 하는 식당이 있으므로 반드시 확인하여 안내하도록 한다.

(1) 호텔에서의 식사

아침식사는 대부분 호텔에서 하게 된다. 호텔 측에서 준비한 식사쿠폰을 나눠주거나 객실번호를 얘기할 수 있도록 안내하고 일정에서 벗어나지 않는 한도에서 여행객이 편리한 시간에 할 수 있도록 한다.

(2) 관광 중 식사

식당에 도착을 하면 현지가이드나 국외여행인솔자가 먼저 식당 매니저에게 단체의 도착을 알리고 자리배정을 기다린다.

현지식의 경우 추가 주문이 거의 없지만 한식의 경우는 반찬의 추가가 많으므로 추가 요금이 있을 경우 사전에 안내를 해야 한다.

(3) 테이블 매너

- 좌석을 지정받아 앉는다.
- 웨이터를 부를 때 큰 소리로 부르는 것은 실례이다. 가볍게 손만 들고 'Excuse Me' 라고 조용히 부른다.
- 서양에서는 빵을 손으로 먹는다. 따라서 식사 중에 손으로 귀, 코, 머리 등을 만지거나 긁는 것은 금기 사항이다.
- 식사 도중 나이프나 포크가 떨어지면 줍지 말고 웨이터에게 새 것을 요청한다.
- 양식요리의 순서나 식기의 자리는 가장 합리적으로 고안된 것이기 때문에 자기 앞으로 당겨서 먹는다거나 포개어 놓는 것은 좋지 않다.
- 뷔페식에서는 찬 음식, 더운 음식의 순서로 가져오며 절대로 한 접시에 찬 음식과 더운 음식을 같이 담지 않는다.
- 식사 중 나이프와 포크를 잠시 놓아 둘 때는 나이프와 포크의 끝부분을 접시 위에 걸쳐 놓고 손잡이 부분을 테이블 위에 팔자 형으로 놓는다.
- 식탁에서 트림은 금기 사항이다.
- 식사가 끝난 후 나이프는 바깥쪽, 포크는 안쪽에 나란히 접시 오른쪽 아래 방향으로 비스듬히 놓는다. 이때 나이프의 날은 자신 쪽으로 향하게 하고 포크는 등을 밑으로 한다.
- 팁은 계산을 마치고 영수증을 받을 때 자연스럽게 준다.

3) 쇼핑

(1) 쇼핑의 형태

상품의 소개는 단순하게 품질과 가격적인 비교에서 그치지 말고 해당 국가나 지역의 역사와 문화, 사회와 경제 속에서 상품의 유래와 발달 이유, 과정 등을 설명하여 상품구매의 의미를 가질 수 있도록 하는 것이 바람직하다.

(2) 쇼핑 시 주의사항

① 상품구입 시

추천에 의한 상품구매의 경우 품질이나 가격에 이상이 있을 경우 매우 큰 문제로 이어지므로 절대로 추천하지 말아야 한다. 또한 구매 후 교환이나 환불이 거리, 시간 등의 이유로 용이하지 못함을 충분히 설명하도록 한다.

② 계산 시

여행객들은 외국통화 사용에 익숙하지 않으므로 현지통화 대 미화 또는 원화와의 환율을 충분히 설명해야 하며 물품 구매 시 지불 가능한 통화에 대해 안내하도록 한다.

③ De Tax

유럽지역의 경우 Tax-Free · Global Refund · Premier Tax free · Cash Back 등에 가입된 상점에서 일정 금액 이상의 물품을 구입하고 일정 기간 이내에 출국하는 경우에 한해 부가가치세 환급을 받게 된다. 국가마다 환불에 대한 세율은 차이가 있으며 여권을 제시하고 소정양식을 기입해야 한다.

TC는 세금환급서류를 받은 여행객이 있다면 양식 기입이 잘되어 있는지 확인을 해야 하며 일반적으로 부가가치세의 환급은 유럽을 떠나는 마지막 나라의 공항에서 받게 되므로 서류와 물품을 잘 보관해야 함을 안내한다. 스위스도 세금환급제도는 운영하고 있으나 주변 유럽 국가들과 협정이 되어 있지 않아 스위스를 떠나면서 반드시 처리해야 됨을 잊지 말아야 한다.

4) 선택관광(Optional Tour)

선택관광은 여행객과 계약된 관광일정 이외의 관광거리를 별도의 비용을 지불하고 참가하는 관광형태를 의미하며 여행상품 광고 시 일정 외에 추가적으로 행해지는 선택관광의 종류와 비용에 대해 명시하고 있다.

국외여행인솔자는 출발 전 준비 시 일정진행 중 행해지는 선택관광의 내용, 비용, 소요시간, 유의사항, 특이사항 등에 대한 정확한 정보를 숙지해 출발 전 여행객 미팅이나 전화통화 시 선택관광의 종류와 내용, 비용준비, 이점 등을 안내하도록 한다.

제6절 귀국 및 위기관리 업무

1 귀국업무

1) 귀국 전 업무

(1) 짐정리와 분류 안내

귀국 전날 여행객의 짐정리에 대한 안내를 한다. 여권, 현금, 귀중품 등은 항상 몸에 지니도록 하고 위탁수하물과 기내 휴대물품으로 구분하여 정리하도록 안내한다.

해당국가인 경우에 세금환급제도(Tax Refund)에 관한 설명을 하여 면세신고서와 해당물품을 확인하도록 하고 짐정리 시 확인을 받아야 하는 물품은 위탁수하물 위쪽에 넣어 두도록 안내한다.

(2) 공항 행 버스 내 업무

① 인사말

여행의 마지막 일정을 마치고 공항으로 향하는 버스에서 국외여행인솔자는 현지행사 종료에 관한 안내와 인사말을 한다. 또한 여행일정 동안 수고한 현지가이드와 드라이버에 대한 노고에 인사말을 전달하고 여행객들에게 박수요청을 한다.

② 출국수속 협조요청

모든 일정을 순조롭게 잘 끝내고 귀국하는 공항에서 분실사고나 탑승수속의 지연 등으로 불쾌해지는 일이 없도록 요령 있는 유도와 안내가 필요하다.
귀국 시에는 충분한 여유를 가지고 공항으로 출발해야 하지만 간혹, 시간의 여유가 없어 급히 서둘러야 할 경우 공항으로 이동하는 버스에서 출국수속절차를 자세하게 설명하여 여행객들의 협조를 요청한다.

(3) 공항도착 출국 수속

① 버스하차(분실물 주의 안내)

여행객들이 모두 하차한 후 국외여행인솔자는 좌석 밑이나 선반 위를 다시 한 번 확인하고 마지막에 하차한다.

② 수하물의 확인과 정리

여행객들의 수하물 확인이 끝나면 공항 안으로 이동하여 한적한 장소에서 다시 한 번 짐정리를 할 수 있도록 안내하고 위탁수하물에 여행사 수하물 택(baggage tag)이 떨어진 경우 새로 작성하여 부착해 준다.

③ **탑승수속**(위탁수하물 탁송)

수하물 정리가 끝나면 여행객들을 인솔하여 항공사 수속카운터로 이동한다. 단체 수속카운터가 있을 경우 국외여행인솔자가 대표로 체크인을 하게 되지만 대부분의 항공사가 보안강화의 이유로 개별수속을 원칙으로 하고 있다. 단체여행객도 개별수속을 한다.

④ **세관심사**(customs)

입국에 비해 간단하나 반출품이나 외국 · 현지통화의 신고가 필요한 나라에서는 소정의 수속을 밟아야 한다.
호주나 뉴질랜드와 같은 일부 국가에서는 시내면세점에서 구입한 물품을 위탁수하물로 보내서는 안 되며 면세품 봉투를 개봉하거나 부착된 영수증을 떼어내면 면세의 효력을 상실하게 되어 벌금을 내야 하는 경우가 발생하므로 주의해야 한다. 면세품 봉투를 휴대하고 출국심사를 받게 되며 세관직원이 영수증을 회수해 간 후 봉투를 개봉하여 정리할 수 있다.

⑤ **면세품 Tax처리 업무**

유럽연합 회원국을 비롯한 한국, 싱가포르, 캐나다 등 세계 34개국은 외국인 여행객들이 일정금액 이상 구입한 물품에 한하여 내국간접세(부가가치세, 특별소비세)를 환급해 주는 '세금환급(Tax Refund)제도'를 운용하고 있다. Tax-Free · Global Refund · Premier Tax free · Cash Back 등의 스티커가 붙은 상점에서 일정금액 이상 물품을 구입하면 구입한 물품의 품명, 가격, 부가세액 등이 기입된 세금환급증명서(Tax Refund Cheque)를 작성해 준다. 이때 여권을 제시하고 영문주소와 전화번호를 기입한다.
세금환급 절차는 국가별로 차이가 있으나 일반적으로 출국 시 세관직원에게 환급증명서와 해당물품을 제시하고 확인스탬프를 받은 후 공항 내 세금환급창구로 가져가면 환급금을 받을 수 있다. 주의할 점은 환급절차를 받을 물품은 절대로 뜯거나 사용해서는 안 되며 원상태로 유지하여 세관원에게 확인시켜야 세금환급을 받을 수 있다. Global Refund사의 경우 하나은행과 제휴가 되어 있어 한국에서도 환급이 가능하다.

⑥ **출국심사**(immigration)

출국심사는 출국심사대에 여권과 탑승권을 제시하고 여권의 사증란에 출국확인 스탬프를 받는 것이 일반적이다.
출국심사대는 내국인과 외국인의 심사대로 구분되어 있으며 Others, Aliens, Foreigners, other passport 등으로 표기가 되어 있는 심사대에서 심사를 받으면 된다. 참고로 내국인은 Nationals, Residents, EU(EU국민) 등으로 표기되어 있다.

⑦ **면세구역 업무**(duty free zone)

- 면세구역으로 해산하기 전에 다시 한 번 탑승시간과 탑승구를 재확인시켜준다. 간혹 쇼핑에 몰입하여 탑승을 못하는 경우가 발생하므로 강조하고 또 강조해야 할 것이다.
- 탑승구가 멀리 떨어져 있을 경우 탑승구까지 인솔한 후 자유 시간을 준다. 탑승구의 위치가 확인되면 면세구역에서 탑승구까지 소요시간을 가늠할 수 있기 때문에 탑승시간에 늦는 여행객을 방지할 수 있다.
- 여권과 탑승권 관리에 주의를 준다.
- 귀국 시 여행객 휴대품 한도(면세범위)에 대해 안내한다.
- 동전처리에 대한 안내를 한다. 외국 동전은 한국에서 환전이 안 되므로 동전을 모아 지폐로 환전을 하거나 물건구입 시 동전을 먼저 사용하고 나머지를 신용카드로 결제하는 방법 등을 안내한다. 또는 유니세프나 적십자 기부함에 넣어 유용하게 쓰일 수 있도록 안내한다.

(4) 탑승업무

집합시간이 되면 탑승구 쪽으로 이동하여 인원파악을 한다. 여권과 탑승권을 다시 한 번 확인하고 탑승 안내방송이 나오면 탑승을 안내하고 국외여행인솔자는 여행객들의 탑승이 완료된 후 맨 나중에 탑승하도록 한다.

(5) 기내업무

귀국 시 기내업무는 입국 시와 다른 점은 없지만 국외여행인솔자는 탑승 후 여행객들의 착석여부를 확인하고 여행객들 중 몸이 불편하거나 문의사항이 있는가를 확인한다. 여행의 끝에 지쳐있는 여행객들에게 더 밝은 모습과 친절하고 성실한 안내로 좋은 인상을 남긴다.

2) 국내 입국업무

(1) 검역(quarantine)

귀국 시 검역심사는 대부분 생략되는 경우가 많으나 특정 기간이나 국가(검역대상국가)를 방문하고 귀국할 시에는 반드시 검역신고서를 기입하여 제출하여야 한다.

(2) 입국심사(immigration) 및 위탁수하물 수취(baggage claim)

우리나라의 입국심사는 간단하게 여권 제시만으로 끝나게 된다. 수하물 수취전광판에서 이용 항공편으로 수하물 수취대 번호를 확인하고 이동한다.

여행객 전원의 수하물 수취 여부를 확인한다. 간혹 수하물이 파손(damage)되거나 분실(missing) 및 지연도착(delay)되는 경우 여행객들을 안내하고 돕도록 해야 한다. 모든 위탁수하물의 도착이 확인되면 국외여행인솔자는 여행객들에게 입국 환송홀에서 마지막 집합을 안내하고 세관심사를 받는다.

(3) 세관검사(customs)

여행자 세관신고서를 제출하고 통관절차를 받게 된다. 간혹 일행과 같은 카트 위에 짐을 싣고 통과하는 경우가 있는데 기본적으로 가족이 아닌 경우 짐은 각자가 운반하고 신고하도록 안내한다.

(4) 환송

모든 절차를 마치고 여행객이 환송홀에 모이게 되면 회사를 대표해 정중하게 감사의 인사를 전하고 작별인사와 함께 해산한다. 간혹 회사와의 영수처리나 보험관계의 일이 남아 있는 여행객의 경우 최선을 다해 해결할 것도 약속한다.

3) 귀국 후 업무

(1) 보고서 작성과 정산 업무

① 귀국 직후 보고 업무

여행객들과 헤어지고 나면 국외여행인솔자는 회사의 상사나 담당자에게 도착과 행사종료를 보고한다.

② 보고서 작성 업무

상세하고 정확한 보고서는 다른 국외여행인솔자들의 출장준비 시 참고자료가 될 수 있으며 행사진행상의 문제점이나 개선점을 파악하는데 귀중한 자료가 될 수 있다.

③ 정산서 작성 업무

지출경비 정산서는 행사진행 과정 중 교통비, 식비 등 추가비용이 발생했을 경우 그 사유와 영수증을 첨부하여 보고한다. 추가지출을 하지 않는 것이 바람직하지만 부득이 한 상황에서는 현명하게 대처하여 지출하고 경비에 대해서는 회사에 청구하도록 한다.

④ 정보 수집

출장 중 관광지의 지도나 안내책자, 각종 안내서(pamphlet)와 브로슈어(bro- chure), 교통편의 요금표(Tariff)와 시간표 등 가능한 많은 자료를 수집하고 정리해 둔다. 또한 정보가 빈약한 국가나 지역의 생생한 정보들을 수집하고 정리해 둔다.
이는 자신과 동료들을 위한 중요한 정보나 자료가 될 뿐 아니라 회사의 귀중한 자산이 되기도 한다. 또한 여행객의 요구사항이나 불편사항, 만족사항 등도 좋은 정보가 될 수 있다.
여행객의 의견은 여행 상품기획이나 행사진행에 좋은 정보가 되므로 국외여행인솔자는 상세하게 메모하고 정리하여 활용할 수 있어야 한다.

(2) 여행객 관리업무

- 안부전화 및 메일발송
- 여행상품 안내서 발송
- 여행사진 발송
- SNS(Social Network Service)의 활용

국외여행인솔자의 여행객 관리업무는 회사차원에서 고객 재창출이라는 회사의 이익과 관련된 일이며 국외여행인솔자의 개인적 차원에서는 폭넓은 인간관계 형성으로 사회생활에 좋은 바탕으로 발전할 수 있는 일이다.

2 위기관리 업무

1) 위기관리 기본자세

일정진행 중 발생할 수 있는 사고의 유형과 그에 따른 대처요령에 관해 숙지하여 신속한 대응을 하는 것이 바람직하다.

(1) 국외여행인솔자의 기본자세

어떤 상황이든 침착성을 잃지 말아야 한다. 아무리 급박한 상황일지라도 침착하게 상황을 분석하고 적절한 대책을 만들어야 하며 결정이 되면 자신감 있게 처리해야 한다. 또한 상황에 따라 여러 형태로 변화되므로 평소에 많은 연구를 해 두어야 한다.

(2) 위기상황 시 대처요령

- 위기상황 발생 시 정확한 정보를 수집하여 파악한 후 침착하고 냉정한 자세로 판단하여 1차적 조치를 한다. 여행객에게 선택권을 주어 다수의 의견에 따라 결정해야 할 경우 충분한 설명을 하고 결정하도록 자리를 피해주어야 하며 의사결정이 되면 협력요청과 동요를 막아야 한다.
- 회사의 결정이 필요할 경우 사고의 상황과 긴급대책 및 조치에 관한 정확한 보고와 협의를 신속하게 하고 시간이 허용하는 범위 내에서 관계자의 협력과 지원요청을 받는다.
- 금전적인 손해나 일정의 변경이 불가할 경우 상대방의 의무이행을 지적하고 회사의 권리를 주장해야 한다.
- 사고가 회사 측에 법적 책임이 있을 경우 회사를 대표해 여행객에게 정중히 사과하고 최대한의 여행조건을 맞추어 주어야 한다.
- 사고발생 후 행해지는 모든 업무는 가능한 문서화(증거물 확보)시키고 지출이 발생되면 영수처리를 반드시 해야 한다.

2) 사고대책 및 조치

(1) 출국 전

① 항공편의 지연 또는 파업

항공사 사정, 기체결함, 기상악화, 파업 등으로 인하여 항공편이 지연될 수 있다. 항공사 측에 지연이유와 대기시간에 관해 문의를 하여 여행객에게 자세한 상황을 설명하고 대기시간과 집합 장소를 안내한다.

기상악화에 의한 모든 항공편의 지연이 아니라면 신속하게 대체 가능한 항공편을 확인해야 하며 지연된 상태로 출발이 결정되면 일정진행에 차질이 없는지를 판단해 일정의 변경이 필요할 경우 회사의 담당자와 협의 및 지시를 받는다.

지연시간이 2시간 이상 길어질 경우 음료, 식사, 숙소 등 항공사 측과 보상문제를 협의해야 한다.

② No Show의 경우

공항 미팅시간이 많이 했음에도 불구하고 아무런 연락이 없을 경우 네임리스트를 이용하여 여행객과 통화를 한다. 연락이 불가능할 경우 무작정 기다릴 수는 없으므로 다른 여행객의 수속을 진행하고 회사의 담당자에게 연락을 취하여 취소나 출발변경의 유무가 없었는지를 확인한다.

TC는 최대한 기다릴 수 있는 시간까지 여행객과 연락을 취해야 하지만 출발 30분 전까지도 나타나지 않으면 수속한 항공권을 회수하고 담당자에게 no Show를 통보한다.

(2) 출국 후

수하물 사고

위탁수하물이 파손(damage)되거나 분실(missing) 및 지연도착(delay)되는 경우가 발생하는데 수하물 수취대에서 수하물이 기다려도 나오지 않거나 파손돼서 나온 경우 국외여행인솔자는 여행객과 함께 해당 항공사의 수하물 사고신고소(Lost &

Found office)로 이동하여 수하물 사고보고서(PIR)를 작성한다. 신고 시 여권과 탑승권, 항공권, 수하물표 등이 필요하다.

수하물이 파손된 경우 손상 정도에 따라 보상에 따라 해당 항공사의 보상규정에 따라 비슷한 종류의 가방을 지급받거나 보상금을 지급받게 된다.

위탁수하물 도착이 최종적으로 확인되지 않는 경우 여권과 탑승권, 항공권, 수하물표 등 필요서류를 준비하여 수하물 사고신고소로 이동한다.

항공사 직원에게 수하물의 미도착을 알리고 인적사항, 항공일정과 위탁수하물 번호, 수하물의 타입과 색상, 크기 등 수하물 사고보고서(PIR) 기입에 도움을 주어야 하며 상황에 따라 통역을 해야 한다.

해당 직원은 수하물의 행방을 찾게 되는데 다행히 수하물의 위치가 확인되면 언제, 어떻게, 어디에서 수하물을 받을 수 있는지 확인해야 한다. 분실을 방지하기 위해서는 다음 사항에 유의한다.

- 여행사용 수하물이름표(Baggage Tag)를 부착해 준다.
- 수하물이름표에 영문이름과 한글이름, 전화번호, 주소 등을 정확히 기입한다.
- 여분의 수하물이름표를 준비하고 부착유무를 수시로 확인하여 소실 시 재 부착해 준다.
- 이전 항공사의 Tag은 사용 후 반드시 풀어버린다.
- 도착, 출발 등 짐의 이동 시 짐의 개수와 이름표, 잠금장치 등을 확인한다.
- 다른 항공편으로 연결 시 국외여행인솔자는 반드시 여행객들의 수하물표를 수거하여 환승카운터에서 재확인해야 한다.

(3) 현지에서

① 가이드 또는 버스가 나오지 않았을 경우(meeting miss)

수배의 오류, 다른 공항이나 출구에서 기다리는 경우, 도착시간의 착오, 교통체증 등의 문제로 가이드와 미팅장소에서 만나지 못하는 경우가 발생하게 된다.

미팅미스가 발생하면 여행객에게 상황을 설명하고 양해를 구한다. 일정장소와 시간을 정하고 자유 시간(환전, 화장실이용 등)을 준 후 현지사무소로 연락을 취해 원인을 파악한다. 가이드의 도착시간이 확인되면 여행객에게 돌아가 미팅미스에 관한 이유와 사과, 도착시간을 안내한다.

장시간 기다려야 하는 경우 수배된 버스를 찾아 다음 목적지나 호텔로 이동한 후 가이드를 미팅하는 방법이 바람직하며, 수배의 오류로 가이드와 버스가 모두 나오지 않은 경우 다음 목적지로 택시, 기차 등 다른 교통수단을 이용해 이동한다.

택시를 이용할 경우 팁을 포함한 요금을 미리 지불하고 영수증을 받아두어야 하며 택시마다 행선지 메모를 일행 또는 운전기사에게 준다. 국외여행인솔자가 선두 차에 타고 여행경험이 있는 여행객을 맨 마지막 차에 승차하도록 협조를 구한다.

② 호텔과 관련된 문제발생과 대처방안

호텔 체크인 시 예약이 안 되어 있을 경우 수배자가 한국의 회사인지 지상수배업자를 통한 수배인지를 확인한다.

한국에서의 직접수배인 경우 바우처(voucher)나 예약확인서를 제시하고 호텔 측의 답변을 요구해야 한다. 객실의 여유가 있어 방 배정을 받는다면 문제가 없으나 타 호텔로 예약을 임의 변경한 경우 호텔 측의 사과와 보상을 강력히 요구하고 책임자의 증빙서류를 반드시 받아 두어야 한다.

지상수배업자의 실수로 예약이 안 되어 있는 경우 수배업자와 현지가이드의 사과와 대책을 요구한다. 우선 예정된 호텔에서 숙박이 가능한지를 알아보고 숙박이 불가능할 경우 동급 또는 상급의 호텔 수배를 요청한다. 여행객들에게는 회사를 대표해 사과하고 불만이 발생하지 않도록 이에 대한 적절한 보상을 약속한다.

③ 분실 및 도난사고

ⓐ 여권

여권은 여행객의 신분을 증명할 수 있는 서류로 매우 중요하다. 한국은 세계 90여 개 국가와 사증면제협정(2011. 02 기준)이 되어 있어 한국여권이 제3국으로 밀입국하려는 자들의 표적이 되는 경우가 많아 각별한 신경을 써야 한다.

여권의 분실 · 도난을 당하면 사고가 발생한 지역의 경찰서에서 분실/도난증명서를 교부받아 가까운 재외공관에 재교부원을 제출한다. 여권은 재발행되지 않으며 귀국을 위한 1회용 여행증명서(Travel Certification)를 발급받게 된다.

여행증명서는 귀국을 위한 것이므로 남은 여행국가가 있다면 경유지 란에 남은 여행지(국가)를 반드시 명기해 계속 여행할 수 있도록 해야 한다. 또한 남은 국가 중 사증이 필요한 경우 현지에서 사증에 관한 처리도 해야 한다.

구비서류는 다음과 같다.

- 경찰서에서 발급한 분실/도난증명서, 사진, 여권 재발급신청서, 일정표, 항공권, Name List(여권번호, 발행일)

ⓑ 소지품

도난 · 분실이 확인되면 먼저 현지 관할 경찰서에 가서 도난 · 분실신고를 하고 경위서(Police Report)를 발급받는다. 사고경위서 작성 시 여권이 필요하며 사고 경위와 잃어버린 물건들의 품명과 모델번호, 가격을 설명하여 작성한다. 사고경위서는 귀국 후 보험처리 시 배상의 기준이 되므로 정확하게 작성해야 한다.

여행자보험은 회사와 보험금액에 따라 많은 차이가 있지만 일반적으로 휴대품 분실에 대한 보상 한도액은 품목당 최대 20만 원이며 총 합계 80만 원을 넘지 않는 수준임을 유의해야 한다. 또한 사고에 의한 손실로 비용을 지출했을 경우 영수증을 모아 보험처리 시 제출해야 배상이 된다.

Check Point 도난 방지 대책

- 관광 중 가방은 항상 어깨에 X자 형태로 메고 앞쪽에 둔다.
- 허리 색은 가급적 피하고 착용 시 옷으로 덮는 것이 좋다.
- 뒤 주머니에 지갑을 넣지 않는다.
- 낯선 사람이 다가오면 경계한다.
- 호텔식사(뷔페) 시 음식을 가지러 갈 때에도 가방은 항상 몸에 지니고 있어야 한다. 좌석에 가방을 두고 음식을 가지고 오면 도난을 당하는 경우가 많다.
- 공항, 기차역, 선착장, 호텔로비 등에서 특히 주의한다. 잠깐의 이동이라도 일행에게 짐을 맡기고 이동해야 한다.
- 버스에 낯선 사람이 타는 걸 방지해야 한다. 호텔 앞 여행객의 탑승 대기 중 도둑이 가방을 훔쳐가는 경우가 빈번하게 발생한다.
- 호텔 객실에서는 반드시 걸쇠(night latch)를 걸고 요청이 없는데 호텔직원이 찾아올 경우 재차 확인 후 문을 열어야 한다.
- 관광 중 가급적 일행과 같이 행동하고 혼자 다니지 말아야 한다.

ⓒ 여행자수표(Traveller's Check)

여행자수표 발급 시 한쪽에 사인을 해야 하며 사본이나 수표번호를 따로 기입해 보관하는 것이 예방책이 된다. 사인이 안 되어 있거나 양쪽 모두 사인이 된 상태로 분실된 경우 보상 및 재발급이 불가능하다.

수표를 분실하게 되면 신속히 여권을 지참하고 해당 은행으로 가서 분실신고를 하고 분실한 수표에 대한 무효수속과 재발급 수속을 한다. 구입처, 구입일, 분실경위, 수표번호를 기입(미사용 수표 번호)하고 카운터 서명 란에 사인을 하지 안했음을 밝히면 되며 통상 24시간 내에 재발급이 가능하다.

ⓓ 신용카드

신용카드의 분실은 큰 손실을 가져올 수 있으므로 분실 즉시 카드회사로 신고하여 승인 정지요청을 해야 하며 가족이 대신하여 신고할 경우 주민번호와 카드 비밀번호가 필요하다. 또한 외국에서는 1577, 1588, 080으로 시작되는 번호는 접속이 안 되므로 각 카드사의 전화번호를 숙지하는 것이 바람직하다.

④ 질병 등의 사고 처리

여행 중 환자 발생은 여행객 본인의 손해는 물론 원활한 업무 진행의 방해요소가 되므로 국외여행인솔자는 항상 여행객의 건강관리에 만전을 기하도록 한다. 대부분의 국가가 의약분업을 실시하고 있어 약이 필요할 경우 의사의 처방이 있어야 약국에서 약을 구입할 수 있으므로 감기, 설사, 복통 등 경미한 증상은 준비해간 상비약으로 치료를 하는 것이 바람직하다.

호텔투숙 시 환자가 발생하면 호텔의 프런트 데스크에 당직의사(house doctor)를 요청하고 당직의사가 없을 경우 가까운 병원으로 후송을 요청한다. 투어 도중 환자가 발생하면 현지가이드에게 행사 진행을 맡기고 국외여행인솔자는 환자(보호자 동행)와 함께 가까운 병원으로 간다. 보호자가 없는 경우 국외여행인솔자가 보호자의 역할을 해야 한다.

간단한 질병일 경우에는 치료 후 일행에 합류를 하면 되나 입원이 필요한 경우 회사로 상황을 보고하여 고객의 집으로 연락하도록 하고 지상수배업자에게 협조를 요청하여 필요한 수속을 한다.

입원, 귀국 등의 소요비용은 여행객이 선 지급을 하고 귀국 후 여행자보험에 청구하는 것을 안내하고 보험가입 및 조건, 보상절차를 설명해야 한다. 또한 보험청구 수속을 위해 의사의 진단서와 치료 실비의 명세서, 영수증은 꼭 받아 놓도록 안내한다.

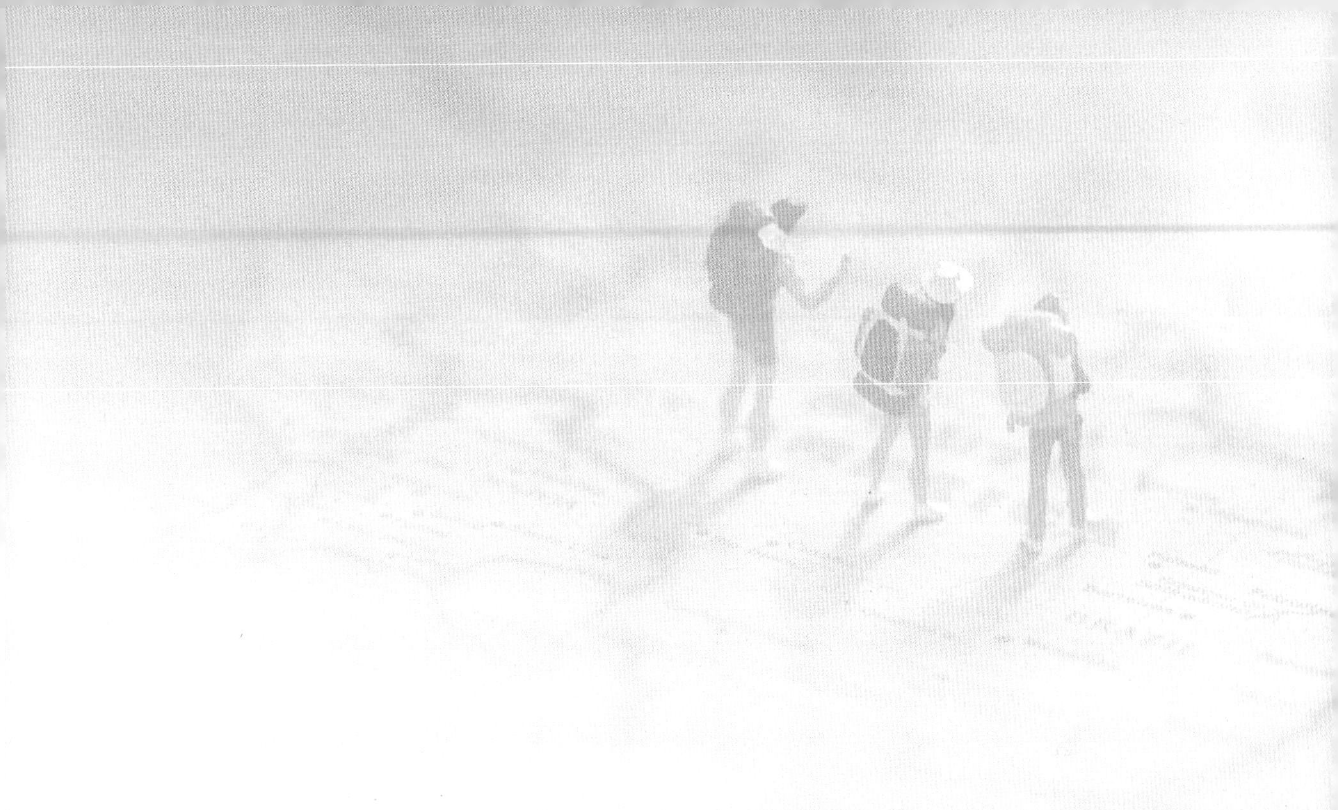

Tour Conductor

국외여행인솔자 자격증

공통 교재

Tour Conductor

국외여행인솔자 자격증

공통 교재

Chapter 04

세계관광과 문화

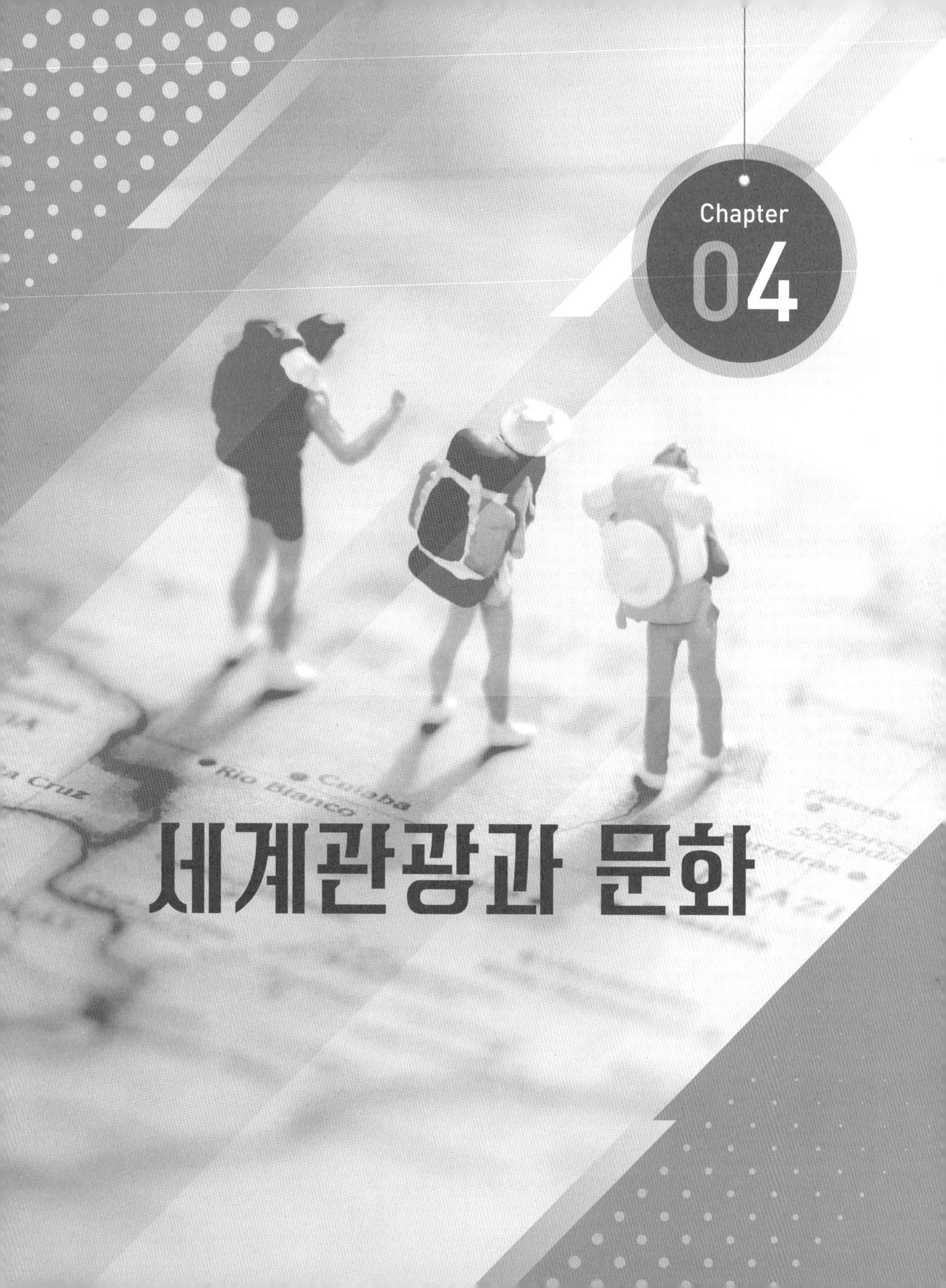

Chapter 04

세계관광과 문화

1 아시아

1) 중국

(1) 국가개요

정식국명	중화인민공화국	위치	아시아 동부
수도	북경(베이징)	면적	9,596,960km^2 세계 4위 (CIA기준)
언어	중국어	기후	습윤, 아열대, 건조기후
민족	한족 및 55개의 소수민족	인구	약 14억 3,378만 명 / 세계 1위(2019년 / 통계청 KOSIS 기준)
정치체제	사회주의	종교	도교, 불교, 이슬람교, 기독교
1인당 GDP	$10,099 / 세계 67위 (2019년 기준 IMF기준)	통화 및 환율	위안(CNY), 1위안=165원 (2019년 12월 기준)
빅맥 지수	$2.77	시차	GMT+8
비행시간	인천 → 북경(약 2시간 5분), 인천 → 광저우(약 3시간 30분)		

(2) 지리적 특성

국토는 남북 5,500km, 동서로 5,200km에 달한다. 남북 총 면적의 약 2/3가 고원이나 산악으로 구성되어 있으며 약 1/4이 해발고도 3,000미터 이상에 위치하고 있다. 북쪽으로는 몽골과 러시아, 북동쪽으로는 한국과 러시아가 위치해 있으며 동쪽으로는 한국과 동중국해, 서쪽으로는 카자흐스탄과 키르키스탄, 남서쪽으로는 인도 · 네팔, 남쪽으로는 미얀마 · 라오스 · 베트남과 국경을 이루고 있다. 국경선의 총 길이는 약 20,280km에 달한다.

(3) 기후 : 베이징

요소 \ 월별	1월	2월	3월	4월	5월	6월	7월	8월	9월	10월	11월	12월
최저기온 (℃)	-9.4	-6.9	-0.6	7.2	13.2	18.2	21.6	20.4	14.2	7.3	-0.4	-6.9
최고기온 (℃)	1.6	4	11.3	19.9	26.4	30.3	30.8	29.5	25.8	19	10.1	3.3
강수량 (mm)	3	6	9	26	29	71	176	182	49	19	6	2

대륙성 기후로서 대체로 겨울에는 한랭건조하며 여름에는 고온다우하다. 국토의 면적이 넓으므로 지역에 따라서 기후 차이가 나타난다. 동북지역은 냉대기후를 나타내고 있으며 서부지역은 건조기후, 하이난 섬을 비롯한 남부지역은 열대기후를 나타내고 있다.

(4) 문화

① 음식

중국을 대표하는 몇 개 지역의 유명요리가 있다. 광동요리, 북경요리, 사천요리, 상해요리로 구분된다.

- 광동요리 : 광동지방의 중심인 광저우를 기점으로 발달했으며 중국요리 중에서

가장 인기가 좋은 편이다. 재료가 아주 다양한 것이 특징이며 향신료를 많이 사용하지만 담백한 맛이 특징이다.

- 북경요리 : 중국 북부지역의 요리를 말한다. 면 종류나 만두요리와 함께 내륙지역이기 때문에 해산물보다는 육류요리 중심으로 발달되어 있다. 북경오리구이가 대표적인 음식이다.
- 사천요리 : 이 지역의 더운 여름과 추운 겨울을 날씨를 반영하듯이 자극적이고 매운 맛이 특징이다.
- 상해요리 : 해안과 가깝다는 지리적 특성으로 인하여 어패류를 재료로 활용한 것이 많다. 주로 간장이나 설탕으로 맛을 내기 때문에 단맛이 강한 편이며 대표적인 음식으로 상하이 게 요리가 있다.
- 중국의 술은 그 종류가 다양한데 높은 알콜 도수를 자랑한다. 중국의 유명한 술로는 마오타이, 분주, 오량액, 죽엽청, 동주, 노주특곡, 고정공주, 양하대곡 등이 있으며 맥주로는 칭다오, 하얼빈, 연경 등이 있다.

② 축제

- 하얼빈 빙설제

1963년부터 시작한 축제는 하얼빈 빙설제 또는 하얼빈 빙등제라고 한다. 매년 1월5일에서 2월5일 사이에 개최되며 전세계의 유명한 조각가들이 모여 다양한 예술작품과 유명한 건축물 및 미술품 등을 만들어 전시한다.

얼음으로 조각한 작품에 오색찬란한 조명을 비추어 그 아름다움이 배가 된다. 축제 시기에는 중국인 뿐만이 아니라 전세계의 많은 관광객들이 몰려들어 축제를 즐긴다.

- 춘절

중국 최대의 명절이며 우리나라의 설날과 같다. 이 시기에는 민족 대이동이라고 할 만큼 많은 중국인들이 고향으로 돌아가기 위해 도로에 많은 차들로 가득해진다. 가족 친지들이 모여 조상님께 제를 올리고 음식을 서로 나눠 먹는다. 또한 폭죽을 터트리는가 하면 용춤, 사자춤 등을 하며 풍년을 기원하고 질병과 악귀를 쫓아내는 행사를 한다.

(5) 여행정보

① 화폐

중국에서 현재 사용되는 화폐는 '위안'이라고 하며 100위안, 50위안, 20위안, 10위안, 5위안, 1위안이 지폐로 사용되고 있다. 동전으로는 1위안이 동전과 화폐로 동시에 사용되며 5자오 1자오의 동전이 있다.

② 전압 및 콘센트

중국의 전압은 220V, 50Hz이며 콘센트 모양은 우리나라와 다른 모양이므로 중국으로의 여행 시 멀티어댑터를 가져가는 것이 좋다.

(6) 주요 여행일정 및 관광지

① 북경 3박 4일 일정

일 자	교통편	지 역	일 정	식 사
제1일	항공편 전용버스	인 천 북 경	• 인천공항 출발 북경 공항 도착 • 가이드 미팅 후 천단공원 관광, 금면왕조 공연 관람 • 왕부정 거리 관광 후 호텔 투숙	중 : 기 내 식 석 : 북경오리
제2일	전용버스	북 경	• 조식 후 가이드 미팅 • 만리장성 관람(케이블카) • 이화원 관광, 용경협 관광, 올림픽 경기장 차창 관광	조 : 호 텔 식 중 : 현 지 식 석 : 현 지 식
제3일	전용버스	북 경	• 조식 후 가이드 미팅 • 천안문 광장, 자금성 관광, 십찰해(스치하이)관광 • 세무천계 거리 관광	조 : 호 텔 식 중 : 현 지 식 석 : 한 식
제4일	전용버스 항공편	북 경 인 천	• 조식 후 가이드 미팅 • 공항으로 이동 북경 공항 출발 • 인천국제공항 도착	조 : 호 텔 식 중 : 기 내 식

② 북경 주요 관광지

- 자금성 : 1406년 건설을 시작해 명, 청 양대 왕들의 거주지로 사용된 황궁이며 세계에서 가장 큰 규모의 궁전으로 총면적 72만m^2, 높이 10m, 약 9,000개가 넘는 방이 있다.
- 만리장성 : 세계문화유산에 등재되고 중국을 대표하는 건축물이다. 서쪽 끝 산해관에서 동쪽 가속관까지 무려 6,000km에 달하는 대규모 성벽이다.
- 천단공원 : 세계문화유산에 등재된 천단공원은 명 · 청 시대에 황제가 제사를 지내는 곳이었으며 1918년 공원으로 정식 개방 되었다.
- 왕부정 거리 : 북경의 명동거리라고 불리우며 1km의 길에는 각종 상점들이 즐비해 쇼핑객들이 많이 방문하는 곳이다.
- 이화원 : 천안문 북서쪽 19킬로미터, 쿤밍 호수를 둘러싼 290헥타르의 공원 안에 조성된 전각과 탑, 정자, 누각 등의 복합 공간이다. 서태후가 이곳에서 거주했던 것으로도 유명하다. 각각의 건축물과 인공호수는 어떻게 인간이 만들 수 있었는지 의구심을 자아낼 만큼 아름다움을 자랑한다.
- 용경협 : 그림같은 협곡으로서 북경으로부터 약 85km 떨어진 곳에 위치해 있다. 남방산수의 부드러움과 북방산수의 웅장한 면모를 갖추고 있어 작은 계림이라고 불릴 만큼 뛰어난 경치를 자랑한다.
- 세무천계 거리 : 맛사지샵, 악세사리, 의류 등을 쇼핑할 수 있는 쇼핑 거리이다. 밤에는 하늘로 쏘아 올리는 레이저쇼가 펼쳐진다.
- 베이징 올림픽 경기장 : 2008년 베이징 올림픽 주경기장으로서 개/폐회식 등 주요 행사가 치러졌던 곳이다.

memo

2) 태국

(1) 국가개요

정식국명	타이왕국(Kingdom of Thailand)	위치	동남아시아, 인도차이나반도
수도	방콕	면적	513,120km^2 / 세계 51위(CIA기준)
언어	태국어, 영어(일부 관광지역)	기후	열대성 기후 (고온다습)
민족	타이족, 중국인, 말레이족	인구	약 6,962만 명 / 세계 20위 (2019년 / 통계청 KOSIS 기준)
정치체제	입헌군주제	종교	불교
1인당 GDP	$7,792 / 세계 82위 (2019년 기준 IMF기준)	통화 및 환율	바트(THB), 1바트=38원 (2019년 12월 기준)
빅맥 지수	$3.04	시차	GMT+7
비행시간	인천 → 방콕(약 5시간 30분), 인천 → 푸켓(약 6시간 15분)		

(2) 지리적 특성

태국의 주변국은 미얀마, 라오스, 캄보디아가 있으며 동남아시아 중심부에 위치해 있다. 면적은 대한민국(남한) 면적의 약 5배에 달한다. 국토의 약 28%가 삼림지대, 약 41%가 경작지로 구성이 되어 있다. 태국의 지형은 크게 네 개로 나눠진다. 산악과 산림의 북부지역, 중부평야지역, 준농경지의 북동부고원지역, 열대섬과 긴 해안의 남부 반도지역으로 구분될 수 있다.

(3) 기후 : 방콕

요소 \ 월별	1월	2월	3월	4월	5월	6월	7월	8월	9월	10월	11월	12월
최저기온 (℃)	21	23.3	24.9	26.1	25.6	25.4	25	24.9	24.6	24.3	23.1	20.8
최고기온 (℃)	32	32.7	33.7	34.9	34	33.1	32.7	32.5	32.3	32	31.6	31.3
강수량 (mm)	9	30	29	65	220	149	155	197	344	242	48	10

태국은 세 개의 계절로 나뉜 열대기후이다. 3월부터 5월까지 덥고 건조한 날씨를 보이며 6월에서 10월에는 비가 상대적으로 자주 오는 우기의 날씨를 보인다. 또한 11월에서 2월에는 상대적으로 낮은 기온을 보인다.

(4) 문화

① 음식

태국의 음식은 향신료를 사용하여 독특한 맛을 내는 것이 특징이다. 또한 세계 6대 요리 중 하나로 불리며, 전세계 많은 사람들에게 사랑받는 음식이기도 하다.

주요 태국의 음식으로는 똠양꿍, 카우 팟, 수끼, 팟 타이 등이 있다. 또한 태국의 맥주로는 싱하와 레오, 창이 있는데 얼음잔에 맥주를 부어 마시는 것이 특징이다.

② 축제

- 쏭끄란 : 매년 4월 13일~15일 날 열리는 축제이다. 태양력을 기준으로 새해를 맞는 의미에서 행해지는 축제로서 우리나라의 설날과 비슷하다. 축제기간에는 사원에 가서 기도를 올리고 불상에 불을 뿌리며 음식을 공양한다.
  매년 4월은 건기가 끝나고 우기가 시작되는 시점이며 우기에 풍부한 비가 내려 농사가 잘되길 기원하고 무더위를 식히는 의미와 축복을 기원하는 의미로 사람들에게 물을 부어주는 축제이다.
- 러이끄라통 : 매년 11월 보름달이 뜨면 꽃으로 장식한 바나나잎에 초, 향, 동전을 시어 강에 띄어 보내며 소원을 비는 축제이다. 수코타이, 치앙마이 지역에서는 강에 바나나잎을 띄어보내는 대신에 풍등을 날리며 소원을 빈다.

(5) 여행정보

① 화폐

태국의 화폐단위는 '바트'라고 하며 지폐로는 1,000바트, 500바트, 100바트, 50바트, 20바트, 10바트가 있고, 동전으로는 10바트, 5바트, 2바트, 1바트, 50사탕, 25사탕이 있다.

② 전압 및 콘센트

태국의 전압은 우리나라와 마찬가지로 220V를 사용하고 있으며 콘센트도 우리나라와 모양은 조금 다르지만 우리나라 전자제품을 그대로 사용할 수 있다.

(6) 주요 여행일정 및 관광지

① 방콕 / 파타야 3박 5일 일정

일자	교통편	지역	일정	식사
제1일	항공편 전용버스	인 천 방 콕	• 인천국제공항 출발 • 방콕수완나품국제공항 도착 후 가이드 미팅 • 호텔로 이동 및 투숙	석 : 기내식
제2일	전용버스	방 콕 파타야	• 조식 후 가이드 미팅 • 왕궁, 에메랄드사원, 새벽사원 관광 후 • 파타야로 이동 • 알카쟈쇼 관람	조 : 호텔식 중 : 현지식 석 : 수 끼
제3일	전용버스	파타야	• 조식 후 가이드 미팅 • 산호섬으로 이동 산호섬 관광 및 자유 일정 중식 후 농눅빌리지 이동 후 관광	조 : 호텔식 중 : 현지식 석 : 한 식
제4일	전용버스	파타야 방 콕	• 조식 후 가이드 미팅 • 악어농장 이동 후 관광, 파인애플 농장 관광 후 공항으로 이동 • 방콕 수완나품국제공항 출발	조 : 호텔식 중 : 현지식 석 : 한 식
제5일	항공편	인 천	인천국제공항 도착	조 : 기내식

② 방콕 / 파타야 주요 관광지

- 왕궁 : 현 왕조인 라마1세가 1783년에 세운 왕궁이다. 현재는 국왕이 거주하고 있지 않고 국가의 공식행사가 있을 경우에만 사용되는 궁이다. 왕궁에는 한국인 가이드가 입장을 할 수가 없으며 일반적인 패키지 여행사에서는 한국말이 가능한 태국인 가이드가 동행하여 안내를 해주고 있다.
  왕궁 입장 시에는 슬리퍼, 민소매 옷과 무릎이 보이는 바지 및 치마는 입장이 불가능하다.

- 에메랄드사원 : '왓 프라케오'라고 불리는 에메랄드 사원은 왕궁내에 위치해 있으며 왕실 전용사원이다. 높이 솟은 탑들은 실론(스리랑카)양식, 크메르 양식, 타이 양식으로 각각의 아름다운 모습을 보이고 있다.

- 새벽사원 : '왓 아룬'이라고 불리는 새벽사원은 새벽 햇살이 비추어 볼 때 그 아름다움이 배가 되는 사원이다.

  1809년에 지어지기 시작하여 1910년에 완성된 사원이다.

- 알카쟈쇼 : 세계 3대쇼 중의 하나로 불리는 만큼 화려하고 웅장한 공연을 자랑한다.

- 산호섬 : 파타야의 에메랄드 빛 바다와 하얀 모래 해변이 아름다운 섬이다. 이곳에서 자유롭게 휴양을 즐기는 사람과 바나나 보트와 패러세일링 등 해양 스포츠를 즐기는 사람도 많이 있다.

- 농눅 빌리지 : 약 75만평에 꾸며진 거대 정원으로서 열대 식물과 꽃들이 아름답게 꾸며져 있다. 파타야 동남쪽에 위치한 농눅빌리지는 아름다운 정원관람과 함께 태국 민속 공연과 코끼리쇼는 또 다른 볼거리를 제공한다.

- 악어 농장 : 정원이 아름답게 꾸며져 있으며, 동시에 악어를 볼 수 있는 곳이다. 악어농장의 핵심은 조련사와 악어가 함께 하는 악어 공연이 흥미롭다.

3) 캄보디아

(1) 국가개요

정식국명	캄보디아(Kingdom of Cambodia)	위치	인도차이나반도 동남쪽
수도	프놈펜(Phnompenh)	면적	181,035km^2 / 세계 90위 (2014.07 / CIA기준)
언어	크메르어	기후	열대몬순 기후 (고온다습)
민족	크메르족, 베트남, 중국, 참족	인구	약 1,648만 명 / 세계 70위 (2019년 / 통계청 KOSIS 기준)
정치체제	입헌군주제, 의원내각제	종교	불교
1인당 GDP	$1,621 / 세계 150위 (2019년 기준 IMF기준)	통화 및 환율	리엘(KHR), 500리엘=135원 (2015년 06월 기준)
빅맥 지수	맥도날드 매장이 없음	시차	GMT+7
비행시간	인천 → 씨엠립(약 6시간)		

(2) 지리적 특성

동남아시아 인도나치아반도 남서부에 위치한 나라이며, 주변국으로는 라오스 태국, 베트남과 국경을 마주하고 있다. 남서쪽과 북쪽의 산맥을 제외하면 대부분 저지대 평원으로 되어 있고 국토의 남북을 가로지르는 메콩강과 톤레삽 호수가 있다. 면적은 대한민국(남한) 면적의 약 1.8배이다.

(3) 기후 : 씨엠립

요소 \ 월별	1월	2월	3월	4월	5월	6월	7월	8월	9월	10월	11월	12월
최저기온 (℃)	19.7	20.8	26.1	25.1	25.4	24.8	24.8	25	24.5	23.9	22.4	20.3
최고기온 (℃)	32	33.3	34.6	35.5	35.2	33.5	32.7	32	32.2	31.3	30.6	31
강수량 (mm)	0.7	3.5	28	61.2	175.9	221.3	236.6	151	276.1	248	81.7	10.1

주변 동남아 국가와 마찬가지로 열대몬순기후이다. 1년 내내 덥고 따뜻한 날씨가 계속된다. 우기는 3월부터 10월, 건기는 11월부터 다음해 4월까지다. 12월~1월이 1년 중 가장 낮은 기온을 보인다.

(4) 문화

① 음식

캄보디아 음식은 베트남, 태국 등 주변국의 음식문화와 비슷하다. 찰기가 없는 안남미를 주식으로 하며 톤레삽 호수에서 나오는 많은 어패류들을 이용한 요리들이 많이 있다. 주요 요리로는 발효시킨 생선이라는 뜻인 쁘라혹과 코코넛 밀크를 이용한 찌개 아목, 닭고기를 이용한 볶음밥 바이무언 등이 있다. 또한 캄보디아 맥주인 앙코르맥주도 유명하다.

② 축제

- 본 쫄츠남 트마이 : 매년 4월 13일~15일 날 열리는 축제이다. 태양력을 기준으로 새해를 맞는 의미에서 행해지는 축제로서 우리나라의 설날과 비슷하다. 추수기의 마지막을 축하하고 수확한 과일을 먹으며 우기가 되기 전 휴식을 취한다. 이 기간 동안 전통놀이 등을 하며 축제를 즐긴다.
- 쁘쭘벤(영혼의 날) : 죽은 영혼을 달래기 위한 축제로 매년 9월말에서 10월 사이에 보름간 열리는 축제이다. 각 가정에서는 자신들이 다니는 사원으로 가서 승려들에게 음식을 공양한다. 또한 조상, 친척 등 굶주린 영혼에게 음식을 공양하기도 한다.
- 물 축제 : 매년 11월에 열리는 축제이다. 이 축제는 어로의 시작을 알리며, 톤레삽 호수의 썰물시기 및 조류의 변화를 기리고 풍부한 어패류를 제공하는 메콩강에게 감사를 표시하는 의미를 가지고 있는 축제이다.

(5) 여행정보

① 화폐

캄보디아 화폐는 ‘리엘’이라고 불리며 지폐로는 100,000리엘, 50,000리엘,

20,000리엘, 10,000리엘, 5,000리엘, 2,000리엘, 1,000리엘, 500리엘, 100리엘, 50리엘이 있다.

② 전압 및 콘센트

캄보디아 전압은 220V, 50Hz이며 콘센트도 우리나라와 모양은 조금 다르지만 우리나라 전자제품을 그대로 사용할 수 있다.

(6) 주요 여행일정 및 관광지

① 캄보디아 앙코르왓 3박 5일 일정

일자	교통편	지역	일정	식사
제1일	항공편 전용버스	인 천 씨엠립	◦인천국제공항 출발 ◦씨엠립 공항 도착 후 가이드 미팅 ◦호텔로 이동 및 투숙	석 : 기내식
제2일	전용버스	씨엠립	◦조식 후 가이드 미팅 ◦웨스트바레이, 실크팜(실크농장) 관광 ◦재래시장 관광	조 : 호텔식 중 : 현지식 석 : 압살라디너
제3일	전용버스	씨엠립	◦조식 후 가이드 미팅 ◦앙코르 톰 유적군, 앙코르 왓, 타프롬 사원 관광	조 : 호텔식 중 : 한 식 석 : 현지식
제4일	전용버스	씨엠립	◦조식 후 가이드 미팅 ◦톤레삽 호수 및 수상가옥 관광 ◦왓트마이 사원 등 씨엠립 시내 관광	조 : 호텔식 중 : 현지식 석 : 한 식
제5일	항공편	인 천	◦인천국제공항 도착	조 : 기내식

② 씨엠립 / 앙코르왓 관광지

◦웨스트 바레이 : 앙코르시대에 만들어진 대형 저수지로서 그 크기는 가로 약 2.2km, 세로 약 8km이다.

◦실크팜 : 캄보디아의 실크는 그 역사가 오래되었으며 품질이 좋기로 유명하다. 실크농장에서는 누에가 뽕잎을 먹는 모습부터 실크를 뽑아 내는 과정까지 자세하게 볼 수 있는 곳이다.

- 앙코르 톰 유적군 : 앙코르 톰이란 말의 뜻은 큰 도시를 의미한다. 자야바르만 7세때 만들어 졌으며 앙코르 톰안에는 바이욘사원, 레퍼 왕 테라스, 바프욘 사원 등의 유적들이 있다.
- 앙코르왓 : 12세기 크메르제국의 수리야바르만2세에 의해 지어진 사원이며 세계문화유산으로 등재되어 있다. 세계 7대 불가사의로 알려져 있는 앙코르왓은 그 부조물들의 섬세함과 화려함이 당시 크메르제국의 예술적 수준을 가늠하게 한다.
- 타프롬 사원 : 자야바르만 7세가 그의 어머니를 위하여 지은 사원이다. 타프롬 사원은 복원하지 않고 자연 그대로 방치해 둔 것이 특징인데 자연과 함께 있는 타프롬 사원은 신비한 모습을 자아내고 있다.
- 톤레삽 호수 : 엄청난 규모를 자랑하는 호수로서 캄보디아 면적의 15%를 차지하고 있다. 톤레삽 주변에 사는 캄보디아인들은 톤레삽 호수에서 나오는 풍부한 어류를 통해 생계유지를 하고 있다.
- 왓트마이 사원 : 캄보디아는 '킬링필드'라는 아픈 과거를 가지고 있다. 과거 전체 인구의 약 1/3이 학살되는 사건이 있었는데 그 당시 죽은 사람들을 기리기 위한 사원이다. 사원에 가면 당시 킬링필드에 대한 사건 전말과 킬링필드에서 발굴한 유골들이 안치되어 있다.

4) 베트남

(1) 국가개요

정식국명	베트남사회주의공화국 (Socialist Republic of Vietnam)	위치	인도차이나반도 동부
수도	하노이	면적	331,210km^2/ 세계 66위(CIA기준)
언어	베트남어	기후	북부 : 아열대, 남부 : 열대몬순
민족	비엣족, 타이족, 크메르족 등	인구	약 9,646만 명 / 세계 15위 (2019년 / 통계청 KOSIS 기준)
정치체제	사회주의공화국	종교	불교, 가톨릭, 까오다이교
1인당 GDP	$2,740 / 세계 133위 (2019년 기준 IMF기준)	통화 및 환율	동(VND), 1동=0.05원 (2019년 12월 기준)
빅맥 지수	$2.81	시차	GMT+7
비행시간	인천 → 하노이(약 4시간 30분), 인천 → 호치민(약 5시간 15분), 인천 → 다낭(약 4시간 40분)		

(2) 지리적 특성

베트남은 인도차이나반도 동부에 위치해 있으며 중국, 라오스, 캄보디아와 국경을 마주하고 있다. 베트남의 남북으로 길게 뻗어 있어 해안선은 3,444km에 달한다. 또한 지리적 특성으로 인하여 오랜 세월 주변 국가와 많은 분쟁을 겪는 지역이기도 하다.

(3) 기후

① 하노이

요소 \ 월별	1월	2월	3월	4월	5월	6월	7월	8월	9월	10월	11월	12월
최저기온 (℃)	13.7	15	18.1	21.4	24.3	25.8	26.1	25.7	24.7	21.9	18.5	15.3
최고기온 (℃)	19.3	19.9	22.8	27	31.5	32.6	32.9	31.9	30.9	28.6	25.2	21.8
강수량 (mm)	18.6	26.2	43.8	90.1	188.5	139.9	288.2	318	265.4	130.7	43.4	23.4

② 호치민

요소 \ 월별	1월	2월	3월	4월	5월	6월	7월	8월	9월	10월	11월	12월
최저기온 (℃)	21.1	22.5	24.4	25.8	25.2	24.6	24.3	24.3	24.4	23.9	22.8	21.4
최고기온 (℃)	31.6	32.9	33.9	34.6	34	32.4	32	31.8	31.3	31.2	31	30.8
강수량 (mm)	13.8	4.1	10.5	50.4	218.4	311.7	293.7	269.8	327.1	266.7	116.5	48.3

남북으로 길게 이어진 국토의 특성 때문에 다양한 기후를 보이고 있는 것이 특징이다. 따라서 베트남의 기후는 지역에 따라 북부는 아열대성 기후이며, 남부지역은 열대몬순기후를 보이고 있다.

(4) 문화

① 음식

베트남 사람들은 쌀이 주식이며 채소를 많이 먹는다. 또한 쌀을 이용한 음식이 많이 있다.

라이스페이퍼에 각종 채소와 고기를 싸서 먹는 쌈이 있으며 우리나라에서도 유명한 쌀국수(퍼)가 유명하다. 대표적인 음식으로는 쌀국수(퍼), 고이꾸온, 짜조 등이 있다. 또한 베트남도 개고기를 먹는 나라로서 시내 곳곳에 다양한 개고기 음식점들이 있다. 그 외 뱀이나 도마뱀 및 박쥐 등도 요리 재료에 쓰인다. 베트남의 전통 술로는 사이공 맥주와 베트남 전통 곡주인 넵머이가 있다. 우리나라 소주의 개념이라고 생각하면 되는데 알콜 도수는 40도이다.

② 축제

베트남은 중국의 영향을 받아 주요 명절이 우리나라와 비슷하다. 베트남의 최대 명절인 설날은 베트남어로 '뗏'이라고 불리며 음력 1월 1일~1월 3일이다. 이 기간에는 각 마을마다 꽃시장이 생기고 화려하고 다양한 꽃들을 판매한다. 이 곳에서 구입한 꽃으로 집을 장식하고 친척이나 지인들을 불러 파티를 연다.

(5) 여행정보

① 화폐

베트남의 화폐는 '동'이라고 불리며 동전은 사용하지 않고 있다. 지폐로는 500,000동, 200,000동, 100,000동, 50,000동, 20,000동, 10,000동, 5,000동, 2,000동, 1,000동, 500동, 200동이 있다.

② 전압 및 콘센트

베트남의 전압은 220V, 50Hz이며 콘센트는 우리나라와 모양이 조금 다르지만 그대로 사용할 수 있다.

(6) 주요 여행일정 및 관광지

① 하노이 / 하롱베이 3박5일 일정

일자	교통편	지역	일정	식사
제1일	항공편 전용버스	인 천 하노이	•인천국제공항 출발 •하노이국제공항도착 후 가이드 미팅 •호텔로 이동 후 휴식	석 : 기내식
제2일	전용버스	하노이 닌 빈 하롱베이	•조식 후 가이드 미팅 •닌빈으로 이동 후 닌빈관광 후 •하롱베이로 이동	조 : 호텔식 중 : 현지식 석 : 한 식
제3일	전용버스	하롱베이	•조식 후 가이드 미팅 •하롱베이 관광 후 수상인형극 관람	조 : 호텔식 중 : 선상식 석 : 한 식
제4일	전용버스	하롱베이 옌 뜨 하노이	•조식 후 가이드 미팅 •옌뜨로 이동 후 국립공원 관광 •하노이로 이동 [시내관광] 석식 후 공항으로 이동 •하노이국제공항 출발	조 : 호텔식 중 : 선상식 석 : 한 식
제5일	항공편	인 천	•인천국제공항 도착	조 : 기내식

② 하노이 / 하롱베이 주요 관광지

- 닌빈 : 석회함의 카르스트 지형으로서 육지의 하롱베이로 불릴 만큼 경치가 아름답다. 삼판이라는 작은 배를 타고 운하를 따라 관광할 수 있는 곳이다.
- 하롱베이 : 약 3천여 개의 작은 섬들이 있는 곳으로 아름다운 경치를 자랑하는 곳이다.
- 수상인형극 : 베트남 전통인형극이며 수중에서 공연하는 것이 특징이다.
- 옌뜨 국립공원 : 베트남 국립공원으로 10여 개의 사원과 수백 개의 사리탑이 곳곳에 위치해 있다. 옌뜨산은 세명의 왕이 부처가 되어 산을 지킨다는 전설이 있다.

- 바딘광장 : 베트남의 독립선언을 한 광장이며 국회의사당과 공산당 본부가 있는 곳이다. 맞은편에는 호치민 생가와 박물관이 있다.
- 호치민 박물관 : 호치민 탄생 100주년을 기념하여 만든 박물관으로 1990년에 지어졌다. 호치민의 생전 모습의 사진과 각종 문서 그리고 영상 등을 볼 수 있는 곳이다.

5) 싱가포르

(1) 국가개요

정식국명	싱가포르공화국	위치	동남아, 적도 근처
수도	싱가포르	면적	697km^2 / 세계 192위(CIA기준)
언어	영어, 중국어, 말레이어, 타밀어	기후	열대성기후(고온다습)
민족	중국계, 말레이계, 인도계	인구	약 580만 명 / 세계 113위 (2019년 / 통계청 KOSIS 기준)
정치체제	내각책임제	종교	불교, 기독교, 이슬람교, 도교, 힌두교
1인당 GDP	$63,897 / 세계 8위 (2019년 IMF 기준)	통화 및 환율	싱가포르달러(SGD), 1SGD=855원 (2019년 12월 기준)
빅맥 지수	$3.53	시차	GMT+7
비행시간	인천 → 싱가포르(약 6시간 30분)		

(2) 지리적 특성

싱가포르는 동남아시아에 위치해 있으며 말레이반도의 최남단에 위치해 있다. 싱가포르 섬과 약 60여 개의 작은 섬들로 이루어져 있는 나라이다. 또한 해상교통의 중요한 지점에 자리 잡고 있어 동서무역의 중심지이다.

(3) 기후 : 싱가포르

요소 \ 월별	1월	2월	3월	4월	5월	6월	7월	8월	9월	10월	11월	12월
최저기온 (℃)	23.1	23.5	23.9	24.3	24.6	24.5	24.2	24.2	24.2	23.9	23.6	23.3
최고기온 (℃)	29.9	31	31.4	31.7	31.6	31.2	30.8	30.8	30.7	31.1	30.5	29.6
강수량 (mm)	198	154	171	141	158	140	145	143	177	167	252	304

싱가포르의 기후는 전형적인 열대성 기후로 고온다습한 날씨를 보인다. 또한 우기와 건기로 나뉜다.

(4) 문화

① 음식

싱가포르 음식은 퓨전음식이라고 할 만큼 중국, 말레이, 인도, 페라나칸 등 여러 나라의 음식들이 혼합된 음식이다. 대표적인 요리로는 칠리크랩, 페퍼크랩, 차콰이 테오, 피시 헤드 커리, 카야 토스트 등이 있다. 또한 싱가포르 슬링은 싱가포르의 대표적인 칵테일이며 타이거 맥주는 싱가포르 사람들 뿐만 아니라 세계적으로 유명한 맥주이다.

② 축제

싱가포르는 많은 전시회와 이벤트를 하는 것으로 유명하며 대규모 컨벤션센터가 있는 것으로도 유명하다. 대표적인 축제 및 이벤트는 그랑프리 시즌 싱가포르와 음력설 경축행사 등이 있다.

(5) 여행정보

① 화폐

싱가포르 화폐는 싱가포르 달러라고 불리며 지폐로는 S$2, S$5, S$10, S$50,

S$100, S$1,000, S$10,000가 있고 동전으로는 1센트, 5센트, 20센트, 50센트, S$1가 있다.

② 전압 및 콘센트

싱가포르의 전압은 220V~240V, 50Hz이며 콘센트는 세 개의 구멍이 있는 콘센트를 사용하므로 싱가포르를 방문시에는 별도의 멀티 아답터가 필요하다.

(6) 주요 여행일정 및 관광지

① 싱가포르 / 빈탄 3박 5일 일정

일 자	교통편	지 역	일 정	식 사
제1일	항공편 전용버스	인 천 싱가포르	•인천국제공항 출발 •싱가포르창이국제공항 도착 후 가이드 미팅 •호텔 투숙	석 : 기 내 식
제2일	전용버스	싱가포르 빈 탄 섬	•조식 후 가이드 미팅 •보타닉 가든 관광, 주롱새 공원 관광, 오차드 로드 관광 후 빈탄으로 이동 •빈탄 도착 후 가이드 미팅 리조트 투숙 및 자유 일정	조 : 호 텔 식 중 : 현 지 식 석 : 리조트식
제3일	전용버스	빈 탄 섬	•조식 후 자유 일정	조 : 리조트식 중 : 리조트식 석 : 리조트식
제4일	전용버스	빈 탄 섬 싱가포르	•조식 후 가이드 미팅 싱가포르로 이동 •가이드 미팅 후 센토사 섬, 머라이언 공원 관광 •싱가포르창이국제공항 출발	조 : 리조트식 중 : 한 식 석 : 스 팀 봇
제5일	항공편	인 천	•인천국제공항 도착	조 : 기 내 식

② 싱가포르 / 빈탄 주요 관광지

• 보타닉가든 : 열대식물들로 이루어진 공원이다. 전 세계 희귀종을 비롯한 수천 여종의 식물들이 있는 것이 특징이다.

- 주롱새 공원 : 약 6백여 종의 새들이 서식하고 있는 공원으로 매 시간마다 펼쳐지는 새 공연은 공원을 관광하는 재미를 더 해 주며, 모노레일을 타고 주롱새 공원을 돌아 보면서 관광을 할 수 있는 것이 특징이다.
- 빈탄 섬 : 싱가포르에서 배를 타고 약 40여 분 떨어져 있는 인도네시아의 휴양섬으로서 싱가포르 국민뿐만 아니라 전세계인들이 많이 방문하고 있는 휴양지이다.
- 센토사 섬 : 테마파크로 조성된 인공 섬으로서 많은 현지인뿐만 아니라 관광객들이 많이 찾는 곳이다. 섬안에는 언더워터월드, 나비공원, 머라이언 타워, 분수 공원 등이 있다.
- 머라이언 공원 : 싱가포르에 방문하면 한번쯤은 들리게 되는 공원으로 마리나만 끝쪽에 위치해 있다. 싱가포르의 상징인 머라이언 상이 있는 공원이다.

2 유럽

※ 서유럽 여행일정표

일 자	교통편	지 역	일 정	식 사
제1일	항공편 전용버스	인 천 런 던	• 인천국제공항 출발 • 런던국제공항 도착 후 호텔 투숙 및 휴식	조 : 기내식 중 : 기내식 석 : 기내식
제2일	전용버스 기차편	런 던 파 리	• 조식 후 • 런던 시내관광 후 유로스타 탑승 프랑스 파리로 이동 후 호텔 투숙	조 : 호텔식 중 : 한 식 석 : 현지식
제3일	전용버스	파 리	• 조식 후 프랑스 파리 시내관광	조 : 호텔식 중 : 현지식 석 : 한 식
제4일	전용버스 기차편 전용버스	파 리 로 잔 인터라겐	• 조식 후 • 파리 시내 관광 후 T.G.V(떼제베)탑승 후 스위스 로잔으로 이동 도착 후 • 인터라겐으로 이동 • 호텔 투숙 및 휴식	조 : 호텔식 중 : 도시락 석 : 현지식

제5일	전용버스	인터라겐 밀 라 노	• 조식 후 • 융프라우 관광 후 이탈리아 밀라노로 이동 후 시내관광	조 : 호텔식 중 : 한 식 석 : 현지식
제6일	전용버스	밀 라 노 피 렌 체 로 마	• 조식 후 • 피렌체로 이동 피렌체 관광 후 • 로마로 이동	조 : 호텔식 중 : 현지식 석 : 한 식
제7일	전용버스 항공편	로 마 프랑크푸르트	• 조식 후 로마 시내 관광 • 항공편을 이용하여 독일 프랑크푸르트로 이동	조 : 호텔식 중 : 현지식 석 : 도시락
제8일	전용버스 항공편	프랑크푸르트 하이델베르크 프랑크푸르트	• 조식 후 프랑크푸르트 시내 관광 및 • 하이델베르크 관광 • 프랑크푸르트 공항으로 이동 • 프랑크푸르트 공항 출발	조 : 호텔식 중 : 현지식 석 : 기내식
제9일		인 천	• 인천 국제공항 도착	

1) 영국

(1) 국가개요

정식국명	그레이트브리튼과 북아일랜드 연합 왕국 (The united Kingdom of Great Britain and Northern Ireland)	위치	유럽대륙의 북서쪽
수도	런던(London)	면적	243,610km^2 / 세계 80위 (CIA기준)
언어	영어	기후	온대 해양성기후
민족	앵글로색손족, 켈트족	인구	약 6,753만 명 / 세계 21위 (2019년 / 통계청 KOSIS 기준)
정치체제	입헌군주국, 의원내각제	종교	성공회, 개신교, 가톨릭
1인당 GDP	$41,030 / 세계 21위 (2019년 IMF기준)	통화 및 환율	파운드(GBP), 1파운드=1,509원(2019년 12월 기준)
빅맥 지수	$4.37	시차	GMT 0
비행시간	인천 → 런던(약 12시간 05분)		

(2) 지리적 특성

유럽 대륙 서북쪽 대서양에 위치한 입헌군주국의 섬나라로서 스코틀랜드, 잉글랜드, 북아일랜드, 웨일스로 이루어진 나라이다. 주변국으로는 남쪽에는 영국해협과 도버해협을 사이에 두고 프랑스와 마주하고 있다. 동쪽으로는 북해를 사이에 두고 네덜란드와 덴마크가 인접하고 있으며 북쪽으로는 노르웨이가 있다.

(3) 기후 : 런던

월별 / 요소	1월	2월	3월	4월	5월	6월	7월	8월	9월	10월	11월	12월
최저기온 (℃)	2.4	2.5	3.8	5.6	8.7	11.6	13.7	13.4	11.4	8.9	5.1	3.4
최고기온 (℃)	7.2	7.6	10.3	13	17	20.3	22.3	21.9	19.1	15.2	10.4	8.2
강수량 (mm)	53	36	48	47	51	50	48	54	53	57	57	57

영국의 기후는 계절에 따른 기후 변화가 크지 않으며 적도에서 형성된 따뜻한 멕시코 만류가 영국의 서쪽 바다를 지나 북극으로 지나기 때문에 따뜻하고 습한 온대 해양성 기후를 보인다. 여름은 대체로 선선하고 겨울에는 따뜻한 편이나 이동성 저기압으로 인하여 날씨의 변화가 심한 편이다.

(4) 문화

① 음식

영국의 음식은 섬나라의 특징과 인접국가의 영향을 받은 것이 특징이다. 대표적인 음식으로는 생선과 감자를 이용한 피쉬 앤 칩스와 소고기를 양념해 통째로 오븐에 구워 조리한 로스트 비프가 있다.

② 축제

영국의 주요 축제로는 런던의 마임 페스티벌과 에딘버러 인터내셔널 페스티벌이 있다. 런던의 마임 페스티벌은 1977년에 시작된 행사로서 마임과 인형극 등

우수작을 선별하여 페스티벌에 공연을 한다.

에딘버러 인터내셔널 페스티벌은 스코틀랜드 지방의 축제로서 1947년 제2차 세계대전이 끝난 후 황폐해진 스코틀랜드와 영국 그리고 유럽의 문화를 활성화 시키고 시민들의 마음을 치유하고자 시작되었다. 매년 여름 약 3주간 에딘버러에서 클래식 음악, 오페라, 연극, 춤 등을 공연하는 공연예술문화 축제이다.

(5) 여행정보

① 화폐

영국의 화폐 단위는 파운드(GBP)이며 지폐로는 5파운드, 10파운드, 20파운드, 50파운드가 있다. 동전은 1페니, 2펜스, 5펜스, 10펜스, 20펜스, 50펜스, 1파운드, 2파운드가 있다.

② 전압 및 콘센트

영국의 전압은 240V, 50Hz이며 콘센트는 우리나라와는 달리 네모난 모양의 3개짜리 구멍의 콘센트를 사용한다. 영국을 방문시에는 별도의 멀티 어답터를 가져가야 한다.

(6) 주요 여행일정 및 관광지

① 영국 런던 여행일정

일 자	교통편	지 역	일 정	식 사
제1일	항공편 전용버스	인 천 런 던	• 인천국제공항 출발 • 런던국제공항 도착 후 호텔 투숙 및 휴식	조 : 기내식 중 : 기내식 석 : 기내식
제2일	전용버스 기차편	런 던 파 리	• 조식 후 • 런던 시내관광[대영박물관, 버킹검 궁전, 국회의사당, 타워브릿지] 후 유로스타 탑승 • 프랑스 파리로 이동 후 호텔 투숙	조 : 호텔식 중 : 한 식 석 : 현지식

② 영국 / 런던 주요 관광지

- 대영박물관 : 세계 3대 박물관 중 하나로서 전세계의 문화유산이 전시 및 보관되어 있는 박물관이다.
- 버킹검 궁전 : 1837년 빅토리아여왕 시절부터 왕실의 주거지로 사용된 곳이다. 버킹검 궁전의 또다른 볼거리는 근위병 교대식인데 교대식은 시즌에 따라 진행 되므로 사전에 교대식이 진행되는지 확인을 하고 가는 것이 좋다.
- 국회의사당 : 아름다운 고딕스타일의 건축 양식으로서 영국의 정치의 상징이라고도 할 수 있는 곳이다.
- 타워브릿지 : 런던의 상징물 중에 하나로 대영제국의 화려했던 시절인 1894년에 템즈강에 지어진 다리이다.

2) 프랑스

(1) 국가개요

정식국명	프랑스공화국 (La République Française)	위치	유럽 대륙 서부
수도	파리	면적	643,801km^2 / 세계 43위(CIA기준)
언어	프랑스어	기후	서안해양성기후, 동부 : 대륙성기후, 남부 : 지중해성 기후
민족	켈트, 게르만, 노르만족의 라틴 혼합인종, 바스크족	인구	약 6,512만 명 / 세계 22위 (2019년 / 통계청 KOSIS 기준)
정치체제	공화제, 대통령 중심제	종교	가톨릭, 이슬람교, 개신교
1인당 GDP	$41,761/세계 20위 (2019년 / IMF기준)	통화 및 환율	유로(EUR), 1유로=1,285원 (2019년 12월 기준)
빅맥 지수	$4.52	시차	GMT+1
비행시간	인천 ↔ 파리(약 12시간)		

(2) 지리적 특성

프랑스는 유럽에서 면적이 세 번째로 큰나라로서 주변국으로는 북쪽으로는 영국해협과 도버해협을 사이에 두고 영국이 있다. 북동쪽으로는 벨기에, 동쪽으로는 독일, 스위스, 이탈리아, 남쪽으로는 스페인과 국경을 마주하고 있다. 동쪽 알프스 산맥이 있는 곳과 남쪽 피레네 산맥을 제외 하고 대부분 평지로 이루어진 나라이다.

(3) 기후 : 파리

요소 \ 월별	1월	2월	3월	4월	5월	6월	7월	8월	9월	10월	11월	12월
최저기온 (℃)	2.5	2.8	5.1	6.8	10.5	13.3	15.5	15.4	12.5	9.2	5.3	3.6
최고기온 (℃)	6.9	8.2	11.8	14.7	19	21.8	24.4	24.6	20.8	15.8	10.4	7.6
강수량 (mm)	53.7	43.7	48.5	53	65	54.6	63.1	43	54.7	59.7	51.9	58.7

넓은 면적으로 인하여 지역마다 기후차이가 있다. 지역마다 남쪽은 지중해성, 중부내륙은 대륙성, 북쪽 해양성 기후를 보이고 있는 것이 특징이다.

(4) 문화

① 음식

프랑스의 음식은 세계최고의 요리라고 칭송하는 사람들이 많으며 고급 음식으로 평가된다. 프랑스의 대표 음식들을 보면 거위의 간으로 요리하는 푸아그라, 달팽이를 주 재료로 요리한 에스카르고, 소고기를 이용한 소고기 포도주 찜이 대표적인 요리이다. 또한 프랑스는 포도를 재배하기에 알맞은 기후를 갖추고 있어 와인생산지로도 유명하다.

② 축제

프랑스에서는 매년 매월 다양한 축제들이 개최되는데 그 중 대표적인 축제로는 칸 국제영화제, 니스 카니발 등이 있다.

(5) 여행정보

① 화폐

프랑스의 화폐는 유로를 사용하고 있으며 지폐로는 1유로, 2유로, 5유로, 10유로, 20유로, 50유로, 100유로, 200유로, 500유로가 있다. 동전으로는 1센트, 2센트, 5센트, 10센트, 20센트, 50센트가 있다.

② 전압 및 콘센트

프랑스의 전압은 220V, 50Hz이며 콘센트는 우리나라와 같은 모양이므로 우리나라 전자제품을 그대로 사용해도 된다.

(6) 주요 여행일정 및 관광지

① 프랑스 / 파리 일정

일 자	교통편	지 역	일 정	식 사
제3일	전용버스	파 리	• 조식 후 프랑스 파리 시내관광 [루브르 박물관, 베르사유 궁전, 에펠탑]	조 : 호텔식 중 : 현지식 석 : 한 식
제4일	전용버스 기차편 전용버스	파 리 로 잔 인터라겐	• 조식 후 • 파리 시내 관광 [콩코드 광장, 개선문, 샹제리제 거리] 후 • T.G.V(떼제베)탑승 후 • 스위스 로잔으로 이동 도착 후 • 인터라겐으로 이동 호텔 투숙 및 휴식	조 : 호텔식 중 : 도시락 석 : 현지식

② 프랑스/ 파리 주요 관광지

• 루브르 박물관 : 세계 3대 박물관 중 하나로 12세기에는 궁전으로 사용되어지다가 프랑스혁명이후에는 미술관으로 사용이 되었고 이후 박물관으로서 자리매

김하였다. 약 30여 만점의 문화예술품들이 전시되어 있다.

- 베르사유 궁전 : 베르사유에 있는 바로크 양식의 궁전으로 루이13세가 사냥용 별장으로 지은 것을 루이14세가 대정원 건설을 하는 등 확장 공사를 하였다.
- 에펠탑 : 1889년 만국박람회를 기념하여 지어진 탑으로 당시 교량기술자 구스타프 에펠의 이름을 따서 에펠탑이라고 한다. 한때 많은 지식인들이 철탑 건설을 반대하였으나 현재는 파리의 명물이 되었다.
- 콩코드 광장 : 루이16세와 그의 아내 마리앙투아네트가 처형당한 콩코드 광장의 중앙에는 높이 25미터의 오벨리스크가 세워져 있다.
- 개선문 : 1806년 오스텔리츠 전투에서 승리한 것을 기념하여 나폴레옹의 지시에 의해 세워진 문이다. 기둥 아래에는 무명용사의 무덤이 있으며 개선문 안쪽 벽에는 전쟁에 참전한 사람들의 이름이 새겨져 있다.
- 샹제리제 거리 : 명품 브랜드와 카페들이 있는 곳으로서 많은 관광객들이 찾는 거리이다.

3) 스위스

(1) 국가개요

정식국명	스위스연방 (Swiss Confederation)	위치	유럽 중부 내륙
수도	베른(Bern)	면적	41,277km^2 / 세계 136위(CIA기준)
언어	프랑스어, 독일어, 이탈리아어, 로망슈어	기후	사계절이 있고, 계절별 기온차가 적어 비교적 온난 함
민족	독일인, 프랑스인, 이탈리아인	인구	약 859만 명 / 세계 99위 (2019년 / 통계청 KOSIS 기준)
정치체제	연방공화제	종교	가톨릭(41%), 개신교(35%)
1인당 GDP	$83,717 / 세계 2위 (2019년 / IMF기준)	통화 및 환율	프랑(CHF), 1프랑=1,181원 (2019년 12월 기준)
빅맥 지수	$7.54	시차	GMT+1
비행시간	인천 → 취리히(약 11시간 20분)		

(2) 지리적 특성

유럽 대륙의 중앙부근에 위치한 스위스는 국토의 약 3/4이 산과 호수로 이루어진 나라이다. 주변국으로는 북쪽으로는 독일, 서쪽으로는 프랑스, 동쪽으로는 오스트리아와 리히텐슈타인, 남쪽으로는 이탈리아와 국경을 마주하고 있다.

(3) 기후 : 취리히

요소 \ 월별	1월	2월	3월	4월	5월	6월	7월	8월	9월	10월	11월	12월
최저기온 (℃)	-2.8	-1.9	0.6	3.7	7.7	10.8	12.8	12.4	10	6.2	1.4	-1.7
최고기온 (℃)	2.0	4.2	8.3	12.6	17.3	20.5	23	22	18.8	13.3	6.9	2.9
강수량 (mm)	67	70	69	87	103	124	117	133	92	69	82	73

스위스는 유럽 대륙에 중앙에 위치하여 사계절의 구분은 있으나 기온 차이가 적어 비교적 온난한 날씨를 보이는 것이 특징이다. 또한 산악지형이 많아 지형적 특성상 바람이 산을 타고 넘어가면서 온도가 급증하는 푄 현상이 자주 나타난다.

(4) 문화

① 음식

주변국의 영양으로 지역마다 특색이 있지만 스위스의 대표적인 요리는 치즈를 이용한 것이 특징이다. 대표적인 요리는 치즈를 끓여 빵이나 채소 등에 발라 먹는 퐁듀가 유명하다.

② 축제

스위스는 다양한 이벤트와 축제가 많다. 그중 대표적인 축제는 레만호수 주변에서 펼쳐지는 공연과 퍼레이드인 제네바 축제와 그린델발트세계눈축제가 대표적인 축제이다.

(5) 여행정보

① 화폐

스위스 화폐는 프랑이라고 하며 지폐로는 10프랑, 20프랑, 50프랑, 100프랑, 200프랑, 1,000프랑이 있고 동전으로는 5상팀, 10상팀, 20상팀, 1/2프랑, 1프랑, 2프랑, 5프랑이 있다.

② 전압 및 콘센트

스위스의 전압은 230V, 50Hz이며 콘센트는 우리나라 모양과는 비슷하지만 스위스를 방문 시에는 멀티아뎁터를 챙겨가는 것이 좋다.

(6) 주요 여행일정 및 관광지

① 스위스 / 융프라우 일정

일 자	교통편	지 역	일 정	식 사
제4일	전용버스 기차편 전용버스	파 리 로 잔 인터라겐	• 조식 후 • 파리 시내 관광 후 T.G.V(떼제베)탑승 후 스위스 로잔으로 이동 도착 후 • 인터라겐으로 이동 호텔 투숙 및 휴식	조 : 호텔식 중 : 도시락 석 : 현지식
제5일	전용버스	인터라겐	• 조식 후 • 융프라우 관광 후 이탈리아 밀라노로 이동 후 시내관광	조 : 호텔식 중 : 한 식 석 : 현지식

② 주요 관광지

- 융프라우 : 아름다운 산세와 만년설을 볼 수 있는 곳으로 아이거, 묀히산과 함께 알프스 3대 명산으로 불리는 곳으로 '젊은 여인'이라는 뜻을 가지고 있다.

4) 이탈리아

(1) 국가개요

정식국명	이탈리아 공화국(La Repubblica Italiana, The Italian Republic)	위치	유럽 남부
수도	로마	면적	301,340km^2 / 세계 72위(CIA기준)
언어	이탈리아어	기후	지중해성 기후
민족	이탈리아인	인구	약 6,055만 명 / 세계 23위 (2019년 /통계청 KOSIS 기준)
정치체제	민주공화제, 내각책임제	종교	가톨릭, 기타
1인당 GDP	$32,947 / 세계 26위 (2019년 / IMF기준)	통화 및 환율	유로(EUR), 1유로=1,285원 (2019년 12월 기준)
빅맥 지수	$4.46	시차	GMT+2
비행시간	인천 → 로마(약 12시간 35분)		

(2) 지리적 특성

3면이 바다로 둘러 쌓여있는 반도로서 유럽 중남부에 위치해 있다. 국토의 대부분은 산지와 구릉으로 이루어져 있고 평야는 국토의 약 1/5이다. 주변국으로는 알프스 산맥을 경계로 프랑스, 스위스, 오스트리아와 국경을 접하고 있다.

(3) 기후 : 로마

요소 \ 월별	1월	2월	3월	4월	5월	6월	7월	8월	9월	10월	11월	12월
최저기온 (℃)	3.7	4.4	5.8	8.3	11.9	15.6	18.2	18.4	15.8	12	8.1	5.1
최고기온 (℃)	12.9	13.7	15.3	18	22	25.6	28.6	28.7	26	22	17.2	13.9
강수량 (mm)	80.7	74.9	65	54.7	31.8	16.3	14.7	33.3	68.2	93.4	110.5	89.6

사계절의 구분이 있으며 각 지역마다 차이는 있지만 대체적으로 온난한 지중해성 기후를 보이고 있는 것이 특징이다.

(4) 문화

① 음식

이탈리아는 토마토를 이용하는 음식들이 많으며 대표적인 음식으로는 파스타와 피자가 있다. 파스타의 종류는 국수 모양의 파스타, 나비 모양 등 그 종류가 다양하다.

② 축제

이탈리아에서는 다양한 축제들이 열리는데 대표적인 축제는 베네치아에서 매년 사순절 2주 전부터 민속 놀이, 전통 공연 등이 펼쳐지는 베니치아 카니발이 유명하다. 카니발 행사에 참여하는 사람들이 다양한 모자와 가면을 쓰고 참가하는 것이 이색적인 축제이다.

(5) 여행정보

① 화폐

이탈리아의 화폐는 유로를 사용하고 있으며 지폐로는 1유로, 2유로, 5유로, 10유로, 20유로, 50유로, 100유로, 200유로, 500유로가 있다. 동전으로는 1센트, 2센트, 5센트, 10센트, 20센트, 50센트가 있다.

② 전압 및 콘센트

이탈리아 전압은 220V, 50Hz이며 콘센트는 우리나라와 동일하므로 별도의 멀타아덥터가 필요하지 않다.

(6) 주요 여행일정 및 관광지

① 이탈리아 / 로마 일정

일 자	교통편	지 역	일 정	식 사
제5일	전용버스	인터라겐 밀라노	•조식 후 •융프라우 관광 후 이탈리아 •밀라노 이동 후 시내관광[두오모성당]	조 : 호텔식 중 : 한 식 석 : 현지식
제6일	전용버스	밀라노 피렌체 로 마	•조식 후 •피렌체로 이동 피렌체[두오모 성당, 미켈란젤로 언덕] 관광 후 로마로 이동	조 : 호텔식 중 : 현지식 석 : 한 식
제7일	전용버스 항공편	로 마 프랑크푸르트	•조식 후 로마 시내 관광[바티칸 박물관, 콜로세움, 성 베드로 성당, 트레비 분수] •독일 프랑크푸르트로 이동	조 : 호텔식 중 : 현지식 석 : 도시락

② 이탈리아 주요 관광지

- 밀라노 두오모 성당 : 고딕양식의 건축물로 밀라노를 대표하는 건물이며 1386년에 착공되어 무려 약 500년 가까이 지난 1809년에 완성된 건물이다. 바티칸의 성 베드로 성당에 이어 두 번째로 큰 규모를 자랑하는 성당이다.
- 미켈란젤로 언덕 : 피렌체의 시가지를 한눈에 조망할 수 있는 곳이다.
- 바티칸 박물관 : 세계 3대 박물관 중에 하나로 역대 교황들의 수집품들을 전시해 놓은 박물관이다. 고대 그리스, 시리아, 로마, 이집트 등 역사적인 예술품들이 많이 전시되어 있다.
- 콜로세움 : 로마의 상징이며, 베스파시아누스 황제에 의해 72년에 시작하여 80년에 완성된 대형 원형 경기장이다.
- 성 베드로 성당 : 카톨릭의 총 본부이며 세계에서 가장 큰 규모를 자랑하는 성당이다. 349년 콘스탄틴누스 황제에 의해 베드로 성인의 묘지 위에 세워졌고 그 이후 지속적인 증축공사로 오늘날의 대 성당의 모습을 갖추게 되었다.
- 트레비 분수 : 바로크 양식의 아름다운 분수로 교황 클레멘스 12세의 지시 하에 니콜라 살비가 디자인하여 30년 만에 (1762년) 클레멘스 13세 때 완성이 되었다.

5) 독일

(1) 국가개요

정식국명	독일 연방공화국(The Federal Republic of Germany)	위치	유럽 대륙 중부
수도	베를린	면적	357,022km² / 세계 63위(CIA기준)
언어	독일어	기후	해양성 기후와 대륙성 기후의 중간
민족	게르만족, 터키계, 이탈리아계	인구	약 8,351만 명 / 세계 17위 (2019년/ 통계청 KOSIS 기준)
정치체제	의원내각제	종교	가톨릭, 개신교, 이슬람
1인당 GDP	$46,564 / 세계 16위 (2019년 / IMF기준)	통화 및 환율	유로(EUR), 1유로=1,285원 (2019년 12월 기준)
빅맥 지수	$4.25	시차	GMT+1
비행시간	인천 → 프랑크푸르트(약 11시간 25분)		

(2) 지리적 특성

북쪽으로는 발트해와 북해가 있고 주변국으로는 동쪽으로는 폴란드와 체코, 서쪽으로는 프랑스와 네덜란드, 벨기에 남쪽으로는 스위스와 오스트리아와 국경을 마주하고 있다.

(3) 기후 : 베를린

요소 \ 월별	1월	2월	3월	4월	5월	6월	7월	8월	9월	10월	11월	12월
최저기온 (℃)	-1.9	-1.5	1.3	4.2	9	12.3	14.3	14.1	10.6	6.4	2.2	-0.4
최고기온 (℃)	2.9	4.2	8.5	13.2	18.9	21.6	23.7	23.6	18.8	13.4	7.1	4.4
강수량 (mm)	42.3	33.3	40.5	37.1	53.8	68.7	55.5	58.2	45.1	37.3	43.6	55.3

우리나라와 마찬가지로 사계절의 구분이 뚜렷하게 나타난다. 지역마다 기후 변화가 있고, 서부 지역의 기후의 특징으로 보면 온화하고 다습한 날씨를 보인다.

(4) 문화

① 음식

독일 음식은 소시지와 맥주, 돼지고기를 이용한 음식이 많은데 대표적인 음식으로는 아이스바인과 학센 그리고 소시지가 유명하다. 또한 양배추를 절여 만든 사우어크라우트는 감자나 소시지, 학센 같은 음식과 곁들여 먹는 것이 특징이다. 독일의 대표적인 음료하면 빼놓을 수 없는 것이 바로 맥주이다.

② 축제

다양한 축제들이 많은 독일은 그 중 제일 유명한 축제는 뮌헨에서 개최되는 옥토버페스트이다. 이 축제는 세계에서 가장 규모가 큰 맥주축제로 1810년부터 시작된 축제이다.
축제기간에는 독일의 다양한 맥주를 맛보고 전통의상을 입은 무용수들의 공연 등이 펼쳐진다.

(5) 여행정보

① 화폐

독일의 화폐는 유로를 사용하고 있으며 지폐로는 1유로, 2유로, 5유로, 10유로, 20유로, 50유로, 100유로, 200유로, 500유로가 있다. 동전으로는 1센트, 2센트, 5센트, 10센트, 20센트, 50센트가 있다.

② 전압 및 콘센트

독일의 전압은 230V, 50Hz이며 콘센트는 우리나라와 동일한 모양이어서 별도의 아덥터가 필요 없다. 다만 사용하는 전자제품이 230V, 50Hz와 호환이 되는지 반드시 확인을 하고 사용할 필요가 있다.

(6) 주요 여행일정 및 관광지

① 독일/프랑크푸르트 일정

일자	교통편	지역	일정	식사
第7일	전용버스 항공편	로 마 프랑크푸르트	•조식 후 로마 시내 관광 •독일 프랑크푸르트로 이동	조 : 호텔식 중 : 현지식 석 : 도시락
第8일	전용버스 항공편	프랑크푸르트 하이델베르크 프랑크푸르트	•조식 후 프랑크푸르트 시내관광 [뢰머광장, 시청사] •하이델베르크 관광 [하이델베르크 성, 대학가 등] •프랑크푸르트 공항으로 이동 •프랑크푸르트 공항 출발	조 : 호텔식 중 : 현지식 석 : 기내식

② 독일 주요 관광지

- 뢰머광장 및 시청사 : 1405년 프랑크푸르트 참의회가 귀족저택 3채를 사들여 시청사로 개조해 사용하였다. 사들인 저택 중에 한 곳이 뢰머저택이었는데 그 이름을 따서 시청이름을 뢰머라고 불렀다.
- 하이델베르크 성 : 13세기 경에 세워진 성으로 시대에 흐름에 따라 증축이 이루어지며 고딕, 르네상스, 바로크 건축 양식이 섞여 조화를 이루고 있는 것이 특징이다.

6) 터키

(1) 국가개요

정식국명	터키공화국	위치	아시아대륙 서쪽 끝과 유럽대륙 동남쪽 일부
수도	앙카라	면적	783,562km^2 / 세계37위(CIA기준)
언어	터키어(공용어), 쿠르드어, 아랍어	기후	해안지방 : 해양성 기후 내륙지방 : 대륙성 기후
민족	훈족, 돌궐족의 후예	인구	약 8,342만 명 / 세계 18위 (2019년 /통계청 KOSIS 기준)
정치체제	대통령제를 가미한 의원내각제	종교	이슬람교
1인당 GDP	$8,958 / 세계 72위 (2019년 / IMF기준)	통화 및 환율	리라(TRY), 1리라=195원 (2019년 12월 기준)
빅맥 지수	$3.96	시차	GMT+2
비행시간	인천 → 이스탄불(약 11시간 50분)		

(2) 지리적 특성

아시아 대륙 서쪽 끝에 위치한 나라로 북으로는 흑해가 있고 서쪽으로는 에게해와 지중해가 있다. 주변국으로는 서쪽으로는 그리스, 불가리아가 있고 동쪽으로는 조지야, 아르메니아, 이란과 국경을 마주하고 있다. 남쪽으로는 시리아, 이라크와 국경을 마주하고 있다.

(3) 기후 : 앙카라

요소 \ 월별	1월	2월	3월	4월	5월	6월	7월	8월	9월	10월	11월	12월
최저기온 (℃)	-3.5	-2.8	0.2	5.1	9.4	12.6	15.4	15.4	11.3	6.8	2.4	-0.9
최고기온 (℃)	4.1	5.9	11.1	17.3	22.2	26.4	29.9	30	25.8	20	12.9	6.3
강수량 (mm)	38.8	35.1	36.7	41.8	51.1	14.6	14.6	10.9	16.8	25.8	31.4	45.7

지역에 따른 편차가 있다. 내륙지방은 대륙성 기후를 보이고 해안 지방은 해양성 기후를 보인다. 또한 에게해와 지중해 연안은 지중해성 기후를 보인다.

(4) 문화

① 음식

터키의 대표적인 음식은 꼬치에 고기를 끼워 불에 구운 고기를 먹는 케밥이 있다.

② 축제

터키는 법으로는 종교의 자유가 보장되어 있지만 국민 대다수가 이슬람을 믿고 있기 때문에 축제도 종교와 관련된 축제들이 대부분이다. 그 중 대표적인 축제는 술탄 쉴레이만의 어머니가 메시르 마주누라는 페이스트를 먹고 병에서 완치된 것을 기념하는 축제인 메시르 마주누 축제가 있다.

(5) 여행정보

① 화폐

터키의 화폐는 리라라고 불리며, 지폐로는 5리라, 10리라, 20리라, 50리라, 100리라, 200리라가 있다. 동전은 크루쉬라고 불리며, 1리라, 50크루쉬, 25크루쉬, 10크루쉬, 5크루쉬가 있다.

② 전압 및 콘센트

터키의 전압은 220V, 50Hz이며 콘센트는 우리나라와 같아 별도의 아덥터가 필요 없다.

memo

(6) 주요 여행일정 및 관광지

① 터키 일주 6박 8일 일정

일 자	교통편	지 역	일 정	식 사
제1일	항공편 전용버스 항공편	인 천 이스탄불 아즈미르	• 인천국제공항 출발 • 이스탄불공항 도착 후 국내선을 이용하여 아즈미르 도착 후 가이드 미팅 • 호텔 투숙	중 : 기내식 석 : 기내식
제2일	전용버스	아즈미르 에페소	• 조식 후 가이드 미팅 • 에페소로 이동하여 관광	조 : 호텔식 중 : 현지식 석 : 호텔식
제3일	전용버스	에 페 소 파묵칼레	• 조식 후 가이드 미팅 • 파묵칼레 관광 후 안탈랴 관광	조 : 호텔식 중 : 현지식 석 : 호텔식
제4일	전용버스	파묵칼레 시 데 카파도키아	• 조식 후 가이드 미팅 • 시데로 이동 후 관광 • 카파도키아로 이동 후 호텔 투숙	조 : 호텔식 중 : 현지식 석 : 호텔식
제5일	전용버스	카파도키아	• 조식 후 가이드 미팅 • 카파도키아 관광	조 : 호텔식 중 : 현지식 석 : 호텔식
제6일	전용버스 항공편 전용버스	카파도키아 이스탄불	• 조식 후 가이드 미팅 • 공항으로 이동 및 이스탄불 향발 • 이스탄불 도착 및 시내관광	조 : 호텔식 중 : 현지식 석 : 한 식
제7일	전용버스 항공편	이스탄불	• 조식 후 가이드 미팅 • 보스퍼러스 해협 관광 공항으로 이동 • 이스탄불공항 출발	조 : 호텔식 중 : 현지식 석 : 기내식
제8일		인 천	• 인천국제공항 도착	조 : 기내식

② 터키 주요 관광지

- 에페소 : 터키 아즈미르 남서부쪽에 위치한 고대도시로 셀수스 도서관, 원형극장, 하드리아누스 신전 등 많은 고대 유적지가 남아 있는 곳이다.
- 안탈랴 항구 : 지중해의 아름다운 항구도시이다.
- 고대 로마시대부터 온전으로 유명한 곳으로 석회성분으로 인하여 아름다운 온

천수가 있다. 또한 히에라 폴리스의 고대 도시의 유적지도 볼 수 있다.

- 카파도키아 : 터키 중부 아나톨리아 중동부에 있는 지역으로 로마시대 그리스도교의 탄압을 피해 기암에 구멍을 뚫어 동굴 수도원과 지하 도시가 있는 것이 특징이다.
- 블루모스크 : 술탄 아흐메트에 의해 1600년대에 세워졌으며 이스탄불에 있는 모스크이다. 푸른색의 타일과 어우러진 조명이 아름다움을 자랑하며 이스탄불 관광의 중심지이다.
- 톱카프 궁전 : 17세기 오스만 제국의 술탄들이 수집한 보물들과 예술품들을 볼 수 있는 곳이다. 오스만제국의 건축 양식으로서 15세기 중반부터 20세기 초까지 오스만 제국의 술탄이 거주했던 곳이다.
- 그랜드 바자르 : 이스탄불의 큰 시장으로 터키인들의 생활을 볼 수 있는 곳이다.
- 보러포러스 해협 : 유럽대륙과 아시아 대륙 사이에 있는 해협이다.

3 아메리카

1) 캐나다

(1) 국가개요

정식국명	캐나다(Canada)	위치	북아메리카 대륙
수도	오타와	면적	9,984,670km^2 / 세계 2위(CIA기준)
언어	영어, 프랑스어	기후	대륙성
민족	다민족	인구	약 3,741만 명 / 세계 39위 (2019년 / 통계청 KOSIS 기준)
정치체제	입헌군주제, 내각책임제	종교	가톨릭, 기독교
1인당 GDP	$46,213 / 세계 17위 (2019년 / IMF기준)	통화 및 환율	캐나다달러(CAD), C$1=882원 (2019년 12월 기준)
빅맥 지수	$4.64	시차	GMT-3.5 ~ GMT-8
비행시간	인천 → 벤쿠버(약 10시간), 인천 → 토론토(약 13시간 20분)		

(2) 지리적 특성

세계에서 두 번째로 큰 국토 면적을 가지고 있으며 국토의 대부분이 한랭지대이다. 북아메리카 대륙에 위치해 있다. 주변국으로는 남쪽으로는 미국과 국경을 접하고 있다.

(3) 기후 : 벤쿠버

요소 \ 월별	1월	2월	3월	4월	5월	6월	7월	8월	9월	10월	11월	12월
최저기온 (℃)	0.5	1.5	3.1	5.3	8.4	11.2	13.2	13.4	10.5	6.6	3.1	0.8
최고기온 (℃)	6.1	8	10.1	13.1	16.5	19.2	21.7	21.9	18.7	13.5	9	6.2
강수량 (mm)	154	123	114	84	67.9	54.8	39.6	39.1	53.5	112.6	181	175.7

넓은 국토 면적 만큼이나 다양한 지역마다 기후 차이가 있다. 태평양 연안에 있는 지역은 온난한 기후를 보이나 동쪽 지역은 겨울과 여름의 기온차이가 심하다.

(4) 문화

① 음식

다양한 민족들이 어울려 사는 캐나다는 다양한 이민족들의 음식문화가 조화를 이루고 있는 것이 특징이다. 육류 소비가 많으며 캘거리 지방에는 소고기와 육포가 유명하다.

② 축제

각 지역마다 다양한 축제들이 개최되고 있으며 대표적인 축제로는 매년 봄에 개최되는 메이플 시럽 축제가 있다.

(5) 여행정보

① 화폐

캐나다 화폐는 캐나다 달러라고 하며 지폐로는 5달러, 10달러, 20달러, 50달러, 100달러가 있다. 5니켈, 10다임, 25센트, 50센트, 1달러, 2달러가 있다.

② 전압 및 콘센트

캐나다의 전압은 110V, 60Hz이며 콘센트는 11자 모양이여서 캐나다에서 한국 전자제품을 사용시에는 별도의 멀티 아덥터가 필요하다.

(6) 주요 여행일정 및 관광지

① 캐나다 6박 7일 일정

일 자	교통편	지 역	일 정	식 사
제1일	항공편 전용버스	인 천 벤 쿠 버	• 인천국제공항 출발 • 벤쿠버국제공항 도착 가이드 미팅 • 벤쿠버 시내관광[게스타운, 스탠리공원, 캐나다 플레이스] 후 호텔 투숙	조 : 기내식 중 : 기내식 석 : 한 식
제2일	전용버스 항공편	벤 쿠 버 빅토리아 캘 거 리 밴 프	• 조식 후 가이드 미팅 • 빅토리아 관광 후 벤쿠버 공항으로 이동 • 캘거리 향발. • 캘거리 공항 도착 후 밴프로 이동	조 : 호텔식 중 : 현지식 석 : 한 식
제3일	전용버스	밴 프	• 조식 후 가이드 미팅 • 요호 국립공원, 레이크 루이스 등 관광	조 : 호텔식 중 : 현지식 석 : 현지식
제4일	전용버스	밴 프	• 조식 후 가이드 미팅 • 설퍼산 곤돌라 탑승 및 밴프 시내관광	조 : 호텔식 중 : 현지식 석 : 한 식
제5일	전용버스 항공편 전용버스	밴 프 캘 거 리 토 론 토 나이아가라	• 조식 후 • 공항으로 이동 • 토론토 공항도착 후 가이드 미팅 • 토론토 시내관광 후 나이아가라로 이동	조 : 호텔식 중 : 한 식 석 : 현지식

제6일	전용버스	나이아가라	• 조식 후 가이드 미팅 • 나이아가라 폭포 관광 및 주변 관광	조 : 호텔식 중 : 현지식 석 : 한 식
제7일	전용버스 항공편	나이아가라 토 론 토 벤 쿠 버	• 조식 후 • 토론토 공항으로 이동 • 벤쿠버국제공항 도착 후 인천국제공항발 국제선 탑승 • 벤쿠버국제공항 출발	조 : 호텔식 중 : 기내식 석 : 기내식
제8일		인 천	• 인천국제공항 도착	

② 주요 관광지

- 개스타운 : 붉은색의 보도블럭이 깔려 있는 거리이며 캐나다 토산품을 파는 상점 및 쇼핑센터가 있는 곳이다. 게스타운 한쪽에는 증기 시계탑이 있는데 15분 바다 증기를 내뿜는 것이 이색적이다.
- 캐나다 플레이스 : 국제회의가 열리는 장소이다.
- 빅토리아 : 브리티시컬럼비아주의 주도이며 섬이다. 빅토리아에는 아름다운 항구인 이너하버, 주 의사당, 엠프레스 호텔 등의 관광명소들이 있다.
- 레이크 루이스 : 빙하의 침식으로 생긴 곳에 빙하가 녹아 흘러내려 만들어진 호수이다. 에메랄드 빛 호수는 캐나다의 대자연의 신비를 느끼게 해준다.
- 설퍼산 곤돌라 : 설퍼산을 곤돌라를 타고 올라가며 밴프의 시가지와 설퍼산을 한눈에 조망할 수 있다.
- 나이아가라 폭포 : 북미대륙 5대호 중 온타리오호와 이리호를 지나는 곳에 위치한 폭포이며 미국과 캐나다의 국경에 걸쳐 있다. 엄청난 양의 물줄기로 인하여 매년 1~2미터씩 침식되고 있다.
- 토론토 시청사 : 1965년 핀란드의 건축가 빌리오레페에 의해 설계된 건축이며 토론토의 CN타워와 함께 토론토를 대표하는 건물이다.

2) 미국

(1) 국가개요

정식국명	아메리카합중국 (United States of America)	위치	북아메리카
수도	워싱턴 D.C	면적	9,826,680km² / 세계 3위(CIA기준)
언어	영어	기후	대륙성
민족	다민족	인구	약 3억 2,906만 명 / 세계 3위 (2019년 / 통계청 KOSIS 기준)
정치체제	연방공화국, 대통령중심제	종교	개신교, 가톨릭
1인당 GDP	$65,112 / 세계 7위 (2019년 / IMF기준)	통화 및 환율	달러(USD), 1달러=1,161원 (2019년 12월 기준)
빅맥 지수	$4.79	시차	GMT-5 ~ GMT-10
비행시간	인천 → LA(약 11시간), 인천 → 뉴욕(약 14시간)		

(2) 지리적 특성

북아메리카 대륙에 위치한 나라이며 50개 주와 1개의 특별구로 이루어진 나라이다. 북으로는 캐나다, 남쪽으로는 맥시코와 국경을 마주하고 있다. 동쪽으로는 대서양, 서쪽으로는 태평양이 있다.

(3) 기후 : 워싱턴

요소 \ 월별	1월	2월	3월	4월	5월	6월	7월	8월	9월	10월	11월	12월
최저기온 (℃)	-2.9	-1.6	3.2	8	13.7	19.2	21.9	21.1	16.9	10.2	5.1	-0.2
최고기온 (℃)	5.7	7.7	13.6	19.3	24.6	29.3	31.4	30.5	26.7	20.6	14.6	8.3
강수량 (mm)	69.1	68.8	80.5	68.8	93	85.9	96.5	99.3	84.1	76.7	79.2	79.2

미국 본토의 기후는 넓은 국토면적 만큼 다양한 기후를 보이고 있다. 알래스카 지방은 툰드라 기후이며 태평양 가운데에 위치한 하와이는 아열대성 기후, 미국 본토의 서남쪽은 사막기후를, 서쪽은 지중해성 기후, 남동쪽은 열대사바나 기후, 동북쪽은 우리나라와 비슷한 기후를 보이고 있다.

(4) 문화

① 음식

다양한 민족들이 어울려 사는 미국은 다양한 이민족들의 음식문화가 조화를 이루고 있는 것이 특징이다. 맥도날드 등 패스트푸드 문화가 발달되었다.

② 축제

지역별로 다양한 축제들이 많이 있으며 미국 독립기념일 축제, 크리스마스 축제 등이 있다.

(5) 여행정보

① 화폐

미국의 화폐는 달러라고 불리며 지폐로는 1달러, 2달러, 5달러, 10달러, 20달러, 50달러, 100달러가 있다. 동전으로는 1센트, 5센트, 10센트, 25센트, 50센트, 1달러가 있다.

② 전압 및 콘센트

미국의 전압은 110V~120V, 60Hz이며 콘센트는 11자 모양이므로 미국 방문시에는 별도의 멀티 어댑터가 필요하다.

memo

(6) 주요 여행일정 및 관광지

① 미서부 8일 일정

일자	교통편	지역	일정	식사
제1일	항공편 전용버스	인 천 샌프란시스코	• 인천국제공항 출발 • 샌프란시스코국제공항 도착 후 가이드 미팅. 샌프란시스코 시내관광	조 : 기내식 중 : 현지식 석 : 한 식
제2일	전용버스	샌프란시스코 요세미티 베이커스필드	• 조식 후 가이드 미팅 • 요세미티 국립공원 관광 후 • 베이커스필드로 이동	조 : 호텔식 중 : 현지식 석 : 현지식
제3일	전용버스	베이커스필드 바스토우 캘 리 코 라 플 린	• 조식 후 가이드 미팅 • 바스토우로 이동 아울렛 자유시간 • 캘리코 은광촌 관광 후 • 라플린으로 이동	조 : 호텔식 중 : 한 식 석 : 현지식
제4일	전용버스	라 플 린 그랜드캐년 캐 납	• 조식 후 가이드 미팅 • 그랜드캐년으로 이동 및 관광 후 • 캐납으로 이동	조 : 호텔식 중 : 현지식 석 : 현지식
제5일	전용버스	캐 납 브라이스캐년 자이언캐년 라스베이거스	• 조식 후 가이드 미팅 • 브라이스캐년 관광 • 자이언캐년 관광 후 • 라스베이거스 이동	조 : 호텔식 중 : 현지식 석 : 현지식
제6일	전용버스	라스베이거스 로스엔젤러스	• 조식 후 가이드 미팅 • 로스엔젤러스로 이동 후 시내관광	조 : 호텔식 중 : 현지식 석 : 한 식
제7일	전용버스 항공편	로스엔젤러스	• 조식 후 공항으로 이동 • 로스엔젤러스국제공항 출발	조 : 호텔식 중 : 기내식 석 : 기내식
제8일		인 천	• 인천국제공항 도착	

② 미서부 주요 관광지

- 금문교 : 붉은색의 다리는 샌프란시스코와 소살리토를 연결해주는 다리다. 샌프란시스코의 짙은 안개와 함께 샌프란시스코를 대표하는 건축물이다.
- 요세미티 국립공원 : 캘리포니아주에 있는 국립공원으로 빙하의 침식으로 인하여 만들어진 절경이 아름다움과 웅장함을 자랑한다. 면사면 폭포, 엘 캐피탄, 요세미티 폭포, 하프돔 등이 대표적인 볼거리이다.
- 캘리코 은광촌 : 미국 서부 개척시대의 유명한 광산촌이었으며 현재는 그 당시의 모습을 재현해 놓은 민속촌이 있다.
- 그랜드캐년 : 자연의 신비와 웅장함을 느낄 수 있는 곳으로 약 4억년의 세월 동안 침식작용과 콜로라도 강이 만들어 낸 대 협곡이다.
- 라스베이거스 : 네바다 주에 있는 도시로서 관광과 도박의 화려한 도시이다. 수많은 카지노와 고급호텔 그리고 다양한 공연 등이 관광객들의 눈길을 사로잡는 도시이다.
- 브라이스캐년 : 1928년 국립공원으로 재정되었으며 유타주에 위치한 국립공원이다. 하늘로 솟아 있는 바위들이 자연의 신비함을 느끼게 해준다.
- 자이언캐년 : 유타주에 있는 국립공원으로 마치 남성다운 모습의 투박하고 웅장함을 볼 수 있는 공원이다.
- 로스엔젤러스 : 미국 서쪽 켈리포니아 주에 있는 도시로서 재미교포가 가장 많이 살고 있는 곳이다. 할리우드가 있으며 대표적인 관광지로는 스타의 거리, LA유니버셜 스튜디오 등이 있다.

memo

Tour Conductor

국외여행인솔자 자격증

공통 교재

Chapter 05

해외여행 안전관리

Chapter 05

해외여행 안전관리

제1절 관광안전

1 관광안전 정의

관광안전은 관광객이 관광 활동 시 각종 범죄 및 사건/사고, 자연재해 등의 위협을 사전에 차단 및 예방하고 사고 발생 시 신속하게 대처를 하기 위한 기술적이고 체계적인 활동을 말한다.

다음은 여러 학자들의 관광안전에 대한 정의이다.

학 자	정의
Porras (2014)	① 관광안전이란 강력 범죄, 항공안전, 테러행위, 건강 위협, 전문가의 그릇된 처리로 인해 필래자가 될 수 있다는 두려움 ② 보안이란 관광객들에게 긍정적인 관광경험을 주기 위한 전략적이고 실용적인 조치들을 의미

Popescu (2011)	① 비교적 협소한 범위로 관광보안을 정의 ② 관광보안은 관광객, 관광객 소유물의 안전분만 아니라 낯선 환경에서 잘 적응할 수 있는 능력, 지역시스템에 대한 이해, 사회적 관습에 대한 이해, 마지막으로 쇼핑과 소비자 서비스에 관한 보안을 포함
염명하 (2009)	① 보다 추상적으로 관광안전을 정의 ② 관광안전이란 관광객이 관광지에서 행복한 삶을 영위할 수 있도록, 원치 않은 상황이나 사회가 수용할 만한 수준 이상의 위험에서 해방되어 평안한 상태를 의미 ③ 또한 관광안전관리란 관광안전을 보장하고 관광객의 재산을 보호하기 위한 기술적이고 체계적인 활동을 의미
서용건, 고광희, 이정충(2006)	① 관광객 안전이란 관광객이 관광활동 중 느끼는 신변에 대한 위협이나 건강상의 위협을 주는 것으로서 범죄, 사고, 전쟁, 정치적 불안정, 질병, 자연재해, 테러리즘 등에 대한 불안감이 없는 상태를 지칭

2 재난사고 유형 및 정의

1) 자연재난

자연재난이란 태풍, 홍수, 호후, 강풍, 풍랑, 해일, 대설, 낙뢰, 가뭄, 지진, 화산활동, 그 밖에 이에 준하는 자연현상으로 발생하는 재난을 말한다.

자연재난 유형	
태풍	북태평양 서쪽에서 발생하는 열대 저기압중에서 중심 부근의 최대 풍속이 17m/s 이상으로 강한 비바람을 동반하는 자연현상을 말한다.
지진	땅이 갈라지며 흔들리는 현상을 말하며, 땅속의 거대한 암반이 갑자기 갈라지면서 그 충격으로 땅이 흔들리는 현상
화산폭발	땅 속 깊은 곳에 있던 마그마가 지각의 갈라진 틈이나 약한 부분으로 분출되는 현상을 화산활동이라고 한다.
해일/지진해일	해저에서 지진, 해저 화산의 폭발, 단층 운동 같은 급격한 지각변동으로 발생하는 파장이 긴 천해파를 말한다.
호우/홍수/침수	단기간에 많은 비가 오는 것을 '집중호우'라고 하며, 많은 비가 내려 건물등이 물에 잠기는 것을 홍수 또는 침수라 한다.
산사태	흙이나 암석들이 산의 사면을 따라 갑자기 미끄러져 내리는 자연현상

2) 사회재난

화재, 붕괴, 교통사고, 화생방사고, 환경오염사고 등으로 인하여 발생하는 것과 에너지, 통신, 교통, 금융, 의료, 수도 등 국가기반체계의 마비, 감염병 또는 가축전염병의 확산 등으로 발생하는 재난을 말한다.

사회재난 유형	
화재	인간이 의도하지 않거나 또는 누군가 범죄의 목적으로 의도적으로 불을 낸 것을 의미
교통사고	교통수단에 의해서 발생하는 사고이며, 사람을 사상하거나 물건을 손괴하는 것을 말한다.
감염병예방	음식의 섭취, 호흡에 의한 병원체 흡입, 사람 또는 동물과의 접촉을 통한 병을 말한다.

3 여행경보제도

여행경보제도는 특정 국가(지역) 여행 · 체류시 특별한 주의가 요구되는 국가 및 지역에 경보를 지정하여 위험수준과 이에 따른 안전대책(행동지침)의 기준을 안내하는 제도이다.

국민의 안전에 대한 위험(위협)을 중요한 기준으로 해당 국가(지역)의 치안정세와 기타 위험요인을 종합적으로 판단하여 안전대책의 기준을 판단할 수 있도록 중·장기적 관점에서 여행경보를 지정 · 공지하고 있다.

미국, 영국, 캐나다, 호주, 뉴질랜드 등의 국가에서 유사한 제도를 운영하고 있어, 안전한 해외여행에 기여하고 있다.

1) 여행경보 지정절차

여행경보 지정절차는 다음과 같다.

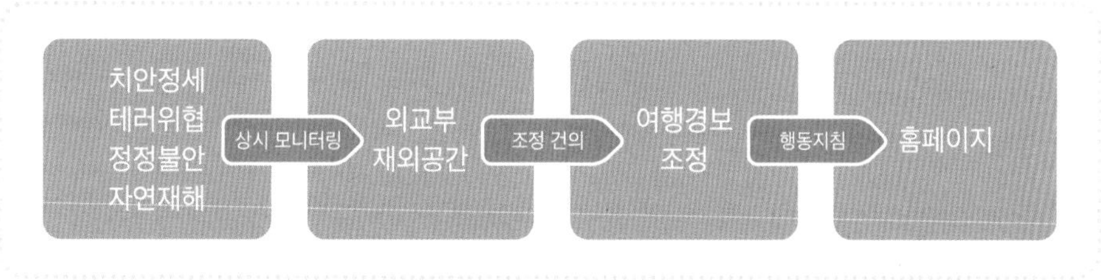

출처 : 외교부 여행경보제도

여행경보제도는 다음과 같이 색깔로 구분하고 있다.

출처 : 외교부 여행경보제도

2) 특별여행경보

여행경보는 여행자들에게 중·장기적인 여행안전정보 제공에 중점을 둔 반면에 '특별여행경보'는 단기적인 위험 상황이 발생하는 경우에 발령하고 있다.

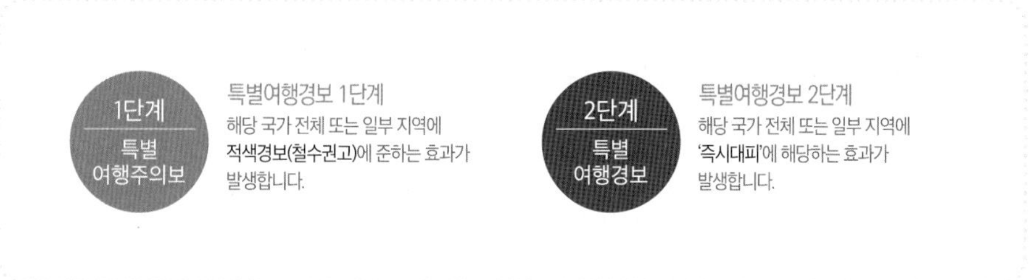

출처 : 외교부 여행경보제도

발령 요건

해당국가의 치안이 급속히 불안정해지거나, 전염병이 창궐, 재난이 발생한 경우 등

에 발령됨

발령 기간

발령기간은 기본 1주일이며, 상황이 종료될 때까지 자동 연장됨

3) 여행경보단계별 행동 지침

각 여행경보 단계에서 외교부가 제시하는 행동지침은 다음과 같다.

여행경보단계	해외체류자	해외여행 예정자
남색경보(여행유의)	신변안전 유의	
황색경보(여행자제)	신변안전 특별유의	여행필요성 신중검토
적색경보(철수권고)	긴급용무가 아닌한 철수	가급적 여행취소·연기
흑색경보(여행금지)	즉시 대피·철수	방문금지
특별 여행주의보(철수권고)	긴급용무가 아닌한 철수	가급적 여행취소·연기
특별 여행경보(즉시 대피)	즉시 대피	방문금지

출처: 외교부 여행경보제도

4) 여행금지국가 방문 시 처벌 및 여행 취소 시 비용부담

(1) 여행금지국가 방문 시 처벌

방문 및 체류가 금지된 국가나 지역으로 고시된 사정을 알면서도 정부의 허가를 받지 아니하고 해당 국가나 지역에서 여권 등을 사용하거나 해당 국가나 지역을 방문하거나 체류한 사람은 관련법에 의거하여(1년 이하의 징역 또는 1000만원 이하 벌금)을 받게 된다.

(2)여행경보단계 지정으로 인한 여행 취소 시 비용부담 문제

취소 수수료 징수 문제 등 여행계약에 관한 모든 사항은 여행사와 국민 사이의 개

인적인 계약에 관한 사항이며, 여행취소로 인하여 여행사로부터 입게 되는 국민들의 손해에 대해 배상 및 환불관련 문제에 일체 개입을 하지 않는다.

제2절 재난별 대응방안

1 사전점검

안전사고는 예방이 최선이라는 말이 있다. 국외여행인솔자는 현지에서 발생할 수 있는 안전사고에 대해서 현지 여행사 및 가이드와 협력하여 사전점검을 철저히 해야 한다.

1) 숙소에 대한 사전 안전점검

객실 출입문 및 객실 창문의 잠금장치가 잘 되어 있는지 확인하고 객실에 소화기가 비치가 되어 있는지 또는 객실 복도에 소화기가 비치되어 있는지 확인한다. 화재가 발생할 경우 대피로는 확보가 되어 있는지도 확인한다.

인솔자는 화재가 발생했을 때를 대비하여 고객들이 투숙하는 객실 위치를 파악하고 화재시 대피를 어떻게 할 것인지에 대한 방안을 생각해야 한다.

2) 이용차량에 대한 사전 안전점검

차량의 정비 상태가 불량한지 양호한지 확인을 해야 한다. 그리고 차량 내부에 소화기가 설치되어 있는지 확인한다. 또한 차량내부에 비상시 탈출할 때 쓸 수 있는 비상용 망치도 비치가 되어 있는지 확인한다.

차량의 승객용 안전벨트는 잘 작동하는지도 확인을 해야 한다.

3) 이용 선박에 대한 사전 안전점검

선박의 정비 상태는 양호한지 확인을 해야 한다. 일부 국가에서는 그 지역 특성상 낡은 배를 운영하는 경우가 있기 때문에 고객이 이용하는 선박의 정비는 문제가 없는지 확인 하는 것이 좋다.

구명조끼가 구비되어 있는지 그리고 그 상태는 양호한지 확인을 해야 한다. 일부 국가에서는 그 지역 특성상 낡은 구명조끼가 비치되어 그 기능을 제대로 발휘하지 못하는 구명조끼가 있을 수 있으므로 이 부분 또한 중요하게 점검을 해야 한다. 또한 비상 탈출구의 위치를 확인하여 비상상황 발생 시 신속하게 고객을 탈출시킬 수 있게 대비해야 한다.

4) 식당 위생 상태 사전 점검

여행 일정 행사 중에 간혹 식사로 인한 설사 및 식중독사고가 발생한다. 그렇기 때문에 인솔자는 주방 및 식당 내부는 청결한지 그리고 과거 해당 식사 메뉴 및 식당을 이용하고 난 고객들 중에 식중독 사고 또는 설사를 하는 고객이 있었는지 사전점검을 할 필요가 있다.

2 자연재난 행동요령

1) 태풍

TV, 라디오, 스마트폰 등에서 태풍이 예보된 때에는 거주 지역에 영향을 주는 시기를 미리 파악하여 고객들과 그 내용을 공유하고 어떻게 대피할 것인지 현지 여행사 및 가이드 그리고 본사에 연락을 주고 받으며 조치를 취하도록 한다.

또한 태풍으로 인한 사고가 발생할 수 있으므로 여행일정은 취소하고 안전한 장소에 대기하고 있는 것이 좋다.

2) 지진

지면이 흔들리는 자연 현상으로, 예고 없이 찾아오기 때문에 많은 피해를 줄 수 있다.

지진 시 장소별 행동요령

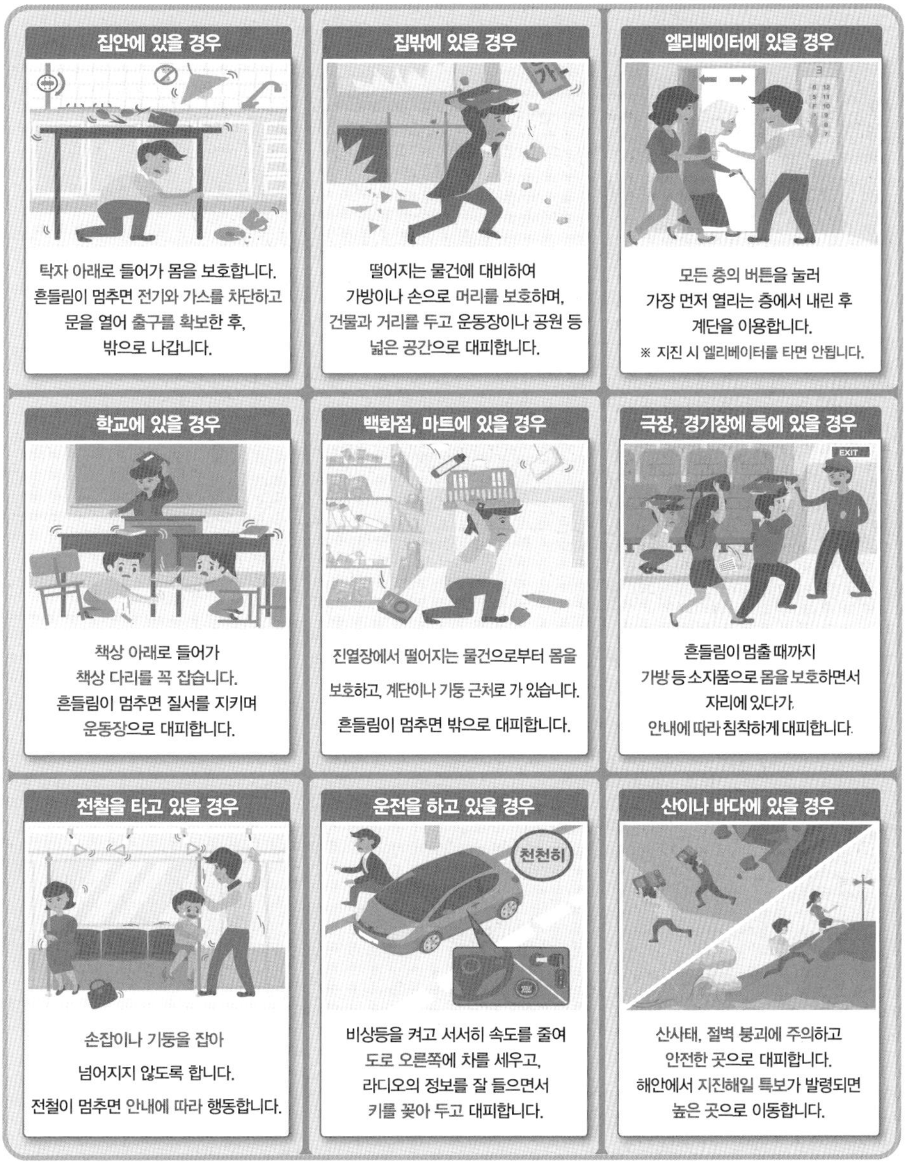
집안에 있을 경우
탁자 아래로 들어가 몸을 보호합니다. 흔들림이 멈추면 전기와 가스를 차단하고 문을 열어 출구를 확보한 후, 밖으로 나갑니다.
집밖에 있을 경우
떨어지는 물건에 대비하여 가방이나 손으로 머리를 보호하며, 건물과 거리를 두고 운동장이나 공원 등 넓은 공간으로 대피합니다.
엘리베이터에 있을 경우
모든 층의 버튼을 눌러 가장 먼저 열리는 층에서 내린 후 계단을 이용합니다.
※ 지진 시 엘리베이터를 타면 안됩니다.
학교에 있을 경우
책상 아래로 들어가 책상 다리를 꼭 잡습니다. 흔들림이 멈추면 질서를 지키며 운동장으로 대피합니다.
백화점, 마트에 있을 경우
진열장에서 떨어지는 물건으로부터 몸을 보호하고, 계단이나 기둥 근처로 가 있습니다. 흔들림이 멈추면 밖으로 대피합니다.
극장, 경기장에 등에 있을 경우
EXIT
흔들림이 멈출 때까지 가방 등 소지품으로 몸을 보호하면서 자리에 있다가, 안내에 따라 침착하게 대피합니다.
전철을 타고 있을 경우
손잡이나 기둥을 잡아 넘어지지 않도록 합니다. 전철이 멈추면 안내에 따라 행동합니다.
운전을 하고 있을 경우
천천히
비상등을 켜고 서서히 속도를 줄여 도로 오른쪽에 차를 세우고, 라디오의 정보를 잘 들으면서 키를 꽂아 두고 대피합니다.
산이나 바다에 있을 경우
산사태, 절벽 붕괴에 주의하고 안전한 곳으로 대피합니다. 해안에서 지진해일 특보가 발령되면 높은 곳으로 이동합니다.

출처 : 행정안전부 국민재난안전포털

3) 화산폭발

(1) 화산재 낙하 전

① 문이나 창문 막기
② 만성기관지염이나 폐기종, 천식환자는 실내에 머무르도록 함

(2) 화산재 낙하 중

① 침착하고 냉정하게 행동하기
② 불필요하게 실외에 있지 않도록한다.
③ 마스크나 손수건, 옷으로 코와 입 막기
④ 콘택트렌즈 착용 금지

4) 지진해일

바다에서 지진 또는 화산폭발과 같은 급격한 지각 변동으로 발생하는 파장이 긴 해일을 의미한다.

해안가에 있을 때 지진을 느꼈다면 곧 지진해일이 올 수도 있으니 빨리 해안에서 벗어나 높은 곳으로 대피해야 한다.

지진해일이 오기 전에는 해안의 바닷물이 갑자기 빠져나가거나, 기차와 같은 큰 소리를 내면서 다가오기도 한다. 이러한 경우에는 반드시 높은 곳으로 대피를 해야 한다.

지진해일은 한 번의 큰 파도로 끝나지 않고 수 시간 동안 여러 번 반복될 수 있으므로 지진해일 특보가 해제될 때까지 낮은 곳으로 가지 않는 것이 좋다.

memo

3 사회재난 행동요령

1) 화재

(1) 화재 경보가 울릴 때

자고 있을 때 화재 경보가 울리면 불이 났는지 확인하려 하기보다는 "불이야"라는 소리를 질러 모든 사람들을 깨우고 모이게 한 후 대처방안에 따라 밖으로 대피한다.

① 대피방법 결정

손등으로 출입문 손잡이를 만져서 따뜻하거나 뜨거우면 출입문 밖에서 불이 난 것이므로 문을 열지 않는다.
연기가 들어오는 방향과 출입문 손잡이를 만져서 계단으로 나갈지 또는 창문으로 구조를 요청할지 결정한다.

② 신속한 대피

엘리베이터를 절대 이용하지 않고 비상 계단을 이용하여 지상으로 신속하게 대피한다.
대피가 어려울 경우 창문으로 구조를 요청하거나 대피공간 또는 칸막이를 이용하여 대피한다.

③ 대피 후 인원 확인

국외여행 인솔자는 안전한 지역으로 이동 후 고객들의 인원을 파악하여 전원 다 모였는지 확인을 하고 주변에 보이지 않은 사람이 있다면 구조요원에게 알려준다.

(2) 불을 발견했을 때

① 연기가 발생하거나 불이 난 것을 보았을 때

불이 난 것을 발견하면 먼저, "불이야"를 외쳐 주변 사람들에게 알리거나 비상

벨을 누른다.

② 불을 끌 것인지, 대피할 것인지 판단

불길이 천장까지 닿지 않은 작은 불이라면 주변의 소화기나 물을 이용해 신속하게 불을 끈다.
불길이 커져서 대피해야 할 경우 젖은 수건 또는 옷, 담요 등을 활용하여 몸을 보호하면서 계단을 통해 신속히 밖으로 대피한다.

2) 감염병 예방

평소에 손을 자주 , 비누를 이용하여 흐르는 물에 씻는 습관을 들인다.
식수는 반드시 끓여 먹거나, 생수를 사서 먹는다. 비위생적인 음식 및 비위생적으로 조리된 길거리 음식을 함부로 먹지 않는다. 여행 중 또는 여행 종료 후 설사, 발열, 호흡기 증상이 나타날 경우 바로 의료기관에 방문하여 해외여행 사실을 알리고 적절한 치료를 받는다.

3) 항공기 사고

기내에서 비상상황이 발생하면 승무원의 지시에 따라야 한다.
비행 중 산소마스크가 내려 올 경우 보호자가 먼저 마스크를 착용하고 어린이나 노약자의 마스크 착용을 도와준다. 기내용 구명조끼는 절대 기내에서 먼저 부풀리면 안 되고 반드시 기내 밖으로 나갈 때 부풀려야 한다.
비상 탈출 슬라이드를 이용할 때에는 날카로운 물건(시계, 반지, 목걸이, 팔찌 등)에 의해 비상 탈출 슬라이드가 찢어질 수 있으므로 반드시 몸에 착용한 물건들을 빼고 비상 탈출 슬라이드를 이용한다.

제3절 위기상황별 대처 요령

1 분실/도난

1) 여권 분실

여권 분실 사실을 발견하면 그 즉시 현지 경찰서를 찾아서 여권분실증명서를 발급받는다. 신분증(주민등록증, 여권 사본 등), 경찰서 발행 여권분실증명서 원본, 여권용 컬러사진 2매, 수수료 등을 지참하여 재외공관을 방문하여 여권발급신청서(재외공관용), 여권분실 신고서 등을 작성한 후 여권 담당자에게 제출하여 여행증명서를 발급받는다.

또한 국외여행인솔자는 고객들의 여권분실 위험이 있을 수 있으므로 고객들에게 여권사본을 복사해서 여행일정 동안 가지고 있게 하는 것이 좋다.

2) 현금/수표 분실

여행경비를 분실·도난 당한 경우, 경찰서에 신고를 한다.

3) 수하물 분실

공항에 도착 후 고객의 짐이 분실되어 찾지 못하는 경우 해당 항공사의 카운터에 가서 고객의 짐이 분실 됐다고 알린 후 고객님이 가지고 있는 화물 인수증을 보여주고 분실 신고서를 작성한다. 고객이 위탁 수하물로 보낸 짐이 공항 짐 찾는 곳에서 분실한 경우 항공사에서 배상을 해준다.

4) 여행 용품 도난 등

여행일정을 진행하다 보면 간혹 고객님의 휴대폰, 디지털 카메라, 기타 물건 등이 도난을 당하는 경우가 있다. 도난의 경우 해당 여행사에서 가입한 여행자 보험을 통하여 일부 보상을 받을 수 있는데 현지에서 준비해서 가져와야 할 서류 등이 있다. 도난 당한 근처 경찰서를 방문하여 도난 사실을 알리고 도난 신고서를(Police Report) 작성 후 원본을 받아서 한국에 귀국 후 여행자 보험에 가입한 보험회사에 보험금 청구를 한다.

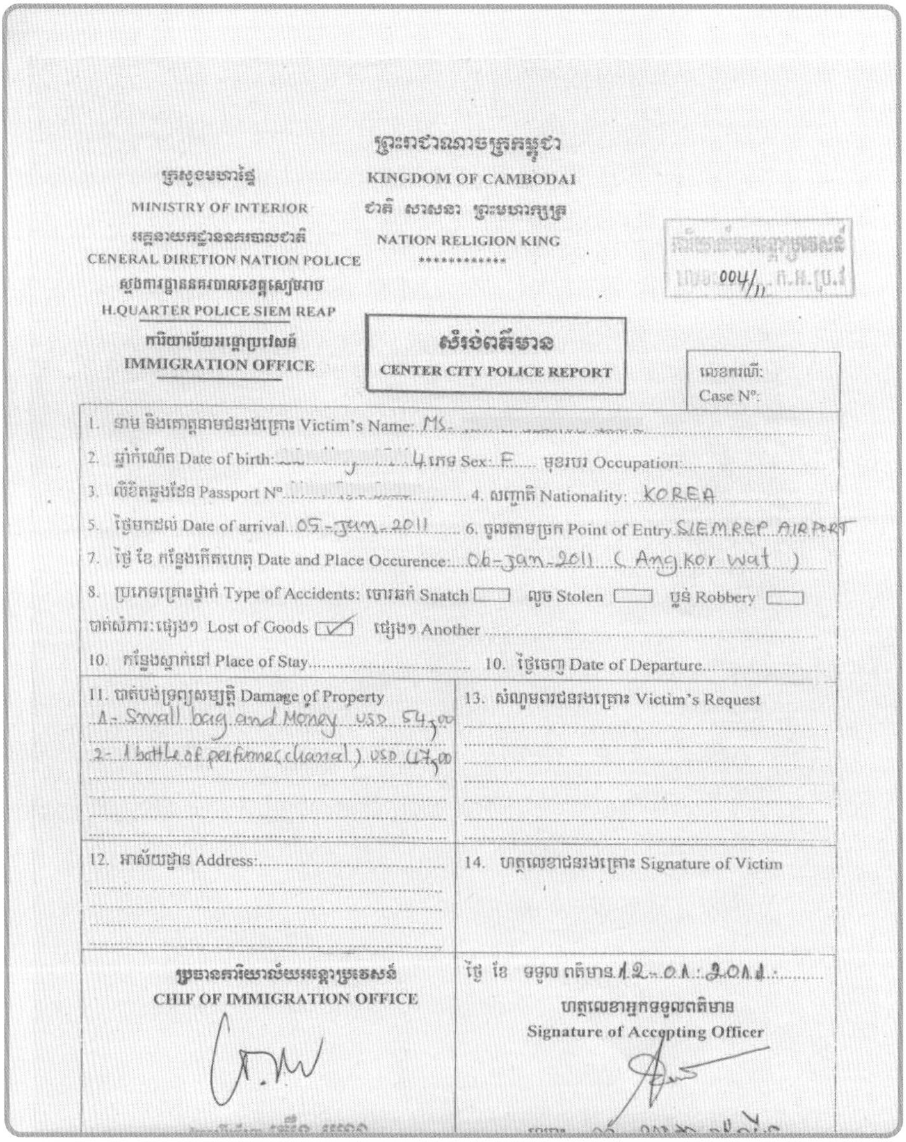

KINGDOM OF CAMBODAI

MINISTRY OF INTERIOR

NATION RELIGION KING

CENERAL DIRETION NATION POLICE

H.QUARTER POLICE SIEM REAP

IMMIGRATION OFFICE

CENTER CITY POLICE REPORT

Case N°:

1. Victim's Name: MS.
2. Date of birth: Sex: F Occupation:
3. Passport N° 4. Nationality: KOREA
5. Date of arrival 05-JAN-2011 6. Point of Entry SIEMREP AIRPORT
7. Date and Place Occurence: 06-Jan-2011 (Angkor wat)
8. Type of Accidents: Snatch ☐ Stolen ☐ Robbery ☐ Lost of Goods ☑ Another
10. Place of Stay 10. Date of Departure

11. Damage of Property
1- Small bag and Money USD 54,00
2- 1 bottle of perfume(chanal) USD 47,00

13. Victim's Request

12. Address:

14. Signature of Victim

CHIF OF IMMIGRATION OFFICE

12-01-2011

Signature of Accepting Officer

2 부당 구금 및 체포

부당 구금 및 체포를 당한 경우 침착하게 현지 사법 당국의 절차에 따르며, 국외여행인솔자는 이를 본사에 즉시 알린다. 또한 우리 공관에 구금 사실을 알리도록, 현지 사법당국에 요청을 한다.

본인이 모르는 외국어로 작성된 문서나 내용을 정확하게 이해하지 못할 경우, 절대 서명을 하지 않는다.

영사와의 면담 시 향후 진행될 사법절차, 현지 법체계에 대한 일반적인 정보를 제공받을 수 있다.

체포·구금 당시 부당한 대우, 가혹행위, 반인권적인 사항이 있었을 경우, 영사와의 면담 시 관련 사실을 알려 관계당국에 시정을 요청할 수 있다.

변호사비용, 보석, 소송비를 지불하기 위해 필요한 경우, 신속해외송금 지원제도를 활용할 수도 있다.

* 비엔나 협약

영사관계에 관한 비엔나 협약 제36조(파견국 국민과의 통신 및 접촉) 1항(B)파견국의 영사 관할 구역내에서 파견국의 국민이 체포되는 경우, 또는 재판에 회부되기 전에 구금 또는 유치되는 경우, 또는 기타의 방법으로 구속되는 경우에 그 국민이 파견국의 영사기관에 통보할 것을 요청하면, 접수국의 권한있는 당국은 지체없이 통보하여야 한다.

체포, 구금, 유치 또는 구속되어 있는 자가 영사기관에 보내는 어떠한 통신도 동 당국에 의하여 지체없이 전달되어야 한다. 동 당국은 관계자에게 본 세항을 따를 그의 권리를 지체없이 통보해야 한다.

3 인질 납치

납치가 되어 인질이 된 경우, 자제력을 잃지 말고 납치범과 대화를 지속하여 우호적인 관계를 형성하도록 한다. 그리고 눈이 가려지면 주변의 소리, 냄새, 범인의 억양, 이동 시 도로상태 등 특징을 기억하도록 노력한다.

납치범을 자극하는 언행은 삼가고, 몸값 요구를 위한 서한이나 음성녹음을 원할 경우 응하도록 한다.

버스나 비행기 탑승 중 인질이 된 경우, 순순히 납치범의 지시에 따르고 섣불리 범인과 대적하려고 하면 해를 입을 수 있으므로 절대 그래서는 안 된다.

4 교통사고

국외여행인솔자는 교통사고가 발생했을 경우 그 즉시 본사에 알리고 재외공관에 연락하여 사건 관할 경찰서의 연락처와 신고방법 및 유의사항을 안내받는다.

고객 중 다친 사람이 있으면 신속히 병원으로 이송 조치하도록 한다.

사고 후 지나치게 위축된 행동이나 사과를 하는 것은 자신의 실수를 인정하는 것으로 이해될 수 있으므로 지나친 위축행동은 지양하도록 한다.

목격자가 있는 경우 목격자 진술서를 확보하고 사고현장의 훼손에 대비해 사고 현장을 사진 촬영 및 동영상 촬영을 해 놓는 것이 좋다.

장기 입원을 해야 할 경우 본사에 이를 알리고 국내 가족들에게 사실을 알린다.

5 자연재해

재외공관(대사관, 총영사관)에 연락하여 본인의 소재지 및 여행 동행자의 정보를 남기고, 공관의 안내에 따라 신속히 현장을 빠져나와야 한다.

지진이 일어났을 경우, 크게 진동이 오는 시간은 보통 1~2분 정도이며, 성급하게 외부로 빠져나갈 경우, 유리창이나 간판 · 담벼락 등이 무너져 외상을 입을 수 있으니 비교적 안전한 위치에서 자세를 낮추고 머리 등 신체 주요부위를 보호한다.

지진 중에는 엘리베이터의 작동이 원활하지 않을 수 있으므로, 가급적 계단을 이용하고, 엘리베이터 이용 중에 지진이 일어날 경우에는 가까운 층을 눌러 대피한다.

해일(쓰나미)이 발생할 경우, 가능한 높은 지대로 이동한다. 이때, 목조건물로 대피할 경우 급류에 쓸려갈 수 있으므로 가능한 철근콘크리트 건물로 이동한다.

태풍 · 호우 시 큰 나무를 피하고, 고압선 가로등 등을 피해 감전의 위험을 줄여야 한다.

자연재해 발생시, TV · 라디오 등을 켜두어 중앙행정기관에서 발표하는 위기대처 방법을 숙지하고, 유언비어에 휩쓸리는 일이 없도록 주의해야 한다.

6 시위/전쟁

군중이 몰린 곳에 함부로 접근하면 고객들의 안전에 위협이 될 수 있다.

대규모시위가 일어났을 경우, 특정 시위대를 대표하는 색상의 옷을 입거나 시위에 참여하는 행동은 매우 위험한 행동이니 삼가야 한다.

시위대의 감정이 고조되어 무력충돌(총기난사, 폭력 등)로 이어질 가능성을 대비해 긴급 출국하는 편이 좋으며, 당장 출국하지 못할 경우에는 영사콜센터 혹은 재외공관(대사관, 총영사관)에 여행자의 소재와 연락처를 상세히 알려 비상시 정부와의 소통이 가능하도록 해야 한다. 긴급하게 귀국 또는 제3국으로 이동해야 하는 경우 재외공관에서는 비자발급, 여행증명서 발급 등의 출국절차를 지원해 주고 있다.

7 테러/폭발

총기에 의한 습격일 때는 자세를 낮추어 적당한 곳에 은신하고 경찰이나 경비요원의 대응사격을 방해하지 않도록 한다.

폭발이 발생하면 당황하지 말고 즉시 바닥에 엎드려 신체를 보호하고 엎드릴 때는 양팔과 팔꿈치를 갈비뼈에 붙여 폐 · 심장 · 가슴 등을 보호하고 손으로 귀와 머리를 덮어 목 뒷덜미, 귀, 두개골을 보호한다.

통상 폭발사고가 발생한 경우 2차 폭발이 있을 가능성이 크므로 절대 미리 일어나서는 안 되며 이동 시에는 낮게 엎드린 자세로 이동해야 한다.

화학테러의 경우 눈물과 경련, 피부가 화끈거리거나 호흡곤란, 균형감각 상실 등의 증상 등이 나타날 수 있으며, 손수건으로 코와 입을 막고 호흡을 멈춘 채 바람이 부는 방향으로 신속히 현장을 이탈해야 한다.

병원균이나 생물학적 물질에 의한 테러의 경우 호흡기, 피부에 난 상처, 음식물 복용 등을 통해 감염되고 전염병을 발생시킨다. 주요 증상으로는 고열, 복통, 설사, 콧물, 인후염, 피부발진, 안구출혈, 무기력 등의 증상이 나타나게 되는데 인근에 의심물질이 누출되었을 경우 손수건을 여러 겹으로 접어서 코와 입을 가린 채 신속히 현장에서 대피하고 물과 비누로 노출된 피부를 조심스럽게 씻고 관계당국에 신고하여 특이 증상이 없는지 살펴봐야 한다.

독가스 등 생화학 가스가 살포된 경우, 손수건 등으로 코와 입을 막고 호흡을 중지한 채 바람이 불어오는 방향으로 속히 현장을 이탈한다.

방사능 테러는 폭발을 감지해도 특수 장비가 없다면 방사능 물질로 인한 오염이 발생했는지 감지하기 어려움이 있다. 핵 폭발지역에 있을 경우, 비상대피소로 대피하거나, 실내에 있을 경우 모든 출입문과 창문을 빈틈없이 닫아두어야 한다.

8 마약소지 운반

마약에 대한 규제가 점점 강화되어 전 세계 대부분의 국가에서 마약범죄를 중범죄로 다루고 있고, 소지 사실만으로도 중형에 처하는 나라가 있으므로 주의해야 한다.

중국의 경우, 헤로인 50g 또는 아편 1kg을 제조, 판매, 운반, 소지 시 사형에 처하고 있다(중국 형법 제347조). 만약 여행객이 운반한 가방에서 마약이 발견되었을 경우, 외국 수사당국은 악의가 있었는지 여부에 관계없이 마약사범과 동일하게 처벌하기 때문에 본의 아니게 억울하게 일을 당하지 않도록 본인 스스로 유의해야 한다.

이 경우 재외공관(대사관, 총영사관)이 도와드릴 수 있는 부분이 거의 없음을 인솔자는 반드시 숙지해야 하며, 고객들에게 이 사실을 알려야 한다.

자신도 모르는 사이에 마약이 자신의 수하물에 포함될 수 있으므로 수하물이 단단하게 잠겼는지 확인하고 공항이나 호텔 프론트에서 자신의 수하물을 항상 가까이에 두는 습관을 가지도록 한다.

고객 중 복용하는 약이 있는 경우 의사의 처방전(영문/국문)을 항상 소지해 불필요한 입국 심사를 받지 않도록 해야 한다.

9 여행 중 사망

여행 도중 고객이 사망한 경우, 본사에 즉시 이 사실을 보고하며, 병원에서는 의사의 사망진단서를, 경찰로부터는 검사진단서 및 경찰 사망증명서 등 필요한 서류를 발급 받는다.

사망 시, 재외공관(대사관, 총영사관)에 사망자의 성명, 사망일시, 사망 장소 및 유해안치 장소, 사망원인, 사망자의 한국주소, 본석, 유족의 성명과 주소, 사망자의 여권번호 및 발급일을 신고해야 한다.

memo

제4절 응급 상황 시 대처방안

1 응급처치

응급처치는 일상생활에서 발생할 수 있는 1분 1초를 다투는 긴박한 상황에서 사용되는 하나의 생명보험이다. 사람은 심장마비 후 4분 이내에 아무런 조치를 취하지 않는다면 생명의 지장을 줄 수 있으며, 사망할 수 있다.

응급상황에 대처하는 처치자의 신속 · 정확한 행동 여부에 따라서 부상자의 삶과 죽음이 좌우되기도 한다. 물론 모든 질병과 상처에 응급처치가 필요한 것은 아니다. 평생 동안 우리는 상황을 고작 한두 번 겪을 수 있다. 하지만 생명을 구하는 일은 무엇보다도 중요하고 소중하기에 우리는 응급처치 방법을 알아두어야 한다.

2 응급처치(First Aid)란?

다친 사람이나 급성질환자에게 사고 현장에서 즉시 조치를 취하는 것을 말한다. 이는 보다 나은 병원 치료를 받을 때까지 일시적으로 도와주는 것일 뿐 아니라, 적절한 조치로 회복상태에 이르도록 하는 것을 포함한다.

예를 들면 위급한 상황에서 전문적인 치료를 받을 수 있도록 119에 연락하는 것부터 부상이나 질병을 의학적 처치 없이도 회복될 수 있도록 도와주는 행위도 포함한다. 이에 따라서 사람의 삶과 죽음이 좌우되기도 하며, 회복기간이 단축되기도 한다.

또한 의학적 치료 여부에 따라 장애가 일시적이거나, 영구적일 수도 있다. 응급처치는 일반적으로 타인에게 실시하는 것이지만 상대가 본인이나 가족인 경우는 곧 자신을 위한 일이 된다. 이처럼 응급상황을 인지하고 처치할 줄 안다면 삶의 질을 향상시킬 수 있다. 문제는 응급상황을 인지하지 못하여 기본증상조차 파악하지 못하는 경우가 생각보다 많다는 것이다.

예를 들면 심장마비 증세가 나타났는데도 상태를 파악하지 못하고 시간을 허비하다가 병원으로 옮겨지기도 한다. 또한 많은 사람들이 응급처치 방법을 모르고 있으며 비록 교육을 통해 응급처치 방법을 아는 사람이라도 실제 응급상황에 접하게 되었을 때는 크게 당황하게 되는 것이 사실이다. 그러므로 침착하게 응급상황을 파악하는 것이 매우 중요하다.

3 응급처치 시 숙지해야 할 법적인 문제

응급처치자는 다음과 같은 법적 문제와 윤리적 문제에 대해 충분히 숙지하고 있어야 한다.

* 동의

- 응급처치를 하기 전 처치자는 반드시 부상자로부터 사전 동의를 얻도록 한다. 허락이나 동의없이 신체를 접촉하는 행위는 위법이며, 어떤 면에서는 폭행으로 간주되어 법적 소송에 휘말릴 수 있다. 따라서 부상자의 사전 동의 없는 응급처치 행위는 위법이 될 수 있다.

* 명시적 동의

- 의식이 있는 경우 즉, 이성적인 결정을 내릴 수 있는 법적인 성인에게는 사전 동의를 얻어야 한다. 처치자는 자신의 이름을 대고 응급처치 교육을 받았음을 밝혀야 한다. 그리고 앞으로 실시할 응급처치에 대해 설명을 해야 한다. 부상자는 상태에 따라 직접 말을 하거나 고개를 끄덕이는 방법으로 의사표현을 할 것이다.

4 상황별 응급처치

화상

1. 화상부위를 깨끗하고 차가운 수돗물로 10분-15분 냉각시킵니다.
2. 물집은 터트리지 말고, 화상부위에 붙어 있는 물질은 떼어내지 않고 병원에서 제거합니다.

※ 상처부위에 얼음을 대지 않습니다.

열사병

1. 환자를 시원한 장소로 옮깁니다.
2. 찬물, 물수건, 선풍기를 이용하여 빠른 시간 내에 체온을 낮춥니다.
3. 신속히 병원으로 이송합니다.

※ 물과 음식은 함부로 주지 않습니다.

기도폐쇄

1. 환자 뒤에 발을 벌리고 섭니다.
2. 두 손을 환자의 명치와 배꼽 중앙에 놓고 주먹을 감싸 쥐고 세게 밀어 올립니다.
3. 말을 할 수 있거나 이물질이 나올 때 까지 반복 실시합니다.

※ 주먹을 밀어 올릴 때 가슴뼈에 닿지 않도록 합니다.

벌에게 쏘였을 때

1. 쏘인 부위에 벌침이 남아있으면 카드로 밀어서 제거합니다.
2. 상처를 비누와 물로 씻고, 통증이 심한 경우 얼음주머니로 냉찜질을 합니다.
3. 알레르기 반응이 나타나는 경우 신속히 병원에 갑니다.

뱀에게 물렸을 때

1. 뱀에게 물린 부위를 심장보다 낮게 위치시킵니다.
2. 물린 부위를 비누와 물로 씻어냅니다.
3. 물린지 15분 이내인 경우, 물린 부위의10㎝ 위에 (심장에 가까운 쪽) 폭 2㎝ 이상의 헝겊으로 느슨하게 묶습니다.

개에게 물렸을 때

1. 출혈이 심하지 않으면 흐르는 물로 5~10분간 씻습니다.
2. 상처를 비비지 말고, 약간의 피가 흐르도록 하여 상처 내 세균이 밖으로 흘러 나오게 합니다.
3. 거즈나 깨끗한 수건으로 느슨하게 덮은 후 병원에 갑니다.

약물(독극물) 중독

약물(독극물)의 종류, 섭취량, 섭취시간 등을 파악하여 신속히 병원에 갑니다.

※ 억지로 구토를 유도하는 방법은 부작용을 유발합니다.

식도에 이물질이 걸렸을 때

1. 삼킨 물질의 모양에 따라 식도에 구멍이 나거나 출혈이 생길 수 있습니다.
2. 24시간 내에 내시경 수술이 가능한 병원에 갑니다.

과호흡 증후군

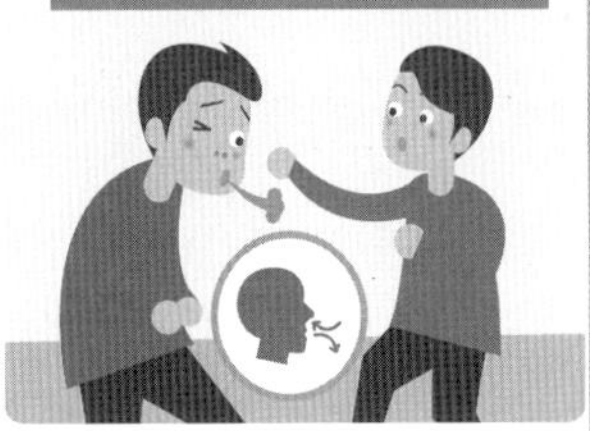

1. 환자가 천천히 심호흡을 하도록 유도합니다.
2. 코로 숨을 들이쉬고, 입을 오므려 천천히 내쉬게 합니다.
3. 환자가 안정을 취할 수 있도록 합니다.

출처 : 소방청

5 심폐소생술

심정지가 발생했을 경우 아무 조치를 취하지 않으면 4~5분 이내에 뇌손상이 발생되기 시작하기 때문에 심정지 초기의 대응이 굉장히 중요하다. 심정지가 발생한 사람을 초기에 발견하여 심폐소생술을 실시할 경우 소생율이 3배 이상으로 증가하게 된다.

환자의 반응 확인

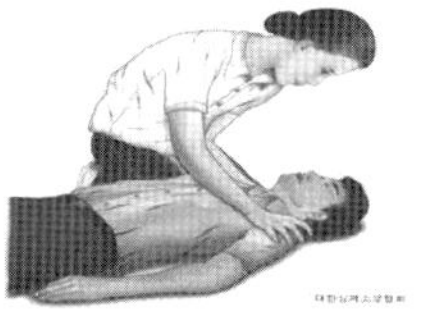

어깨를 가볍게 두드리며
"여보세요, 괜찮으세요?"를 외치면서
환자의 반응을 확인합니다.

119 신고

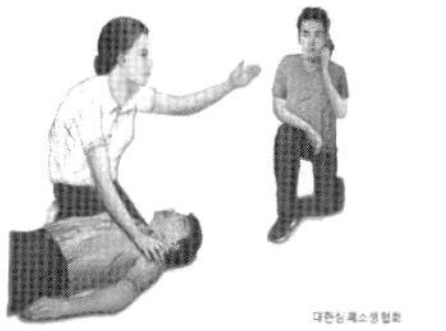

환자의 의식(반응)이 없으면 큰소리로 주변 사람에게 119 신고를 요청하고, 자동심장충격기를 가져오도록 부탁합니다.

호흡 확인

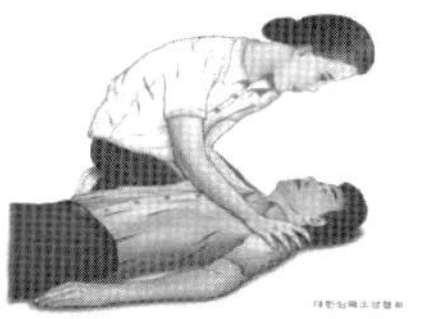

환자의 얼굴과 가슴을 10초 이내로 관찰하여 호흡이 있는지를 확인합니다. 호흡이 없거나 비정상적이라면 즉시 심폐소생술을 준비합니다.

가슴압박 30회 시행

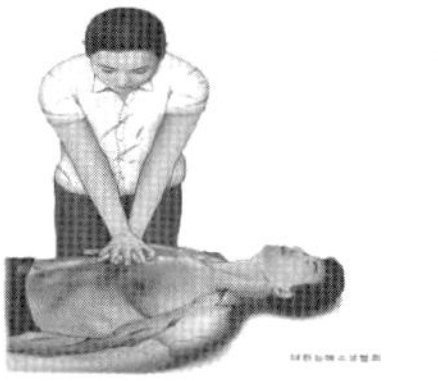

깍지를 낀 두 손의 손바닥으로
환자의 가슴 압박점을 찾아
30회 가슴압박을 실시합니다.
압박깊이는 약 5cm (소아는 4-5cm), 압박속도는 분당 100~120회를 유지합니다.

기도개방

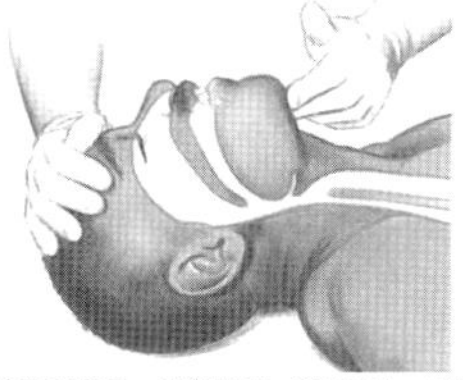

인공호흡을 시행하기 위해서는 먼저 환자의 머리를 젖히고, 턱을 들어 올려서 환자의 기도를 개방합니다.

인공호흡 2회 시행

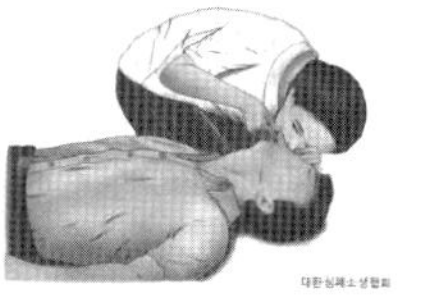

환자의 코를 막은 다음 구조자의
입을 환자의 입에 밀착시킨 후 환자의 가슴이 올라올 정도로 1초 동안 숨을 불어 넣습니다.
인공호흡 방법을 모르거나, 꺼리는 경우에는 인공호흡을 제외하고
지속적으로 가슴압박만을 시행합니다.

가슴압박과 인공호흡의 반복

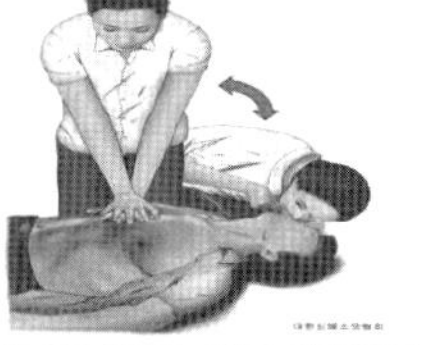

30회의 가슴압박과 2회의 인공호흡을 119구급대원이 도착할 때까지 반복해서 시행합니다.

회복자세

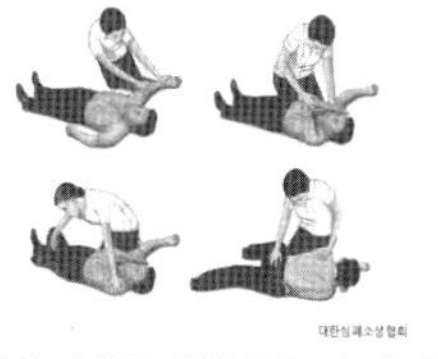

환자의 호흡이 회복되었으면 환자를 옆으로 돌려 눕혀 기도가 막히는 것을 예방합니다.

출처 : 보건복지부 질병관리본부, 대한심폐소생협회

6 안전장비 및 기구 사용방법

1) 자동심장충격기 사용법

심정지가 온 환자에게 전기충격을 주워 심장을 정상적인 활동을 가져오게 하는 기계로 의학적 지식이 부족한 사람들도 쉽게 사용할 수 있도록 만들어져 있는 기계이다.

자동심장충격기 켜기

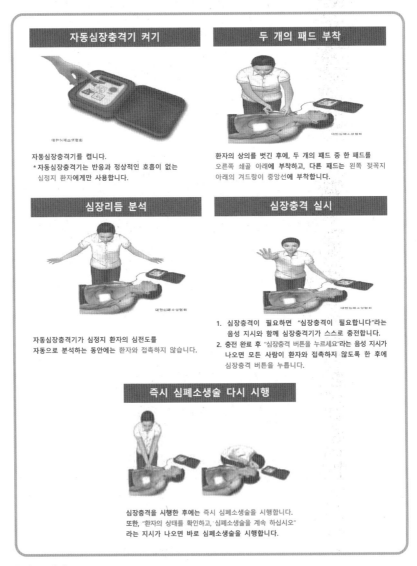

자동심장충격기를 켭니다.
* 자동심장충격기는 반응과 정상적인 호흡이 없는 심정지 환자에게만 사용합니다.

두 개의 패드 부착

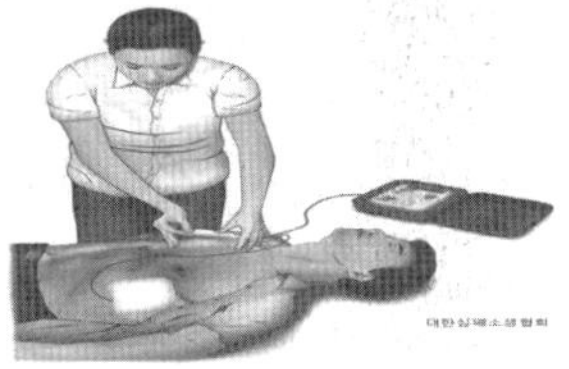

환자의 상의를 벗긴 후에, 두 개의 패드 중 한 패드를 오른쪽 쇄골 아래에 부착하고, 다른 패드는 왼쪽 젖꼭지 아래의 겨드랑이 중앙선에 부착합니다.

심장리듬 분석

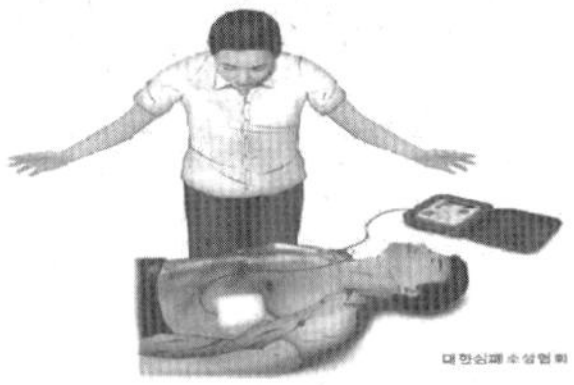

자동심장충격기가 심정지 환자의 심전도를 자동으로 분석하는 동안에는 환자와 접촉하지 않습니다.

심장충격 실시

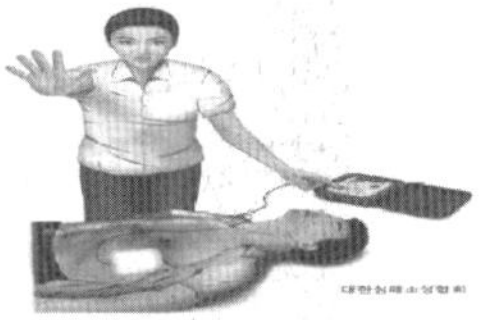

1. 심장충격이 필요하면 "심장충격이 필요합니다"라는 음성 지시와 함께 심장충격기가 스스로 충전합니다.
2. 충전 완료 후 "심장충격 버튼을 누르세요"라는 음성 지시가 나오면 모든 사람이 환자와 접촉하지 않도록 한 후에 심장충격 버튼을 누릅니다.

즉시 심폐소생술 다시 시행

심장충격을 시행한 후에는 즉시 심폐소생술을 시행합니다.
또한, "환자의 상태를 확인하고, 심폐소생술을 계속 하십시오"라는 지시가 나오면 바로 심폐소생술을 시행합니다.

출처 : 소방청

2) 소화기

소화기는 화재를 초기에 진압하는 용도로 사용되어지며, 소화기 안에 채워져 있는 소화약제 양에 따라서 대형소화기와 소형소화기로 분류를 한다. 소화기의 사용법을 잘 숙지하여 비상 상황 시 적절히 대처할 수 있는 능력을 키워야 한다.

화재진압

■ 소화기 사용법

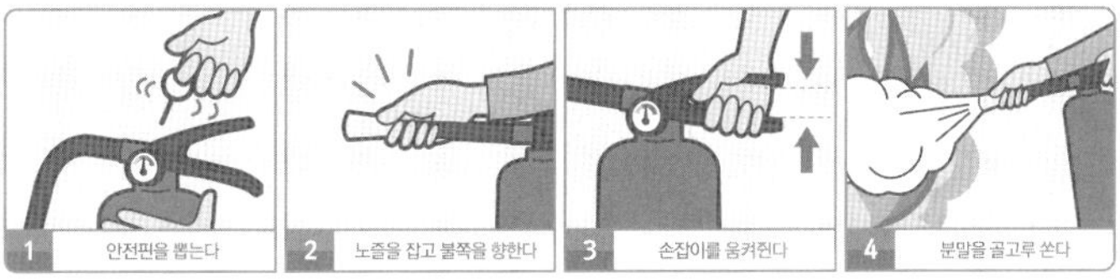

실내에서 사용할 때는 밖으로 대피 할 때를 대비하여 문을 등지고

1. 소화기를 가져와서 몸통을 단단히 잡고 안전핀을 뽑는다.
2. 노즐을 잡고 불쪽을 향해 가까이 이동한다.
3. 손잡이를 꽉 움켜쥔다.
4. 분말이 골고루 불을 덮을 수 있도록 쏩니다.

■ 소화전 사용법

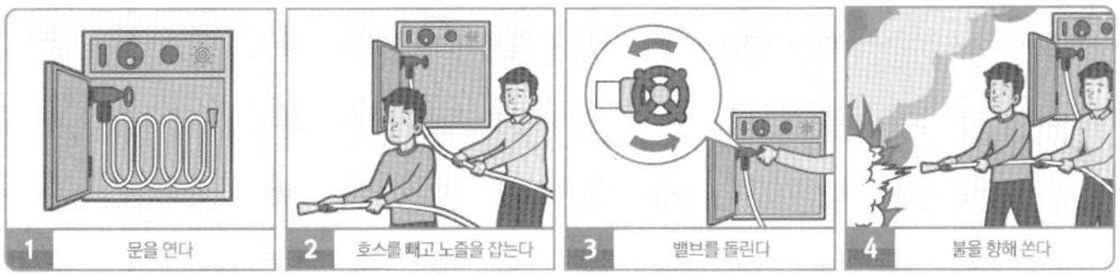

2인 1조로 사용할 경우

1. 2명 중 1명이 먼저 소화전함의 문을 열고 호스와 노즐이 연결되어 있는지 확인한 후
2. 호스를 밖으로 꼬이지 않도록 불이 난 곳까지 길게 늘어뜨린 후 노즐(관창)을 잡고 방수자세를 취한다.
3. 다른 한사람이 밸브를 돌려 물이 나오는 것을 확인 한 후 뛰어가서 호스를 잡는 것을 도와줍니다.
4. 노즐의 끝을 돌려 물의 양을 조절해가며 불을 끕니다.

■ 옷에 불이 붙었을 때

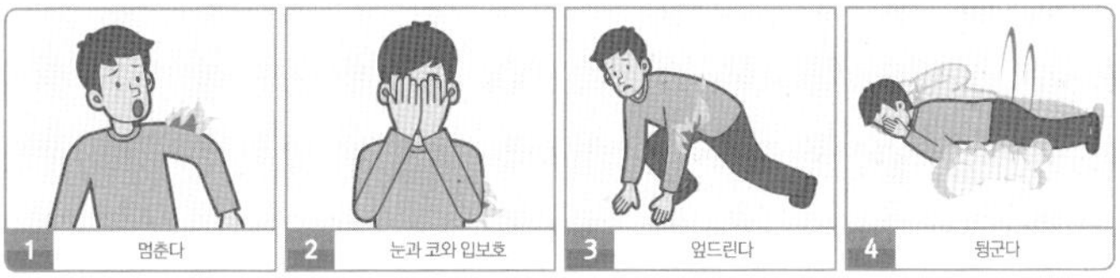

얼굴 화상방지와 연기가 폐로 들어가지 않도록

1. 옷에 불이 붙었을 때는 하던 일을 멈추고
2. 얼굴(눈, 코, 입)에 화상을 입지 않도록 두 손으로 감싸도록 합니다.
3. 바닥에 엎드린 후
4. 몸을 뒹굴어서 불이 꺼지도록 합니다.

출처 : 소방청

제5절 해외 보험사고 발생시 대처요령

최근 우리나라는 해외여행, 유학, 업무출장 등을 목적으로 하는출국자수가 1천만 명을 넘어서고 있어 이에 따라 해외에서 발생하는 신체상해, 질병, 휴대품 손해 등 개인의 각종 보험사고도 증가하는 추세이다. 해외여행 수요가 많은 여름휴가철을 맞아 해외에서 발생할 수 있는 각종 위험에 대비할 수 있도록 보험상품을 소개하고 현지에서의 보험사고 발생시 대처요령에 대해 안내하고자 한다.

1 주요 상품별 보장내용

1) 해외여행보험

(1) 저렴한 보험료로 해외여행 중 각종 사고에 대비할 수 있는 보험 상품으로 통상 주계약으로 상해사망/후유장해 및 의료비를 보장하고 선택특약으로 질병사망/의료비, 배상책임, 휴대품손해 등을 보장한다. 발생의료비가 전액 지급되나 의료실비나 배상책임을 담보하는 다수 보험계약이 체결되어 있는 경우에는 약관에 따라 비례 분담한다.

(2) 상해/질병보험

국내 보험회사에 가입한 일반 상해 및 질병 보험에서도 해외여행 중 발생한 사망/후유장해, 의료비에 해 보상이 가능하며, 약관상 국민건강보험이 적용되지 않는 의료비의 경우 발생의료비의40% 또는 50% 등으로 지급하도록 하고 있으며 의료실비를 부담하는 다수 보험계약이 체결되어 있는 경우에는 약관에 따라 비례분담 한다.

(3) 배상책임보험

배상책임특약이 있는 일반 및 장기보험상품도 제3자의 신체나 재산에 대한 법률상 배상책임에 대한 보상이 가능하며 해외여행자보험을 가입한 경우 동일내용의 배상책임에 대해서는 비례분담 한다.

(4) 자동차보험

해외에서 교통사고가 발생한 경우 현지에서 가입한 자동차보험을 통하여 처리*하고 현지 자동차보험에서 보상받지 못한 치료비가 있는 경우 해외여행보험 또는 상해보험으로 처리한다.

※ 국내 보험회사가 판매하는 개인용자동차보험은 대한민국(북한지역 포함) 안에서 생긴 사고에 대해서만 보상하므로 국내 자동차보험으로는 보상받을 수 없음

2) 해외 보험사고발생시 대처요령 및 구비서류

(1) 보험사고 처리절차

▪ 의료사고 발생시 보험사고 처리절차 예시

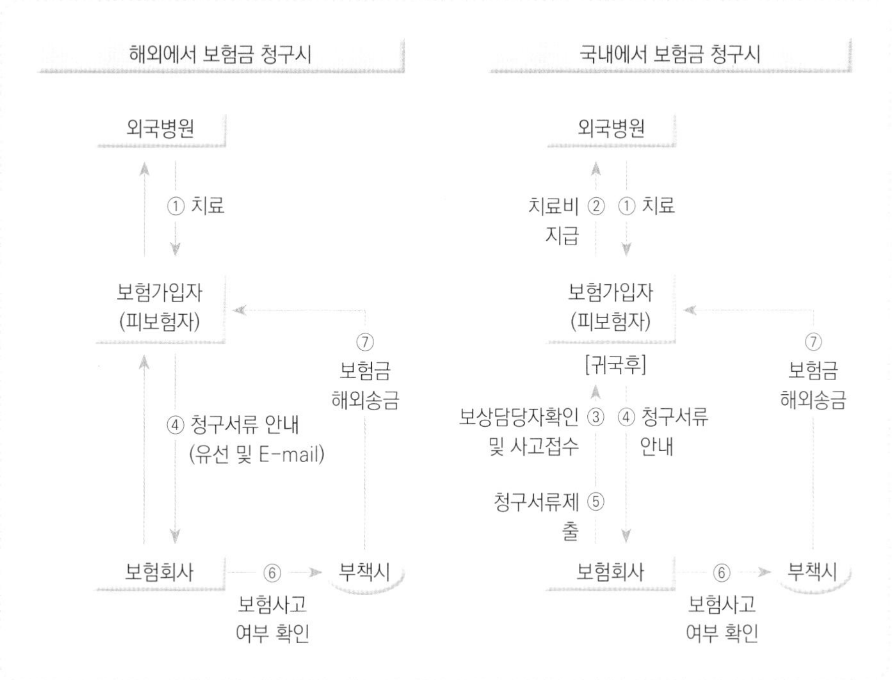

(2) 해외 도우미서비스 제도

해외여행보험 가입자의 경우 해외여행 중 보험사고 발생시 각 보험회사에서 제

휴하고 있는 해외도우미서비스업체를 이용하는 것이 편리하다. 해외 도우미서비스업체는 24시간 우리말 지원서비스, 현지 의료지원(의료상담, 병원알선 등), 보험금 청구안내, 여행지원서비스 등을 제공하고 있으며 일부 회사의 경우 치료비 지불보증도 가능하다.

※ 해외여행보험약관에 해외도우미서비스 활용법 등이 기재되어 있으므로 여행기간 중 보험증권 및 약관을 휴대할 필요가 있으며 일부사의 경우 해외여행 보험외 상해보험 가입자도 이용가능다. 보험사고별 조치요령 및 보험금 청구시 구비서류

① 상해 및 질병치료시의 조치요령

㉠ 해외 도우미서비스업체에 사고발생 통지

㉡ 병원 방문후 해외 도우미서비스업체에 치료비 지불보증 가능여부 및 필요서류 등 확인

㉢ 직접치료비를 부담하고 해외에서 보험금 수령을 원하는 경우관련서류를 해외 도우미서비스업체 또는 보험회사에 제출, 국내에서 보험금 수령을 원하는 경우 귀국후 관련서류를 제출(구비서류: 의사소견서, 치료비명세서/영수증, 약제비 영수증)

② 사망사고 발생시 조치요령

㉠ 해외 도우미서스업체 및 현지 대사관 또는 영사관에 사고통보

㉡ 유족의 유해확인 해송환을 위해 현지 병원 및 경찰의 사망진단서, 사고사실 확인원 등 필요

㉢ 대사관이나 영사관에서 피보험자의 사망과 관련한 일체의 서류에 공증을 받아 귀국 (가족관계부등의 정리를 위해 3~4부 필요)

㉣ 가족관계부 정리 상속 및 보험금 청구(구비서류: 사망진단서, 진료기록부, 대사관 확인서, 피보험자의 기본증명서 및 가족관계등록부)

③ 배상책임사고 발생시 조치요령

㉠ 해외 도우미서비스업체에 사고발생 통지

㉡ 피해자가 병원(수리업체)에 가도록 안내하고 손해입증서류를 구비

㉢ 피해자가 사망한 경우 현지 대사관 또는 영사관에 알린 후 해외도우미서비스업체의 안내에 따라 조치

㉣ 합의시 해외도우미서비스업체나 보험회사 담당자에게 문의후 처리★

★ 손해입증서류없이 합의하거나 보험금을 초과하는 금액으로 합의시 초과한 금액에 대해서는 보험의 보상이 곤란함을 유의할 필요가 있음(구비서류: 사고사실 확인원, 제3자의 진단서 및 치료비 영수증(대물사고시 손상물 수리견적서 등 손해증빙서류), 합의금 선입금시 입금증 등)

④ 휴대품 손해 발생시 조치요령

㉠ 도난시 현지 경찰서에 도난사실을 신고하여 사고내용과 피해물품에 대한 확인서(Police Report)를 발급★받고 파손시는 손해명세서 등을 확보

★ 경찰서 신고가 불가능할 경우 목격자, 여행가이드 등의 사실확인서 필요

㉡ 현지에서 발급받은 사고내용 확인서, 도난물품 구입영수증, 손해명세서 등을 구비하여 귀국후 보험회사에 청구(구비서류: 경찰 또는 목격자의 도난사실 확인서, 파손품의 손해명세서 등(수리비견적서, 피해품 구입증명서 등)

3) 유의사항

손해액 입증서류를 최대한 확보할 필요가 있다. 손해사실을 입증할 수 있는 서류가 없어 보상받지 못하는 사례*가 발생하므로 해외체류시 관련 서류를 최대한 확보할 필요가 있다.

[사례1] : 해외여행 중 타박상을 입고 현지에서 현금으로 약을 구입하여 치료후 귀국하였으나 약구입과 관련한 영수증이 없어 보상받지 못한 사례

[사례2]: 해외여행 중 가방을 소매치기 당했으나 경찰서의 확인서 등 관련 사실확인서가 없어 보상받지 못한 사례

보험금은 반드시 사고발생일로부터 2년이내에 청구★하여야 하고 각 담보별 자기부담금액(공제금액)★★도 확인할 필요

★ 보험약관에 보험금 청구권, 보험료 또는 환급금반환 청구권은 2년간 행사하지 않으면 소멸시효가 완성된다고 규정

★ 질병의료비 : 무공제, 2만원, 3만원, 4만원, 5만원, 7만원, 10만원

휴대품 손해 및 배상책임 : 각1만원

- 보험가입시 여행지, 여행목적 등을 사실대로 알릴 필요가 있고 전문등반, 스카이다이빙 등 위험한 활동을 하는 동안 생긴 손해는 보상하지 않으므로 약관상 면책

손해를 확인할 필요

- 보험사고 발생시 뿐만 아니라 간단한 의료상담, 여권분실 등 긴급상황 발생시 조치요령, 전염병 등 현지 여행정보 등과 관련하여서도 해외 도우미서비스업체를 적극 활용할 필요

〈참고〉 1. 해외여행보험 주요 보장내용

- 담보별 보험금 청구시 필요서류
- 해외여행보험 가입예시

〈참고 1〉 해외여행보험 주요 보장내용

구 분		보상내용	보상액
상해	사망/후유장해	• 상해사고로 사망시	• 계약보험금 전액
		• 상해사고로 후유장해시	• 장해정도에 따라 계약금액의 3~100%
	치료비	• 상해사고로 치료시	• 실제 피보험자가 부담한 의료비
질병	사망(특약)	• 질병으로 사망/80% 이상 후유장해	• 계약보험금 전체
	치료비(특약)	• 질병으로 치료시	• 실제 피보험자가 부담한 의료비
배상책임(특약)		• 제3자의 신체나 재산에 피해를 끼쳐 법률상 손해배상을 하는경우	• 실제 소요된 손해배상액
휴대품손해(특약)		• 우연한 사고로 휴대품에 손해가 생긴 경우(예: 도난, 파손)	• 1조 또는 1쌍에 대하여 20만원을 한도로 실제 손해액
특별비용 손해(특약)		• 불의의 사고로 사망(행방불명)하거나 14일 이상 입원한 경우 등으로 인하여보험계약자(피보험자, 법정상속인)에게 비용부담이 생긴 경우	① 수색구조비 ② 현지 항공운임 등 교통비 ③ 현지 호텔 객실료(2명×14일 한도) ④ 현지 이송비 ⑤ 기타 잡비
항공기 납치 지연손해		• 하루 7만원씩 20일까지 140만원 보상	

〈해외여행보험 보상사례〉

상해사망보험금 지급사례

- 남아프리카공화국에서 유학중이던 A군이 남아공 체류중 A군의 금품을 노린 현지인에게 피살되어 상해사망보험금 1억원 및 유해송환을 위한 특별비용 5백만원이 지급된 사례

질병사망보험금 지급사례

- 캄보디아에 해외출장 중이던 B씨가 출장중 호텔숙소에서 쓰러져치료중 급성심근경색으로 추정되는 질병으로 사망하여 질병사망보험금 1천만원이 지급된 사례

상해의료비보험금 지급사례

- 중국 유학중인 C군이 학교 운동장에서 철봉을 하다가 떨어져 팔이 골절되는 사고를 당해 상해의료비 6백4십만원이 지급된 사례

질병의료비보험금 지급사례

- D씨는 미국에 있는 자녀방문차 미국 현지 도착후 갑작스럽게 급성위염 발생으로 검사 및 치료를 받아 질병의료비보험금 5백만원이 지급된 사례

※ 해외에서 치료비가 발생하는 경우 의료보험이 적용되지 않아 치료비가 많이 발생

휴대품손해보험금 지급사례

- E씨는 일본 여행중 카메라, 지갑, 게임기 등이 들어있는 가방을 도난당한 사고로 보험금 7십만원이 지급된 사례(물품당 2십만원을 한도로 보상되어 가입금액을 한도로 전부보상)

※ 해외여행 출국 전 현지 치안상황, 여권관련 업무, 현지 긴급연락 등 해외여행 관련 정보는 외교통상부 해외안전여행 사이트 http://www.0404.go.kr를 통해서도 확인 가능

〈참고 2〉 담보별 보험금 청구시 필요서류

구 분	구비서류	발급처
공통서류	- 보험금 청구서(회사양식)	해외도우미서비스 /보험회사

구 분		구비서류	발급처
상해사망		•사고사실확인서, 사망진단서, 경찰서 리포트 등(대사관,영사관 공증서류) •제적등본,가족관계증명서,기본증명서★ •상속인 다수의 경우 위임장 및 인감증명서	병원/경찰서 (대사관/영사관) 동사무소
질병사망		•사망진단서,병원진료기록(차트) •제적등본,가족관계증명서,기본증명서 •상속인 다수의 경우 위임장 및 인감증명서	병원 동사무소
의료비		•현지병원 치료확인서 •치료비 명세서 및 영수증(cash/신용카드전표) •여권사본	병원
휴대품손해	도난	•사고(도난)증명서 및 현지경찰 확인서 •손해명세서(피해품의 구입영수증-카드명세서)	경찰서
휴대품손해	파손	•사고증명서(공항수화물 파손시 필수) •손해명세서(수리비 견적서, 파손된 휴대품사진, 수리불가확인서, 피해품의 구입영수증)	항공사 수리업체
배상책임	대인사고	•사고경위서, 진료기록부, 진단서, 진료비계산서, 합의서(합의금 선입금시 입금증)	병원
	대물사고	•사고경위서, 파손품 사진, 견적서(수리비영수증,합의서(합의금 선입금시 입금증)	수리업체
특별비용	수색구조비용	•수색구조활동에 종사한 사람으로부터 청구 영수증(헬기사용료,에어앰블런스 등)	현지 이송업체
	교통비	•비행기 탑승, 좌석구매 지불 영수증 •교통비 영수증 •해당 출입국자의 여권사본	
	숙박비	•해당 숙박시설의 사용후 지불 영수증	
	이송비용	•수행의사,간호사(동행의뢰 병원 소견서) •수행의사,간호사(비행기 탑승, 좌석구매영수증) •피보험자의 통상액을 넘는 운임 지불 영수증	병원 항공사
	제잡비	•구원자(여권인지대, 사증료, 예방접종료 등 영수증) •구원자(현지지불 교통비, 통신비 영수증) •피보험자(유해처리비 영수증)	

★ 개인의 성명, 출생년월일, 주민등록번호, 성별, 본, 출생지 등이 기재

〈참고 3〉 해외여행보험 가입예시

보장내용	보장금액
상해사망★	1억원
상해후유장해	1억원
상해의료실비	2천만원
질병사망	2천만원
질병치료비	1천만원
배상책임	1천만원
휴대품손해	1백만원
특별비용	5백만원
항공기납치	140만원

★ 상법규정에 따라 15세 미만자의 사망을 보험사고로 하는 보험계약을 체결할 수 없으므로 15세 미만 자녀의 사망은 담보할 수 없으며 상기조건으로 보험가입시 인당 1만원 내외

memo

Tour Conductor

국외여행인솔자 자격증

공통 교재

Chapter

06

실무외국어

Chapter

06

실무외국어

1 출국 업무(Departure Formalities / 出国業務 / 出国业务)

용어정리

- T/C : Tour Conductor
- 직원 : Clerk, Staff
- 공무원(구급요원, 경찰, 출입국관계자) : Officer
- 기타 : 정중한 요청시 성별에 따른 표현

  여성에게 : Good evening. Can I help you, <u>ma'am?</u>

  남성에게 : Good evening. Can I help you, <u>sir?</u>

  ※ 본문의 내용은 남성으로 일치

1) 기내에서(In the flight / 機内で / 在飞机里 Zài fēijī li)

기내탑승(Boarding Procedures / 機内搭乗 / 乘坐飞机 Chéngzuò fēijī)

승무원 환영합니다. 탑승권을 보여주시겠습니까?

Flight Attendant Welcome to our Airline, Could you show me your boarding pass, sir?

乗務員 いらっしゃいませ。搭乗券を見せていただけますか。

이랏샤이마세. 토-죠겡오 미세떼이따다케마스까.

乘务员 欢迎乘坐! 请出示登机牌, 好吗?

Chéngwùyuán Huānyíng chéngzuò! Qǐng chūshì dēngjīpái, hǎo ma?

탑승객 (탑승권을 보여주며) 제 좌석은 어디인가요?

Passenger (Showing the boarding pass) Where is my seat?

搭乗客 (搭乗券を見せながら) 私の座席はどこですか。

(토-죠겡오 미세나가라) 와따시노 자세끼와 도꼬데스까.

乘客 (出示登机牌) 请问我的座位在哪儿?

Chéngkè (Chūshì dēngjīpái) Qǐngwen Wǒ de zuòwèi zài nǎr?

승무원 네, 고객님 자리는 B30번 자리로서, 중간쯤 가시면 복도 쪽에 있습니다.

Flight Attendant Yes, sir. Your seat number is B30, It is in the middle of this aisle.

乗務員 はい、お客様のお座席B30番は中程の通路側でございます。

하이, 오캬쿠사마노 오자세끼 B산쥬반와 나카호도노 쯔-로가와데고자이마스.

乘务员 您的座位在B30号, 走到中间靠通道的座位就是。

Chéngwùyuán Nín de zuòwèi zài B30hào, zǒudào zhōngjiān kào tōngdào de zuòwèi jiùshì。

탑승객 실례합니다. 잠시만 지나가겠습니다.

Passenger Excuse me, let me go through please.

搭乗客 すみません。ちょっと通ります。

스미마셍. 춋또토오리마스.

乘客 不好意思，过去一下。

Chéngkè Bùhǎoyìsi, Guòqù yíxià。

탑승객 승무원님, 저쪽 자리가 빈 좌석 같은데 저쪽으로 자리를 옮겨도 되나요?

Passenger Excuse me, there is a vacant seat, so can I change my seat to that one?

搭乗客(とうじょうきゃく) すみません、あそこの席(せき)が空(あ)いているようなんですが、移(うつ)ってもいいですか。

스미마셍, 아소코노세끼가아이떼이루요-난데스가, 우츠떼모이이-데스까.

乘客 乘务员，那个座位好像是空位，可以换到那个座位吗？

Chéngkè chéngwùyuán, nàge zuòwèi hǎoxiàng shì kòngwèi, kěyǐ huàn dào nàge zuòwèi ma?

승무원 확인해서 알려드리겠습니다.

Flight Attendant Ok, I will let you know after I check.

乗務員(じょうむいん) 確認(かくにん)してお知(し)らせいたします。

카쿠닌시떼오시라세이타시마스.

乘务员 我确认一下，然后告诉您。

Chéngwùyuán Wǒ quèrèn yíxià, ránhòu gàosu nín。

탑승객 실례합니다. 담요 좀 갖다 주시겠습니까?

Passenger Excuse me, I need a blanket. Could you bring it to me right now?

搭乗客(とうじょうきゃく) すみません、毛布(もうふ)をもらえませんか。

스미마셍. 모-후오모라에마센까.

乘客 麻烦您，给我一条毯子，好吗？

Chéngkè Máfan nín, gěi wǒ yìtiáotǎnzi, hǎo ma?

승무원 네, 담요 가져다 드리겠습니다. 잠시만 기다려주세요.

Flight Attendant Certainly, sir. I'll be there soon with a blanket. Just a sec, please.

乗務員(じょうむいん) はい、ただいまお持(も)ちいたします。少々(しょうしょう)お待(ま)ちください。

하이, 타다이마오모찌이타시마스. 쇼-쇼-오마찌쿠다사이.

乘务员 好的，马上给您拿来。请稍等。

Chéngwùyuán Hǎo de, mǎshàng g3i nín nálái。Qǐng shāo děng。

인솔자 실례합니다. 여기 A56번 고객에게 담요 좀 갖다 주시겠습니까?

T/C Excuse me. Could you bring a blanket to the passenger in A56?

引率者(いんそつしゃ) すみません、A56番(ばん)のお客様(きゃくさま)に毛布(もうふ)を持(も)ってきていただけますか。

스미마셍. A고쥬로쿠반노오캬쿠사마니모-후오못떼키떼이따다케마스까.

导游 麻烦您，请给A56号乘客拿一条毯子，好吗?

Dǎoyóu Máfan nín, qǐng gěi A56hào chéngkè ná yìtiáotǎnzi, hǎo ma?

승무원 네, A56번 고객님, 고객에게 담요 가져다 드리겠습니다. 잠시만 기다려 주세요.

Flight Attendant Certainly, sir. I'll bring a blanket to the passenger in A56. Just a moment please.

乗務員(じょうむいん) はい、A56番(ばん)のお客様(きゃくさま)ですね。少々(しょうしょう)お待(ま)ちください。

하이, A고쥬로쿠반노오캬쿠사마데스네. 쇼-쇼- 오마찌쿠다사이.

乘务员 好的，马上就拿来。请稍等。

Chéngwùyuán Hǎo de, mǎshàng jiù nálái。Qǐng shāo děng。

탑승객 실례합니다. 제가 머리가 아파서 그런데 혹시 두통약이 있습니까?

Passenger Excuse me, I have a headache. Do you have some medicine for me?

搭乗客(とうじょうきゃく) すみません、頭(あたま)が痛(いた)いのですが、頭痛薬(ずつうやく)ありますか?

스미마셍. 아따마가 이따이노데스가, 즈쯔-야쿠아리마스까.

乘客 不好意思，我头疼，有没有头疼药?

Chéngkè Bùhǎoyìsi, wǒ tóuténg, yǒu méiyǒu tóuténgyào?

승무원 네, 두통약 가져다 드리겠습니다. 잠시만 기다려 주세요.

Flight Attendant Yes sir, I will bring some medicine for you. Just a moment please.

乗務員(じょうむいん) はい、頭痛薬(ずつうやく)をお持(も)ちいたします。少々(しょうしょう)お待(ま)ちください。

하이, 즈쯔-야쿠오오모찌이따시마스. 쇼-쇼-오마찌쿠다사이.

乘务员 有，马上给您拿来。请稍等。

Chéngwùyuán Yǒu, mǎshàng gěi nín nálái。Qǐng shāo děng。

인솔자 승무원님. 출입국 신고서와 세관신고서 주시겠습니까?
T/C Excuse me! I need some disembarkation cards and customs declaration forms.
引率者(いんそつしゃ) すみません、入国申告書(にゅうこくしんこくしょ)と税関申告書(ぜいかんしんこくしょ)いただけますか。
스미마셍, 뉴-코쿠신코쿠쇼또제이깡신코쿠쇼이따다케마스까.
导游 乘务员，我要一份出入境卡和海关申报单。
Dǎoyóu chéngwùyuán, wǒ yào yīfèn chūrùjìngkǎ hé hǎiguān shēnbàodān。

인솔자 실례지만 출입국 신고서와 세관신고서 20장을 저에게 주시겠습니까?
T/C Could you give me 20 disembarkation cards and customs declaration forms, please?
引率者(いんそつしゃ) すみません、入国申告書(にゅうこくしんこくしょ)と税関申告書(ぜいかんしんこくしょ)20枚(まい)ずついただけませんか。
스미마셍, 뉴-코쿠신코쿠쇼또제이깡신코쿠쇼니쥬-마이즈쯔이따다케마셍까.
导游 麻烦您，我们需要20张出入境卡和海关申报单。
Dǎoyóu Máfan nín, wǒmen xūyào 20zhāng chūrùjìngkǎ hé hǎiguān shēnbàodān。

승무원 네, 고객님 출입국 신고서와 세관신고서를 가져다 드리겠습니다.
Flight Attendant Yes, sir. I will bring 20 disembarkation cards and customs declaration forms to you.
乗務員(じょうむいん) はい、お客様(きゃくさま) 出入国申告書(しゅつにゅうこくしんこくしょ)と税関申告書(ぜいかんしんこくしょ)をお持(も)ちいたします。
하이, 오캬쿠사마 슈쯔뉴-코쿠신코쿠쇼또제이깡신코쿠쇼오오모찌이따시마스.
乘务员 好的，我马上就拿来给您。
Chéngwùyuán Hǎo de, wǒ mǎshàng jiù nálái gěi nín。

탑승객 승무원님. 콜라(맥주, 땅콩, 과자) 좀 주세요.
Passenger Excuse me! I need a Coke(a beer, some peanuts, some snacks), please.
搭乗客(とうじょうきゃく) すみません、コーラ(ビール、ピーナッツ、お菓子(かし))をください 。
스미마셍, 코-라(비-루, 피-나츠, 오카시)오쿠다사이.
乘客 乘务员，请给我可乐(啤酒、花生、饼干)。
Chéngkè chéngwùyuán, qǐng gěi wǒ kělè(píjiǔ, huāshēng, bǐnggān)。

승무원 네, 콜라(맥주, 땅콩, 과자) 가져다 드리겠습니다.

Flight Attendant Ok! I will bring it to you.

乗務員 はい、コーラ(ビール、ピーナッツ、お菓子)をお持ちいたします。

하이, 코-라(비-루, 피-나츠, 오카시)오오모찌이타시마스.

乘务员 好的, 我马上给您送来。

Chéngwùyuán Hǎo de, wǒ mǎshàng gěi nín sòng lái。

탑승객 승무원님. 앞으로 목적지까지 도착하는데 시간이 얼마나 걸리죠?

Passenger Excuse me, how long does it take to reach the destination?

搭乗客 すみません、目的地までどれくらい時間がかかりますか。

스미마셍, 모쿠데끼찌마데도레구라이지깐가카카리마스까.

乘客 空姐(先生), 到目的地需要多长时间?

Chéngkè Kōngjiě(xiānsheng), dào mùdìdì xūyào duō cháng shíjiān?

승무원 네, 고객님 목적지까지 도착 시간은 약 5시간 30분 남았습니다.

Flight Attendant We will reach our destination in five and a half hours.

乗務員 はい、お客様、目的地までは後、5時間30分ほどかかります。

하이, 오캬쿠사마, 모쿠데끼찌마데와아또, 고지깐산쥬-뿐호도카카리마스.

乘务员 到目的地大概还要5个半小时。

Chéngwùyuán Dào mùdìdì dàgài hái yào 5gè bàn xiǎoshí。

기내식 제공(Providing in-flight Meals / 機内食提供 / 提供机内餐 Tígōng jīnèicān)

인솔자 저기, A30번 고객님께서는 출발 전 차일드밀을 예약했습니다. 확인 부탁드립니다.

TC Excuse me, before departure the passenger sitting in A30 made a reservation for a special meal for children. Could you confirm this?

引率者 すみません、A30番のお客様はチャイルドミールを予約しているんですが、確認お願いします。

스미마셍, A산쥬-반노오캬쿠사마와차이루도미-루오요야쿠시떼이룬데스가, 카쿠닌오네가이시마스.

导游 A30号乘客出发之前预订了儿童餐。请给确认一下。

Dǎoyóu Kōngjiě(xiānsheng), A30hào chéngkè chūfā zhīqián yùdìng le értóngcān。Qǐng gěi quèrèn yíxià。

승무원 네, 고객님 확인해드리겠습니다. (잠시 후) 확인해본 결과 차일드밀이 신청되어 있습니다. 잠시 후 기내식 제공 때 차일드 밀을 제공해 드리겠습니다.

Flight Attendant Yes. I will confirm this. (after checking) The passenger's order is already taken care of. I will give the child meal to the passenger while serving the in flight meal.

乗務員 はい、お客様、確認させていただきます。(しばらく後)確認いたしましたところ、チャイルドミールを予約いただいております。

하이, 오캬쿠사마, 카쿠닌사세떼이따다끼마스. (시바라쿠노찌)카쿠닌이타시마시따토꼬로, 차이루도미-루오요야쿠이따다이떼오리마스.

乘务员 好的, 我去确认一下。(稍后) 他是订了儿童餐。呆会儿提供机内餐的时候, 会拿来的。

Chéngwùyuán Hǎo de, wǒ qù quèrèn yíxià。(shāohòu) Tā shì dìng le értóngcān。Dāihuìr tígōng jīnèicān de shíhou, huì nágěi de。

승무원 A30번 고객님 차일드 밀 신청 확인해 본 결과 신청이 되어 있지 않습니다.

Flight Attendant Oh! I'm so sorry, sir! The passenger in A30 is not on the list for the special meal.

乗務員 A30番のお客様のご予約を確認いたしましたところ、チャイルドミールのご予約はいただいておりませんでした。

A산쥬-반노오캬쿠사마노고요야쿠오카쿠닌이타시마시타토코로, 챠이루도미-루노고요야쿠와이타다이테오리마센데시타.

乘务员 他没有订儿童餐。

Chéngwùyuán Tā(tā) méiyǒu dìng értóngcān。

인솔자 그래요? 그럼 다른 방법이 없을까요? 남는 차일드 밀이 있으면 제공을 부탁드립니다.

TC Oh Really? Is there another way to solve the situation here? If you have an extra child meal, we ask that you provide it to him, please.

引率者 そうですか。それでは何か方法はないでしょうか。チャイルドミールが余っていたら、いただけないでしょうか。

소오-데스까. 소레데와난까호-호-와나이데쇼-까. 챠이루도미-루가아맛떼이타라, 이타다케나이데쇼우카.

导游 是吗? 那, 有没有别的方法? 有没有多余的儿童餐, 可以提供呢?

Dǎoyóu Shì ma? Nà, yǒu méiyǒu biéde fāngfǎ? Yǒu méi yǒu duōyú de értóngcān,kěyǐ tígōng yíxià。

승무원 네, 확인해보겠습니다.

Flight Attendant Okay, I will check.

乗務員 はい、確認して参ります。

하이, 카쿠닌시테마이리마스.

乘务员 好的, 我确认一下。

Chéngwùyuán Hǎo de, wǒ quèrèn yíxià。

승무원 소고기와 오믈렛(생선, 닭고기)이 있습니다. 어떤 것으로 하시겠습니까?

Flight Attendant You have a choice between beef and an omelette(fish and chicken). What would you like, sir?

乗務員 牛肉とオムレツ（魚、鶏肉）、どちらになさいますか。

규-니꾸또오무레츠(사까나, 토리니쿠), 도치라니나사이마스까.

乘务员 有牛肉和鸡蛋盖饭(鱼、鸡肉), 您要哪一种?

Chéngwùyuán Yǒu niúròu hé jīdàngàifàn(yú, jīròu), nín yào nǎ yìzhǒng?

탑승객 저는 오믈렛으로 주세요.

Passenger I'd like an omelette. please.

搭乗客 オムレツをください。

오무레츠오쿠다사이.

乘客 我要鸡蛋盖饭。
Chéngkè Wǒ yào jīdàngàifàn。

승무원 음료는 콜라, 사이다, 맥주, 와인, 커피가 있습니다. 어떤 것으로 하시겠습니까?
Flight Attendant Would you like to have something to drink with your meal?
We have Coke, cider, beer, wine, and coffee. What would you like, sir?
乗務員 お飲み物はコーラ、サイダー、ビール、ワイン、コーヒーがございます。何になさいますか。
오노미모노와코-라, 사이다-, 비-루, 와인, 코-히-가고자이마스. 나니니나 사이마스까.
乘务员 饮料有可乐、汽水、啤酒、葡萄酒、咖啡。您要哪一种?
Chéngwùyuán Yǐnliào yǒu kělè, qìshuǐ, píjiǔ, pútáojiǔ, kāfēi。Nín yào nǎ yìzhǒng?

탑승객 맥주로 주세요.
Passenger Beer, Please!
搭乗客 ビールをください。
비-루오쿠다사이.
乘客 我要啤酒。
Chéngkè Wǒ yào píjiǔ。

2) 입국심사(C.I.Q / 入国審査 / 入境检查 Rùjìng jiǎnchá)

입국심사(At the Immigration office / 入国審査 / 入境检查 Rùjìng jiǎnchá)

심사관 여권을 보여주세요. 어디에서 오셨습니까?
Officer May I have your passport, please? Where are you from?
審査官 パスポートをお願いします。どこから来ましたか。
파스포-토오오네가이시마스. 도꼬까라키마시따까.

审查员 请出示一下您的护照。您从哪里来的?
shěncháyuán Qǐng chūshì yíxià nín de hùzhào。Nín cóng nǎli lái de?

관광객 한국에서 왔습니다.
Tourist I'm from Korea.
観光客 韓国から来ました。
캉꼬꾸까라키마시따.
游客 从韩国来的。
Yóukè Cóng Hánguó lái de。

심사관 방문 목적이 무엇입니까?
Officer What is the purpose of your trip?
審査官 訪問目的は何ですか。
호-몬모쿠떼끼와난데스까.
审查员 访问目的是什么?
shěncháyuán Fǎngwèn mùdì shì shénme?

관광객 관광(친지방문, 출장 등) 목적으로 왔습니다.
Tourist Just traveling(Visiting my family members, Business)
観光客 観光(知人訪問、出張など)の目的で来ました。
캉꼬-(치징호-몬, 슛쪼-나도)노모쿠떼끼데키마시따.
游客 我是来旅游(探亲、出差等)的。
Yóukè Wǒ shì lái lǚyóu(tànqīn, chūchāi děng) de。

심사관 일행이 있습니까?
Officer How many people are there in your party?
審査官 同行者がいますか。
도-코-샤가이마스까.
审查员 有没有同伴?
shěncháyuán Yǒu méiyǒu tóngbàn?

관광객 네, 저는 여행인솔자이고 저희 일행은 총 15명입니다.
Tourist Yes, I'm the tour conductor, and there are 15 people in my party.
観光客 はい、私は旅行引率者で私たちの一行は全部で15人です。
하이, 와따시와료꼬-인소쯔샤데와따시다찌노이꼬-와젠부데쥬-고닌데스.
游客 有，我是导游，我们一共有15个人。
Yóukè Yǒu, wǒ shì dǎoyóu, wǒmen yígòng yǒu 15gèrén。

심사관 얼마 동안 체류할 예정이십니까?
Officer How long will you stay here?
審査官 どのくらい滞在する予定ですか。
도노쿠라이타이-자이-스루요떼이-데스까.
审查员 打算停留几天?
shěncháyuán Dǎsuan tíngliú jǐtiān?

관광객 3박 4일간 체류할 것입니다.
Tourist For three nights and four days.
観光客 3泊 4 日間滞在するつもりです。
산바꾸요까간타이-자이-스루쯔모리데스.
游客 打算停留4天3夜。
Yóukè Dǎsuan tíngliú 4tiān 3yè。

심사관 여기서 머무르는 숙박 장소는 어디죠?
Officer Where will you stay here?
審査官 宿泊先はどこですか。
슈쿠하쿠사키와도꼬데스까.
审查员 在这儿住什么地方?
shěncháyuán zài Zhèer zhù Shénmedìfāng?

관광객 시내에 있는 하얏트 호텔입니다.
Tourist We will stay at the Hyatt hotel downtown.

観光客 市内にあるハイアットホテルです。
시나이니아루하이야또호테루데스.

游客 住在市区的凯悦酒店。

Yóukè Zhùzài shìqū de Kǎiyuèjiǔdiàn。

심사관 귀국 항공권을 가지고 계십니까?

Officer Do you have a return flight ticket?

審査官 帰りの航空チケットをお持ちですか。
카에리노코-쿠-치케또오오모찌데스까.

审查员 您有返程机票吗?

shěncháyuán Nín yǒu fǎnchéng jīpiào ma?

관광객 네 돌아가는 비행티켓은 10월 15일 오후 21시 35분 OZ항공 317편입니다.

Tourist Yes! I have a return ticket on OZ 317 on OCT 15th at 9.35 p.m.

観光客 はい、帰りの飛行機チケットは10月15日午後21時35分アシアナ航空317便です。
하이, 카에리노히꼬-끼치켓또와쥬-가쯔쥬-고니찌고고니쥬-이찌지산쥬-고훈아시아나코-쿠-산이찌나나빙데스.

游客 有，是10月15号下午21点35分的OZ航空317航班。

Yóukè Yǒu, shì 10yuè 15hào xiàwǔ 21diǎn 35fēn de OZhángkōng 317hángbān。

수화물 수취대(At the Baggage claim / 手荷物受取台 / 行李领取处 Xínglilǐngqǔchù)

관광객 제 짐을 어디에서 찾아야 합니까?

Tourist Excuse me, Where can I find my luggage?

観光客 荷物はどこで受け取ればいいですか。
니모쯔와도코데우케토레바이이데스까.

游客 请问，在哪儿取行李?

Yóukè Qǐngwèn, zài nǎr qǔ xíngli?

직원	타고 오신 비행편명이 어떻게 되시죠?
Staff	What is your flight number?
職員(しょくいん)	どの飛行機(ひこうき)に乗(の)って来(こ)られましたか。 도노히꼬-끼니놋떼코라레마시따까.
职员	您乘坐的是哪个航班?
zhíyuán	Nín chéngzuò de shì nǎge hángbān?

관광객	OZ371편입니다.
Tourist	The flight number is OZ371.
観光客(かんこうきゃく)	アシアナ371便(びん)です。 아시아나산나나이찌빙데스.
游客	OZ371航班。
Yóukè	OZ371hángbān。

직원	(전광판을 확인하며) 수화물수취대는 5번입니다. 계단을 내려가서 오른쪽에 있습니다.
Staff	(Pointing the displaying board) Your baggage claim number is 5. Go down the stairs, and you can find it on your right.
職員(しょくいん)	(電光掲示板(でんこうけいじばん)を確認(かくにん)しながら)手荷物受取台(てにもつうけとりだい)は5番(ばん)です。階段(かいだん)を下(お)りて右側(みぎがわ)にあります。 (덴꼬-케-지반오카쿠닌시나가라)테니모쯔우케토리다이와고반데스. 카이-당오오리떼미기가와니아리마스.
职员	(看到电子屏幕) 行李领取处是5号。下楼, 右边就是。
zhíyuán	(kàndào diànzǐpíngmù) Xínglilǐngqǔchù shì 5hào。Xiàlóu, yòubian jiùshì。

관광객	제 짐을 찾을 수가 없습니다. 분실신고 센터가 어디에 있나요?
Tourist	Excuse me! I can't find my baggage. Is there a lost and found office?
観光客(かんこうきゃく)	私(わたし)の荷物(にもつ)が見(み)つかりません。紛失申告(ふんしつしんこく)センターはどこにありますか。 와따시노니모쯔가미쯔카리마셍. 훈시쯔싱꼬쿠센타-와도꼬니아리마스까.

游客 我找不到我的行李。请告诉我失物招领在哪儿?

Yóukè Wǒ zhǎobúdào wǒ de xíngli。Qǐng gàosu wǒ shīwùzhāolǐng zài nǎr?

직원 오른쪽 끝에 위치해 있습니다.

Staff It's at the end and to the right.

職員 右の一番端にあります。

미기노이찌방하시니아리마스.

职员 往右走到头儿, 能看到的。

zhíyuán wǎngyòu zǒudào tóuer, néng kàndào de。

관광객 제 짐이 나오지 않았습니다.

Tourist I can't find my baggage at the baggage claim.

観光客 私の荷物が出てきませんでした。

와따시노니모쯔가데떼키마셍데시따.

游客 我的行李还没有出来。

Yóukè Wǒ de xíngli hái méiyǒu chūlai。

직원 짐표(수화물 표)를 보여주시겠습니까?

Staff Could you show me your baggage claim tag?

職員 荷物札(手荷物札)を見せていただけますか。

니모쯔후다(테니모쯔후다)오미세떼이따다케마스까.

职员 请给我看看您的行李票。

zhíyuán Qǐng gěi wǒ kànkan nín de xínglipiào。

직원 가방 색깔이 어떻고 가방의 크기는 어떻게 되나요?

Staff Could you describe the size and color of your baggage?

職員 何色のカバンで、大きさはどのくらいですか。

나니이로노카방데, 오-키사와도노쿠라이데스까.

职员 请告诉我您的行李箱颜色和大小。

zhíyuán Qǐng gàosu wǒ nín de xínglixiāng yánsè hé dàxiǎo。

관광객 가방의 색깔은 검정색 하드케이스이며, 크기는 25인치입니다.

Tourist It is a black, hard shell case and is 25 inches.

観光客 黒のハードケースで、大きさは25インチです。
쿠로노하-도케-스데, 오-키사와니쥬-고인치데스.

游客 是25英寸的黑色硬行李箱。

Yóukè Shì 25yīngcùn de hēisè yìngxínglǐxiāng。

직원 확인해서 연락드리겠습니다. 연락 가능한 연락처를 알려주시겠습니까?

Staff After I check, I will call you back. What is your contact number?

職員 確認して連絡いたします。連絡可能な連絡先を教えていただけますか。
카쿠닌시떼렌라끄이타시마스. 렌라쿠카노-나렌라끄사끼오오시에떼이따다케마스까.

职员 我确认一下, 然后告诉您。请告诉我您的联系电话。

zhíyuán Wǒ quèrèn yíxià, ránhòu gàosu nín。Qǐng gàosu wǒ nín de liánxì diànhuà。

관광객 제 가방이 파손이 되었습니다. 어떻게 해야 하나요?

Tourist My luggage is broken. What should I do with my luggage?

観光客 カバンが壊れているんですが、どうしたらいいですか。
카방가코와레떼이룬데스가, 도-시따라이-데스까.

游客 我的行李箱被弄坏了。怎么办?

Yóukè Wǒ de xínglǐxiāng bèi nòng huài le。Zěnmebàn?

직원 왼쪽 KATE항공사 카운터로 가셔서 말씀하시면 됩니다.

Staff You can ask someone at the KATE Airline counter on your left.

職員 左のKATE航空会社のカウンターに行って話してみてください。
히다리노KATE코-쿠-카이-샤노카운타-니잇떼하나시떼미떼쿠다사이.

职员 到左边KATE航空公司的柜台去说一下。

zhíyuán Dào zuǒbian KATEhángkōnggōngsī de guìtái qù shuō yíxià。

관광객 제 가방이 파손이 되었습니다.
Tourist Excuse me, My luggage is broken. What should I do with my luggage?
観光客 私のカバンが壊れています。
와따시노카방가코와레떼이마스.
游客 我的行李箱被弄坏了。
Yóukè Wǒ de xínglǐxiāng bèi nòng huài le。

직원 네 알겠습니다. 조치해드리도록 하겠습니다.
Staff Yes, sir! We will take immediate action to solve the problem.
職員 はい、かしこまりました。すぐに対応いたします。
하이, 카시코마리마시따. 수구니타이오우이타시마스.
职员 好的, 我明白了。马上给您处理。
zhíyuán Hǎo de, wǒ míngbai le。Mǎshàng gěi nín chǔlǐ。

세관심사(Customs Clearance / 税関審査 / 海关申报 Hǎiguānshēnbào)

심사관 세관 신고할 물품이 있습니까?
Officer Anything to declare?
審査官 税関申告する物品がありますか。
제이-간신코크스루부삥가아리마스까.
审查员 有没有要申报的东西?
shěncháyuán Yǒu méiyǒu yào shēnbào de dōngxi?

관광객 아니요. 없습니다.
Tourist No, I have nothing to declare.
観光客 いいえ。ありません。
이-에, 아리마셍.
游客 没有。
Yóukè Méiyǒu。

심사관 녹색통로 쪽으로 나가시면 됩니다.
Officer You can go to the green aisle.
審査官 緑色の通路から出てください。
미도리이로노쯔-로까라데떼쿠다사이.
审查员 您从绿色通道出去，就行。
shěncháyuán Nín cóng lǜsètōngdào chūqu, jiù xíng。

심사관 세관 신고할 물품이 있습니까?
Officer Do you have anything to declare?
審査官 税関申告する物品がありますか。
제이-깐신꼬쿠스루부삥가아리마스까.
审查员 有没有要申报的东西？
shěncháyuán Yǒu méiyǒu yào shēnbào de dōngxi?

관광객 네, 있습니다.
Tourist Yes, I have something to declare.
観光客 はい、あります。
하이, 아리마스.
游客 有。
Yóukè Yǒu。

심사관 빨간색 통로 쪽으로 나가시면 됩니다.
Officer Go to the red aisle.
審査官 赤色の通路から出てください。
아까이로노쯔-로까라데떼쿠다사이.
审查员 您走红色通道出去，就行。
shěncháyuán Nín zǒu hóngsètōngdào chūqu, jiù xíng。

심사관 가방을 좀 열어보시겠습니까? 이 물건은 무엇이지요?
Officer Could you open your bag?

審査官(しんさかん) かばんをちょっと開(あ)けてみていただけますか。これは何(なん)ですか。
카방오춋또아케떼미떼이따다께마스까. 코레와난데스까.

审查员 请您打开一下行李箱。这是什么东西?

shěncháyuán Qǐng nín dǎkāi yíxià xínglǐxiāng。Zhè shì shénme dōngxi?

관광객 이 물건은 (김치, 라면, 홍삼, 소주)입니다. (또는 현지에 있는 친구 선물입니다.)

Tourist This is an Korean souvenir like Kimchi, Korean alcohol, Red ginseng, and Korean Ramen.
This is an gift for my friend living here.

観光客(かんこうきゃく) これは(キムチ、ラーメン、高麗人参(こうらいにんじん)、焼酎(しょうちゅう))です。(または現地(げんち)にいる友達(ともだち)へのプレゼントです。)
코레와(키무찌, 라-멘, 코-라이-닌징, 쇼-쮸-)데스.(마따와겐찌니이루토모다찌에노프레젠또데스.)

游客 这是(泡菜、方便面、红参、烧酒)。(送给朋友的礼物。)

Yóukè Zhè shì(pàocài, fāngbiànmiàn, hóngshēn, shāojiǔ)。(Sònggěi péngyou de lǐwù。)

심사관 이 물건은 당국에 입국 금지 물품입니다. 압수하겠습니다.

Officer These are prohibited items, so we will seize these items.

審査官(しんさかん) これは当国(とうこく)に持(も)ち込(こ)み禁止(きんし)になっています。押収(おうしゅう)いたします。
코레와토-코쿠니모찌코미킨시니낫떼이마스. 오-슈-이따시마스.

审查员 这些东西是违禁品。要没收。

shěncháyuán Zhèxiē dōngxi shì wéijìnpǐn。Yào mòshōu。

2 현지 업무(Filed Work / 現地 業務 / 当地业务 Dāngdì yèwù)

1) 호텔 내에서(In the Hotel / ホテル内で / 在饭店里 Zài fàndiàn li)

호텔 체크인(Hotel Check-in / ホテル チェックイン / 入住饭店 Rùzhù fàndiàn)

인솔자 안녕하세요. 호텔 체크인 부탁드립니다.
T/C Hello~ I'd like to check in, please.
引率者 こんにちは。チェックインお願いします。
콘니찌와. 체끄잉오네가이시마스.
导游 你好！请帮我办理入住手续。
Dăoyóu Nĭ hăo! qĭng bāng wŏ bànlĭ rùzhù shŏuxù。

프론트 안녕하세요. 고객님 호텔 바우처와 여권을 주시겠습니까?
Hotelier Welcome to our hotel. May I have your hotel voucher and passport?
フロント いらっしゃいませ。お客様、ホテルバウチャーとパスポートをいただけますか。
이랏샤이마세. 오캬쿠사마, 호테루바우차-또파스포-또오이따다케마스까.
前台 你好！请给我看看您的住宿券和护照。
Qiántái Nĭ hăo! Qĭng gĕi wŏ kànkan nín de zhùsùquàn hé hùzhào。

인솔자 네, 바우처는 여기 있고요, 여권은 총 16개 여기 있습니다. 객실은 싱글 1방, 트윈 7방, 트리플 1방으로 예약했습니다.
T/C Here are the vouchers. There are 16 passports. We have a reservation for 1 single room, 7 twin-bed rooms, and 1 triple room.
引率者 はい、バウチャーはこれでパスポートは全部で16人分です。客室はシングル1部屋、ツイン7部屋、トリプル1部屋で予約しました。
하이, 바우차-와코레데파스포-또와젠부데쥬-로쿠닌분데스. 캬쿠시쯔와싱그르히또헤야, 쓰인나나헤야, 토리쁘루히또헤야데요야쿠시마시따.

导游 好的，给您住宿券。这是16本护照。客房预订了1个单人间，7个双人间，1个三人间。

Dǎoyóu Hǎo de, gěi nín zhùsùquàn。Zhè shì 16běn hùzhào。Kèfáng yùdìng le 1gè dānrénjiān, 7gè shuāngrénjiān, 1gè sānrénjiān。

프론트 네, 확인하겠습니다.

Hotelier Okay, I will check.

フロント はい、確認いたします。

하이, 카크닌이따시마스.

前台 好的，我确认一下。

Qiántái Hǎo de, wǒ quèrèn yíxià。

인솔자 아~! 그리고 객실 배정은 바로 옆방으로 붙여주시고요, 전망이 좋은 객실로 배정 부탁드립니다.

T/C Ah~ Rooms should be arranged side by side and have a nice view, please.

引率者 あ、それから、客室の割り当ては隣同士の部屋で見晴らしが良い部屋をお願いします。

아, 소레까라, 캬크시쯔노와리아떼와도나리도-시노헤야데미하라시가요이-헤야오오네가이시마스.

导游 啊！请把房间安排在一起。拜托给我们景色好一点的房间。

Dǎoyóu À! Qǐng bǎ fángjiān ānpái zài yìqǐ。Bàituō gěi wǒmen jǐngsè hǎo yìdiǎn de fángjiān。

프론트 네, 확인해드리겠습니다. (잠시 후) 객실 예약 확인되었습니다. 객실 키 드리겠습니다. 총 객실은 9개이고요 싱글 방 1개, 트윈 방 7개, 트리플 방 1개입니다.

Hotelier Yes, sir! I will check. (After checking) I confirmed your reservations. Here are your keys. There are 9 rooms including 1 single room, 7 twin-bed rooms, and 1 triple room.

フロント はい、確認いたします。(しばらくして)客室のご予約を確認いたしました。こちらはキーでございます。お部屋は全部で9部屋で、シングル1部屋、ツイン7部屋、トリプル1部屋でございます。

하이, 카크닌이따시마스. (시바라쿠시떼)캬크시쯔노고요야쿠오캬쿠닌이타시마시따. 코찌라와키-데고자이마스. 오헤야와젠부데큐-헤야데, 싱그루이찌헤야, 쓰잉시찌헤야, 토리뿌루이찌헤야데고자이마스.

前台 好的, 我帮您确认一下。(稍后) 客房确认好了。给您客房钥匙。客房一共9个。是1个单人间, 7个双人间, 1个三人间。

Qiántái Hǎo de, wǒ bāng nín quèrèn yíxià。(shāohòu) Kèfáng quèrèn hǎo le。Gěi nín kèfáng yàoshi。Kèfáng yígòng 9gè。Shì 1gè dānrénjiān, 7gè shuāngrénjiān, 1gè sānrénjiān。

인솔자 루밍리스트 복사를 부탁드립니다.

T/C Could you copy this rooming list?

引率者 ルーミング・リスト(部屋割表)のコピーをお願いします。

루-밍그리스토(헤야와리효-)노코피-오오네가이시마스.

导游 请帮我复印一下入室名单。

Dǎoyóu Qǐng bāngwǒ fùyìn yíxià rùshì míngdān。

프론트 몇 장 해드릴까요?

Hotelier How many copies do you want?

フロント 何枚、コピー致しましょうか。

난마이,코피-이타시마쇼-까.

前台 要几张?

Qiántái Yào jǐ zhāng?

인솔자 8장 부탁드립니다. 그리고 내일 각 방에 모닝콜을 해주시면 감사하겠습니다.

T/C 8 copies please. Can I get a wake-up-call tomorrow morning?

引率者 8枚お願いします。それから明日各部屋にモーニングコールをお願いしたいのですが。

하찌마이오네가이시마스. 소레까라아시따카크헤야니모-닝그코-루오오네가이시따이노데스가.

导游 要8张。还有明天早上每个房间都需要叫醒服务。

Dǎoyóu Yào 8zhāng。Háiyǒu míngtiān zǎoshang qǐng měigè fángjiān dōu xūyào jiàoxǐng fúwù。

프론트 모닝콜은 몇 시에 해드릴까요?

Hotelier What time would you like, sir?

フロント モーニングコールは何時(なんじ)に致(いた)しましょうか。

모-닝구코-루와난지니이타시마쇼-까.

前台 您要几点叫醒?

Qiántái Nín yào jǐdiǎn jiàoxǐng?

인솔자 네, 오전 7시로 부탁드립니다. 아침식사 시간과 장소는 어디인가요?

T/C 7 a. m. please. Could you tell me the breakfast time and place?

引率者(いんそつしゃ) はい、午前(ごぜん)7時(じ)にお願(ねが)いします。朝食(ちょうしょく)の時間(じかん)と場所(ばしょ)はどうなっていますか。

하이, 고젠시찌지니오네가이시마스. 쵸-쇼쿠노지깡또바쇼와도오-낫떼이마스까.

导游 早上7点。还有, 请告诉我早餐时间和地点。

Dǎoyóu Zǎoshang 7diǎn。Háiyǒu, qǐng gàosu wǒ zǎocān shíjiān hé dìdiǎn。

프론트 아침 식사 시간은 오전 07시~오전 10시까지이며, 위치는 로비 오른쪽 페닌슐라 레스토랑입니다. 입장 시 조식 쿠폰(방 번호)을 제출하셔야 합니다.

Hotelier Breakfast is from 7 a.m. to 10 a.m. The place is the Peninsula restaurant which is at the right side of the lobby.

フロント 朝食(ちょうしょく)のお時間(じかん)は午前(ごぜん)7時(じ)から10時(じ)まで、場所(ばしょ)はロビー右側(みぎがわ)のペニンシュラレストランでございます。お入(はい)りの際(さい)、朝食(ちょうしょく)クーポン(部屋番号(へやばんごう))をお渡(わた)しください。

쵸-쇼쿠노오지깡와고젠시찌지까라쥬-지마데, 바쇼와로비-미기가와노페닌슈라레스토랑데고자이마스. 오하이리노사이,쵸-쇼쿠쿠-퐁(헤야반고-)오오와타시쿠다사이.

前台 早餐时间是从7点到10点。地点在大厅右边半岛餐厅。进去时, 要交给服务员早餐券(房间号码)。

Qiántái Zǎocān shíjiān shì cóng 7diǎn dào 10diǎn。Dìdiǎn zài dàtīng yòubian bàndǎocāntīng。Jìnqùshí, yào jiāogěi fúwùyuán zǎocānquàn(fángjiān hàomǎ)。

인솔자 감사합니다.

T/C Thanks.

引率者 ありがとうございます。
아리가또-고자이마스.

导游 谢谢!

Dǎoyóu Xièxie!

객실 내에서(방 ↔ 프론트 통화)

In the Room.(Calling to Front desk) / 客室内で(部屋 ↔ フロント 通話) /
在客房里(客房 ↔ 前台打电话) / Zài kèfáng li(Kèfáng ↔ Qiántái dǎ diànhuà)

프론트 프론트 데스크입니다. 무엇을 도와드릴까요?

Hotelier Front desk. May I help you?

フロント はい、フロントでございます。
하이, 후론또데고자이마스.

前台 这里是前台。有什么可以帮助您的吗?

Qiántái Zhèlǐ shì qiántái。yǒu shénme kěyǐbāngzh ù níndema?

투숙객 룸서비스를 시키려고 하는데요. 와인과 찹스테이크를 가져다주시겠습니까?

Guest I want to use room service. Can I order a wine and a chop steak?

宿泊客 ルームサービスの注文なんですが、ワインとチョップステーキをお願いします。
루-무사-비스노츄-몬난데스가, 와인또쵸프스테-키오오네가이시마스.

旅客 我要客房服务。请帮我送来葡萄酒和牛排。

Lǚkè Wǒ yào kèfángfúwù。qǐng bāng wǒ sòng lái pútáojiǔ hé niúpái。

프론트 알겠습니다. 준비해서 올려드리겠습니다. 방 번호가 어떻게 되시죠?

Hotelier Okay. We will prepare the food. What is your room number, sir?

フロント　かしこまりました。準備(じゅんび)してお届(とど)けいたします。お部屋番号(へやばんごう)をお願(ねが)いいたします。

카시코마리마시따. 준비시떼오토도께이따시마스. 오헤야반고-오오네가이이따시마스.

前台　好的。我们马上为您准备。房间号码是多少?

Qiántái　Hǎo de。Wǒmen mǎshàng wèi nín zhǔnbèi。fángjiān hàomǎ shì duōshao?

투숙객　1303호입니다.

Guest　Room 1303.

宿泊客(しゅくはくきゃく)　1303号(ごう)です。

센삼뱌크산고데스.

旅客　1303号。

Lǚkè　1303hào。

프론트　프론트 데스크입니다. 무엇을 도와드릴까요?

Hotelier　Front desk. May I help you?

フロント　はい、フロントでございます。

하이, 후론또데고자이마스.

前台　这里是前台。有什么可以帮助您的吗?

Qiántái　Zhèlǐ shì qiántái。yǒu shénme kěyǐbāngzhù níndema?

투숙객　수건을 가져다주시겠습니까? 그리고 뜨거운 물이 나오지 않습니다. 확인 부탁드립니다.

Guest　Could you bring a towel to me right now? By the way, I'm not getting any hot water.

宿泊客(しゅくはくきゃく)　タオルを持(も)ってきていただけますか。それから、お湯(ゆ)が出(で)ないんですが確認(かくにん)お願(ねが)いいたします。

타오루오못떼키떼이따다케마스까. 소레까라, 오유가데나인데스가카크닌오네가이이따시마스.

旅客　请给我送来一条毛巾。还有不出热水。请帮我确认一下。

Lǚkè　Qǐng gěi wǒ sòng lái yī tiáo máojīn。háiyǒu bùchū rèshuǐ。Qǐng bāngwǒ quèrèn yíxià。

프론트 지금 바로 하우스키퍼를 보내겠습니다.

Hotelier I will send a housekeeper to your room right away.

フロント 今すぐハウスキーパーを送ります。

이마스구하우스키-파-오오쿠리마스.

前台 现在马上派客房服务员去看看。

Qiántái Xiànzài mǎshàng pài kèfángfúwùyuán qù kànkan。

하우스키핑 고객님 무엇이 문제인지요?

Waiter Sir! What seems to be the problem?

ハウスキーピング お客様、どうされましたか。

오캬크사마, 도오-사레마시따까.

客房服务员 有什么问题吗?

Kèfángfúwùyuán yǒu shénme wèntí ma?

투숙객 샤워를 하려고 하는데 뜨거운 물이 나오지 않습니다.
(하수구에 물이 내려가지 않습니다. / 변기가 고장 났습니다.)

Guest I tried to take a shower, but I couldn't get any hot water.
(The drain is completely clogged. / The toilet is broken.)

宿泊客 シャワーを浴びようとしたんですが、お湯が出ないんです。

샤와-오아비요오토시타데스가, 오유가데나인데스.

(バスルームの排水溝が詰まって、水が流れません。/ 便器が故障しました。)

바스루-무노하이스이꼬-가쯔맛떼, 미즈가나가레마셍. 벵끼가코쇼-시마시따

旅客 我想洗澡, 但是没有热水。
(下水道不通。/ 马桶坏了。)

Lǚkè Wǒ xiǎng xǐzǎo, dànshì méiyǒu rèshuǐ。
(Xiàshuǐdào bùtōng。/ mǎtǒng huài le。)

호텔 레스토랑에서(At the Hotel Restaurant / ホテル レストランで / 在饭店餐厅 Zài fàndiàn cāntīng)

웨이터 안녕하세요. 고객님 좋은 아침입니다. 방 번호를 알려주시겠습니까?(조식쿠폰을 주시겠습니까?)

Waiter Good morning! Could you tell me your room number, sir? (May I have your breakfast coupon?)

ウェイター いらっしゃいませ。おはようございます。お部屋番号を教えていただけますか。(朝食クーポンをいただけますか。)

이랏샤이마세. 오하요-고자이마스. 오헤야반고-오오시에떼이따다케마스까. (쵸-쇼쿠쿠-퐁오이따다케마스까.)

服务员 早上好！请告诉我您的房间号码。(请给我早餐券。)

Fúwùyuán zǎoshang hǎo! Qǐng gàosu wǒ nín de fángjiān hàomǎ。(Qǐng gěi wǒ zǎocānquàn。)

투숙객 1303호입니다. 어디에 앉으면 되지요?

Guest Room 1303. Where can I sit?

宿泊客 1303号です。どこに座ればいいですか?

센삼뱌크산고-데스. 도꼬니스와레바이이-데스까.

旅客 1303号。坐哪儿?

Lǚkè 1303hào。Zuò nǎr?

웨이터 저를 따라 오시죠. 저기 보이는 창 측 테이블에 앉으시면 됩니다.

Waiter Just follow me, please. You can sit by the window.

ウェイター こちらにどうぞ。あちらの窓側のテーブルにお座りください。

코찌라니도-죠. 아찌라노마도가와노테-브루니오스와리쿠다사이.

服务员 请跟我来。可坐在那边靠窗的座位。

Fúwùyuán Qǐng gēn wǒ lái。Kě zuò zài nàbiān kào chuāng de zuòwèi。

투숙객 저기요, 여기 테이블이 더럽습니다. 치워주시겠습니까?

Guest Excuse me! This table is so dirty. Could you clean it?

宿泊客 すみません、テーブルが汚れているんですが、

스미마셍, 테-브루가요고레떼이룬데스가.

旅客 服务员！这餐桌太脏了。请收拾一下。
Lǚkè fúwùyuán! Zhè cānzhuō tài zāng le。Qǐng shōushi yíxià。

웨이터 네, 바로 치워드리도록 하겠습니다.
Waiter Yes, sir! I will clean up the table right now.
ウェイター はい、今(いま)すぐ片付(かたづ)けます。
하이, 이마스그가따즈케마스.
服务员 好的，我马上就收拾。
Fúwùyuán Hǎo de, wǒ mǎshàng jiù shōushi。

프론트 데스크에서(객실 키를 잃어버렸을 때) / At the Front Desk (When losing the room key) / フロントデスクで(客室(きゃくしつ)キーをなくした時(とき)) / 前台(丢失客房钥匙的时候) / Qiántái(diūshī kèfáng yàoshi de shíhou)

프론트 프론트 데스크입니다. 무엇을 도와드릴까요?
Receptionist Front desk. May I help you?
フロント はい、フロントでございます。
하이, 후론또데고자이마스.
前台 这里是前台。有什么可以帮助您的吗？
Qiántái Zhèlǐ shì qiántái。yǒu shénme kěyǐbāngzhù níndema?

투숙객 제가 외부에서 객실 키를 잃어버렸습니다.
Guest I lost my room key outside the hotel.
宿泊客(しゅくはくきゃく) 客室(きゃくしつ)の鍵(かぎ)を外(そと)でなくしてしまったんですが。
캬쿠시쯔노카기오소또데나쿠시떼시맛딴데스가.
旅客 我在外边丢了客房钥匙。
Lǚkè Wǒ zài wàibian diū le kèfáng yàoshi。

프론트 고객님 방 번호가 어떻게 되지요?
Waiter What is your room number, sir?

フロント　お部屋番号(へやばんごう)をお願(ねが)いいたします。
오헤야반고-오오네가이이따시마스.

前台　请告诉我您的房间号码。

Qiántái　Qǐng gàosu wǒ nín de fángjiān hàomǎ。

투숙객　1303호입니다.

Guest　Room 1303.

宿泊客(しゅくはくきゃく)　1303号(ごう)です。
센삼뱌크산고-데스.

旅客　1303号。

Lǚkè　1303hào。

프론트　이름이 무엇입니까?

Waiter　What is your name?

フロント　お名前(なまえ)をお願(ねが)いいたします。
오나마에오오네가이이따시마스.

前台　您叫什么名字?

Qiántái　Nín jiào shénme míngzi?

투숙객　이은민입니다.

Guest　Eun-min Lee.

宿泊客(しゅくはくきゃく)　イウンミンです。
이은민데스.

旅客　我叫李殷敏。

Lǚkè　Wǒ jiào Lǐ yīn mǐn。

프론트　알겠습니다. 고객님 방 열쇠는 재발급이 가능하나, 열쇠를 잃어버린 것에 대하여 추가 비용이 발생이 됩니다. 결제를 바로 하시겠습니까? 아니면 체크아웃할 때에 계산 하시겠습니까?

Waiter　Okay. We can reissue your room key, but you will need to pay for it. Are you going to pay now? or Are you paying when you checkout?

フロント　かしこまりました。お客様、お部屋の鍵は新しくお渡しできますが、紛失なさったため、追加の費用が必要となります。今、お支払なさいますか。それともチェックアウトなさる時にお支払なさいますか。

카시코마리마시따. 오캬크사마, 오헤야노카기와아따라시쿠오와타시데키마스가, 훈시쯔나삿따따메, 쯔이까노히요-가히쯔요-또나리마스. 이마, 오시하라이나사이마스까. 소레또모체크아우또나사루토끼니오시하라이나사이마스까.

前台　好的。房间钥匙是可以补发，但还得付钱。您要现在付钱还是退房的时候付钱?

Qiántái　Hǎo de。Fángjiān yàoshi shì kěyǐ bǔfā, dàn hái děi fùqián。Nín yào xiànzài fùqián háishi tuìfáng de shíhou fùqián?

투숙객　얼마죠?

Guest　How much is it?

宿泊客　いくらですか。

이꾸라데스까.

旅客　多少钱?

Lǚkè　Duōshǎo qián?

프론트　$10입니다.

Waiter　It costs $10

フロント　10ドルです。

쥬-도루데스.

前台　10美元。

Qiántái　10měiyuán。

투숙객　체크아웃할 때에 계산하겠습니다.

Guest　Okay! I will pay when I check out.

宿泊客　チェックアウトする時に払います。

체쿠아우또스루또끼니하라이마스.

旅客　要退房的时候付钱。
Lǚkè　Yào tuìfáng de shíhou fùqián。

2) 이동(기차, 버스, 배편 등) / Transportation(By Train, By Bus, By Ship) / 移動(電車、バス、船便など) / 交通工具(火车、汽车、船等) / Jiāotōnggōngjù(huǒchē、qìchē、chuán děng)

(1) 기차 이용(By Train / 電車の利用 / 火车 Huǒchē)

매표소(At the Ticket Office / 切符売り場 / 售票处 Shòupiàochù)

인솔자　파리로 가는 표를 구매 하려고 합니다. 인원은 성인 10명, 아동 5명, 총 15명입니다.

T/C　I'd like to get some tickets to Paris for 15 people which include 10 adults, 5 children.

引率者　パリまで、大人10枚、子供５枚お願いします。
파리마데, 오또나쥬-마이, 코도모고마이오네가이시마스.

导游　我要买去巴黎的火车票。10个成人、5个儿童，一共是15个人。
Dǎoyóu　Wǒ yào mǎi qù Bālí de huǒchēpiào。10gè chéngrén, 5gè értóng, yígòng shì 15gè rén。

매표원　알겠습니다. 결제는 현금입니까? 카드입니까?

Clerk　I see. How would you like to pay? By Cash? By Credit card?

出札係　分かりました。お支払は現金ですか。カードですか。
와까리마시따. 오시하라이와겡낑데스까. 카-도데스까.

售票员　好的。您要付现金还是刷卡？
Shòupiàoyuán　Hǎo de。Nín yào fù xiànjīn háishi shuākǎ?

인솔자 카드로 결제하겠습니다.
T/C I will pay by credit card
引率者 カードでお願いします。
카-도데오네가이시마스.
导游 我要刷卡。
Dǎoyóu Wǒ yào shuākǎ。

인솔자 이 열차는 직행열차인가요? 아니면 완행열차인가요?
T/C Is the train local or express?
引率者 この列車は直行列車ですか。それとも各駅停車列車ですか。
코노렛싸와춋코-렛싸데스까, 소레토모카크에키테이샤렛싸데스까.
导游 这班列车是直快还是普客?
Dǎoyóu Zhè bān lièchē shì zhíkuài háishi pǔkè?

매표원 완행(직행)열차입니다.
Clerk It's a local train.
出札係 各駅停車(直行)列車です。
캬크에키테이샤(춋코-)렛싸데스.
售票员 是普客(直快)。
Shòupiàoyuán Shì pǔkè(zhíkuài)。

플랫폼(At the Platform / プラットフォーム / 站台 Zhàntái)

인솔자 5번 플랫폼으로 가려면 어디로 가야 합니까?
T/C Could you tell me how to get to platform 5?
引率者 5番ホームはどこですか。
고반호-무와도꼬데스까.
导游 请问, 到5号站台怎么走?
Dǎoyóu Qǐngwèn, dào 5hào zhàntái zěnme zǒu?

직원 이 길 따라 20미터를 가시다가 우측에 5번 플랫폼이 있습니다.

Clerk It is about 20 meters to your right.

職員 この道を20メートルほど行くと、右側に5番ホームがあります。

코노미찌오니쥬-메-토루호도이쿠또, 미기가와니고반호-무가아리마스.

职员 顺着这条路往前走20米，右边就是5号站台。

zhíyuán Shùnzhe zhè tiáo lù wǎngqián zǒu 20mǐ, yòubian jiùshì 5hào zhàntái。

기차 안(In the Train / 電車の中 / 在火车上 Zài huǒchē shang)

인솔자 저희 좌석은 어디에 있나요?

T/C Where is my seat?

引率者 私の座席はどこですか。

와따시노자세끼와도꼬데스까.

导游 我们的座位在哪儿?

Dǎoyóu Wǒmen de zuòwèi zài nǎr?

승무원 저쪽 중간 자리에 있습니다.

Staff It is in the middle of the aisle over there.

乗務員 あちらの中程でございます。

아찌라노나까호도데고자이마스.

列车员 在中间的座位。

Lièchēyuán Zài zhōngjiān de zuòwèi。

인솔자 목적지 도착 예정시간은 몇 시입니까?

T/C When is the arrival time?

引率者 目的地への到着予定時間は何時ですか。

모쿠테끼찌에노토-챠쿠요떼이-지깡와난지데스까.

导游 大概几点到达目的地?

Dǎoyóu Dàgài jǐdiǎn dàodá mùdìdì?

승무원 도착 예정시간은 약 2시간 후인 오후 8시 35분입니다.

Staff We will arrive there in 2 hours at 8:35 P.M.

乗務員 到着予定時間は約2時間後の午後8時35分です。

토-챠쿠요떼이-지깡와야크니지깡고노고고하찌지산쥬-고훈데스.

列车员 预订到达时间是两个小时以后，大概是下午8点35分。

Lièchēyuán Yùdìng dàodá shíjiān shì liǎng gè xiǎoshí yǐhòu, dàgài shì xiàwǔ 8diǎn 35fēn。

(2) 버스 이용 시(By Bus / バス利用時 / 汽车 Qìchē)

매표소(At the Ticket Office / 切符売り場 / 售票处 Shòupiàochù)

인솔자 리옹으로 가는 표를 구매하려고 합니다. 인원은 성인 10명, 아동 5명, 총 15명 입니다.

T/C I'd like to get tickets to Liyon for 15 people including 10 adults and 5 children.

引率者 リヨンまで、大人10枚、子供5枚お願いします。

리옹마데, 오또나쥬-마이, 코도모고마이오네가이시마스.

导游 我要买去里昂的汽车票。10个成人、5个儿童，一共是15个人。

Dǎoyóu Wǒ yào mǎi qù Lǐ'áng de qìchēpiào。10gè chéngrén, 5gè értóng, yígòng shì 15gè rén。

매표원 알겠습니다. 결제는 현금입니까? 카드입니까?

Clerk I see. How would you like to pay? By Cash? By Credit card?

出札係 かしこまりました。お支払は現金ですか。カードですか。

카시코마리마시따. 오시하라이와겡낑데스까, 카-도데스까.

售票员 好的。您要付现金还是刷卡?

Shòupiàoyuán Hǎo de。Nín yào fù xiànjīn háishi shuākǎ?

인솔자 카드로 결제하겠습니다.
T/C I will pay by credit card.
引率者(いんそつしゃ) カードで支払(しはら)います。
카-도데시하라이마스.
导游 我要刷卡。
Dǎoyóu Wǒ yào shuākǎ。

인솔자 이 버스는 직행인가요? 아니면 완행인가요?
T/C Is the bus local or express?
引率者(いんそつしゃ) このバスは直行(ちょっこう)ですか?それとも各停(かくてい)ですか。
코노바스와춋코-데스까, 소레또모카쿠테-데스까.
导游 这辆汽车直达车还是慢车?
Dǎoyóu Zhè liàng qìchē zhídáchē háishi mànchē?

매표원 완행(직행)버스입니다.
Clerk It's a local bus.
出札係(しゅっさつがかり) 各停(かくてい)(直行(ちょっこう))バスです。
카쿠테-(춋코-)데스.
售票员 是慢车(直达车)。
Shòupiàoyuán Shi mànchē(zhídáchē)。

버스 안(In the Bus / バスの中(なか) / 在汽车上 Zài qìchē shang)

인솔자 좌석은 어디에 있나요?
T/C Excuse me, Where can I sit?
引率者(いんそつしゃ) 25番(ばん)の座席(ざせき)はどこですか。
니쥬-고반노자세키와도꼬데스까.
导游 我们的座位在哪儿?
Dǎoyóu Wǒmen de zuòwèi zài nǎr?

운전수 저쪽 중간 자리에 있습니다.
Driver Your seat is in the middle of the aisle over there.
運転手 あちらの中程でございます。
아찌라노나까호도데고자이마스.
司机 在中间的座位。
Sījī Zài zhōngjiān de zuòwèi。

인솔자 목적지까지 도착 예정시간은 언제인가요?
T/C When is the arrival time?
引率者 目的地への到着予定時間は何時ですか。
모쿠테끼찌에노토-챠쿠요떼이-지깡와난지데스까.
导游 大概几点到达目的地?
Dǎoyóu Dàgài jǐdiǎn dàodá mùdìdì?

운전수 도착 예정시간은 약 2시간 후인 오후 8시 35분입니다.
Driver We will arrive there in 2 hours at 8:35 P.M.
運転手 到着予定時間は約2時間後の午後8時35分です。
토챠쿠요떼이-지깡와야크니지깡고노고고하찌지산쥬-고훈데스.
司机 预订到达时间是两个小时以后，大概是下午8点35分。
Sījī Yùdìng dàodá shíjiān shì liǎng gè xiǎoshí yǐhòu, dàgài shì xiàwǔ 8diǎn 35fēn。

(3) 배편 이용 시(By Ship / 船便利用時 / 船 Chuán)

매표소(At the Ticket Office / 切符売り場 / 售票处 Shòupiàochù)

인솔자 빈탄 섬으로 가는 표를 구매하려고 합니다. 인원은 성인 10명, 아동 5명, 총 15명입니다.
T/C I'd like to get tickets to Bintan for 15 people including 10 adults and 5 children.

引率者 ビンタン島まで、大人10枚、子供5枚お願いします。
빈탄토-마데, 오또나쥬-마이, 코도모고마이오네가이시마스.

导游 我要买去民丹岛的船票。10个成人、5个儿童，一共是15个人。

Dǎoyóu Wǒ yào mǎi qù Míndāndǎo de chuánpiào。10gè chéngrén, 5gè értóng, yígòng shì 15gè rén。

매표원 알겠습니다. 결제는 현금입니까? 카드입니까?

Clerk I see. How would you like to pay? By Cash? By Credit card?

出札係 かしこまりました。お支払は現金ですか。カードですか。
카시코마리마시따. 오시하라이와겡낑데스까, 카-도데스까.

售票员 好的。您要付现金还是刷卡?

Shòupiàoyuán Hǎo de。Nín yào fù xiànjīn háishi shuākǎ?

인솔자 현금으로 결제하겠습니다.

T/C I will pay by cash.

引率者 現金で支払います。
겡낑데시하라이마스.

导游 我要付现金。

Dǎoyóu Wǒ yào fù xiànjīn。

배 안(In the Ship / 船の中 / 在船上 Zài chuán shang)

인솔자 좌석은 어디에 있나요?

T/C Excuse me, Where can we sit?

引率者 座席はどこですか。
자세끼와도꼬데스까.

导游 我们的座位在哪儿?

Dǎoyóu Wǒmen de zuòwèi zài nǎr?

승무원 저쪽 중간 자리에 있습니다.

Flight Attendant Your seat is in the middle of the aisle over there.

乗務員 あちらの中程でございます。

아찌라노나까호도데고자이마스.

乘务员 在中间的座位。

Chéngwùyuán Zài zhōngjiān de zuòwèi。

인솔자 목적지까지 도착 예정시간은 언제인가요?

T/C When is the arrival time?

引率者 目的地への到着予定時間は何時ですか。

모쿠테끼찌에노토-챠크요떼이-지깡와난지데스까.

导游 大概几点到达目的地?

Dǎoyóu Dàgài jǐdiǎn dàodá mùdìdì?

승무원 도착 예정시간은 약 2시간 후인 오후 8시 35분입니다.

Flight Attendant We will arrive there in 2 hours at 8:35 P.M.

乗務員 到着予定時間は約2時間後の午後8時35分です。

토-챠크요떼이-지깡와야쿠니지깡고노고고하찌지산쥬-고훈데스.

乘务员 预订到达时间是两个小时以后, 大概是下午8点35分。

Chéngwùyuán Yùdìng dàodá shíjiān shì liǎng gè xiǎoshí yǐhòu, dàgài shì xiàwǔ 8diǎn 35fēn。

인솔자 화장실은 어디에 있나요? 구명조끼는 어디에 있나요?

T/C Where is the washroom? Where is the life jacket?

引率者 トイレはどこにありますか。救命胴衣はどこにありますか。

토이레와도꼬니아리마스까. 큐-메이-도-이와도꼬니아리마스까.

导游 请问, 卫生间在哪儿? 救生衣在哪儿?

Dǎoyóu Qǐngwèn, wèishēngjiān zài nǎr? Jiùshēngyī zài nǎr?

3) 관광지에서(At the Tourism Sites / 観光地で / 在旅游区 Zài lǚyóuqū)

매표소(At the Ticket Office / 切符売り場 / 售票处 Shòupiàochù)

직원 안녕하세요?

Clerk Hello?

職員 こんにちは。

콘니찌와.

职员 你好!

zhíyuán Nǐ hǎo!

인솔자 입장권을 구매하려고 합니다. 저희 인원은 성인 10명, 아동 5명 그리고 인솔자 1명입니다. 얼마죠?

T/C I'd like to get a ticket. There arc 16 people including 10 adults, 5 children, and 1 tour conductor. How much is it?

引率者 入場券をお願いします。大人10人、子供5人、それから引率者一人です。いくらですか。

뉴-죠-켕오네가이시마스. 오또나쥬-닌, 코도모고닌, 소레까라인소쯔샤히또리데스. 이꾸라데스까.

导游 我要买门票。10个成人、5个儿童和1个导游, 一共多少钱?

Dǎoyóu Wǒ yào mǎi ménpiào。10gè chéngrén, 5gè értóng hé 1gè dǎoyóu, yígòng duōshǎo qián?

직원 성인은 1인당 $15, 아동은 $5 총 $175입니다. 인솔자는 무료입니다. 결제는 현금으로 하시겠습니까? 카드로 하시겠습니까?

Clerk It costs $15 per adult. it costs $5 per child.
It"s free for the tour conductor. How would you like to pay? By Cash? By Credit card?

職員 大人は一人当たり15ドル、子供は5ドルですので、全部で175ドルになります。引率者(いんそつしゃ)の方(かた)は無料(むりょう)です。お支払(しはらい)は現金(げんきん)ですか。それともカードですか。

오또나와히또리아따리쥬-고도루, 코도모와고도루데스노데. 젠부데하쿠나나쥬-고도루니나리마스. 인소쯔샤노카따와무료-데스. 오시하라이와겡낑데스까, 소레또모카-도데스까.

职员 成人票一张15美元、儿童票一张5美元，一共是175美元。导游是免费的。您要付现金还是刷卡?

zhíyuán Chéngrénpiào yìzhāng 15měiyuán、értóngpiào yìzhāng měiyuán, yígòng shì 175měiyuán。Dǎoyóu shì miǎnfèi de。Nín yào fù xiànjīn háishi shuākǎ?

인솔자 현금으로 하겠습니다.

T/C I will pay by cash.

引率者(いんそつしゃ) 現金(げんきん)で払(はら)います。

겡낑데하라이마스.

导游 我要付现金。

Dǎoyóu Wǒ yào fù xiànjīn。

관광지 안에서(In the Tourism Site / 観光地(かんこうち)の中(なか)で / 在旅游区内)

인솔자 실례합니다. 기념품 판매점은 어디에 있나요?

T/C Excuse me, I'm looking the for souvenir shop.

引率者(いんそつしゃ) すみません。お土産屋(みやげや)はどこにありますか。

스미마셍. 오미야게야와도꼬니아리마스까.

导游 请问，纪念品店在哪儿?

Dǎoyóu Qǐngwèn, jìniànpǐndiàn zài nǎr?

직원 직진으로 가다가 사거리가 나옵니다. 거기서 왼쪽으로 가면 됩니다.

Clerk Just go straight to the intersection. Then, turn left at the intersection.

職員 まっすぐ行くと交差点に出ます。そこを左に曲がるとあります。
마쓰구이쿠또코-사뗑니데마스. 소코오히다리니마가루또아리마스.

职员 一直往前走，到十字路口，然后往左拐就是。

zhíyuán Yìzhí wǎngqián zǒu, dào shízìlùkǒu, ránhòu wǎng zuǒguǎi jiùshì。

인솔자 실례합니다. 화장실은 어디에 있나요?

T/C Excuse me, I'm looking for the washroom, please.

引率者 すみません。トイレはどこですか。
스미마셍. 토이레와도꼬데스까.

导游 请问，卫生间在哪儿？

Dǎoyóu Qǐngwèn, wèishēngjiān zài nǎr?

직원 화장실은 왼쪽으로 가다가 삼거리가 나옵니다. 거기서 우측으로 가시면 됩니다. 잘 모르면 공원 안내 표지판이 있으니 참고 하십시오.

Clerk Okay! Turn left and Go until you get to a T-junction.
At the T-junction, turn right. You can't miss it. If you don't understand, you can look at the sign board in the park.

職員 ここから左にまっすぐ行くとY字路があります。そこを右に曲がるとトイレがあります。よくわからなかったら公園の案内表示板をご覧ください。
코꼬까라히다리니맛스구이쿠또와이지로가아리마스. 소코오미기니마가루또토이레가아리마스. 요쿠와카라나캇타라코-엔노안나이효지반오고랑쿠다사이.

职员 卫生间往左边走，到丁字路口，然后往右拐就是。不清楚的话，请您参考一下公园导游图。

zhíyuán Wèishēngjiān wǎng zuǒbian zǒu, dào dīngzìlùkǒu, ránhòu wǎng yòuguǎi jiùshì。Bù qīngchu de huà, qǐng nín cānkǎo yíxià gōngyuán dǎoyóutú。

4) 식당에서(In the Restaurant / 食堂で / 在餐厅 Zài cāntīng)

인솔자 저희 일행은 15명입니다. 자리를 안내해 주시겠습니까?
T/C There are 15 people in our party. Could you show us to a table?
引率者 15人なんですが、席がありますか。
쥬-고닌난데스가. 세키가아리마스까.
导游 我们一共15个人。我们的座位在哪儿?
Dǎoyóu Wǒmen yígòng 15gè rén。wǒmen de zuòwèi zài nǎr?

웨이터 예약을 하셨습니까?
Waiter Did you guys make a reservation?
ウェイター ご予約はされましたか。
고요야크와사레마시따까.
服务员 您预订了吗?
Fúwùyuán Nín yùdìng le ma?

인솔자 네, KATE투어로 15명 예약을 하였습니다. 확인 부탁드립니다.
T/C Yes, we have a reservation for 15 persons under name of KATE tour.
引率者 はい、KATEツアーで15人予約しました。確認お願いします。
하이, KATE쯔아-데쥬-고닌요야쿠시마시따. 카크닌오네가이시마스.
导游 是的。以KATE观光的名义预订了15个人。请给确认一下。
Dǎoyóu Shìde。yǐ KATEguānguāng de míngyì yùdìng le 15gè rén。Qǐng gěi quèrèn yíxià。

웨이터 (확인 후) 확인되었습니다. 이쪽으로 오시지요
Waiter (After checking) I've got it. This way, please.
ウェイター (確認後)確認いたしました。こちらにどうぞ。
(카크닌고)카크닌이따시마시따. 코찌라니도-죠.
服务员 (确认后) 确认好了。请到这儿来。
Fúwùyuán (quèrèn hòu) quèrèn hǎo le。Qǐng dào zhèr lái。

인솔자 여기 (물, 반찬, 밥, 앞 접시) 가져다주시겠습니까?

T/C Excuse me, May I have (water, side dish, steamed rice, small dish)?

引率者 こちらに(水、おかず、ご飯、皿)をお願いします。
코찌라니(미즈, 오까즈, 고항, 사라)오오네가이시마스.

导游 请给我们(水、小菜、米饭、个人用碟子)。

Dǎoyóu Qǐng gěi wǒmen(shuǐ, xiǎocài, mǐfàn, gèrényòngdiézi)。

웨이터 알겠습니다. 더 필요한 것은 없습니까?

Waiter Okay, sir! Anything else?

ウェイター かしこまりました。他に必要なものはございませんか。
카시코마리마시따. 호까니히쯔요오-나모노와고자이마셍까.

服务员 好的。还需要什么?

Fúwùyuán Hǎo de。Hái xūyào shénme?

5) 쇼핑센터에서(At the Shopping center / ショッピングセンターで / 在购物中心 Zài gòuwùzhōngxīn)

구매자 이 나라에서 제일 유명한 제품은 무엇인가요?

Guest What is the most popular item in your country?

客 こちらで一番有名な商品は何ですか?
코찌라데이찌방유-메이-나쇼-힝와난데스까.

客人 在这个国家最有名的产品是什么?

Kèrén Zài zhège guójiā zuì yǒumíng de chǎnpǐn shì shénme?

판매자 이 나라에서 제일 유명한 것은 라텍스입니다.

Clerk We specialize in Latex.

販売員 こちらで一番有名なのはラテックスです。
코찌라데이찌방유-메이-나노와라텍크스데스.

售货员 在这个国家最有名的产品是乳胶。

Shòuhuòyuán Zài zhège guójiā zuì yǒumíng de chǎnpǐn shì rǔjiāo。

구매자 이 제품의 가격은 얼마이죠?
Guest How much is this?
客 これはいくらですか。
코레와이꾸라데스까.
客人 这个产品的价格是多少?
Kèrén Zhège chǎnpǐn de jiàgé shì duōshao?

판매자 $150입니다.
Clerk It costs $150.
販売員 150ドルです。
하꾸고쥬-도루데스.
售货员 150美元。
Shòuhuòyuán 15měiyuán。

구매자 이 제품은 환불 및 교환이 되나요?
Guest Is this refundable and exchangeable?
客 これは払い戻しや交換ができますか。
코레와하라이모도시야코-캉가데끼마스까.
客人 这个产品可不可以退换?
Kèrén Zhège chǎnpǐn kěbùkěyǐ tuìhuàn?

판매자 교환 및 환불이 됩니다.
Clerk Certainly, sir
販売員 交換も払い戻しも可能でございます。
코-캉모하라이모도시모카노-우데스.
售货员 都可以。
Shòuhuòyuán Dōu kěyǐ。

구매자 이 제품은 할인이 되나요?
Guest Can I get a discount on this?

客 これは割引できますか。
코레와와리비끼데키마스까.

客人 这个产品可以打折吗?
Kèrén Zhège chǎnpǐn kěyǐ dǎzhé ma?

구매자 이 제품을 취급할 때 주의사항은 무엇인가요?
Guest What is the precaution when using this product?
客 (これの) 取り扱いの注意点はありますか。
(코레노)토리아쯔이노츄-이텡와아리마스까.
售货员 使用这个产品的时候, 要注意的是什么?
Shòuhuòyuán Shǐyòng zhège chǎnpǐn de shíhou, yào zhùyì de shì shénme?

3 귀국업무(Homecoming Affairs / 帰国業務 / 回国业务 Huíguó yèwù)

1) 현지 공항에서(At the Airport / 現地 空港で / 在当地机场 / Zài dāngdì jīchǎng)

카운터(At the Airline Counter / カウンター / 值机柜台 Zhíjīguìtái)

카운터 항공권과 여권을 주시겠습니까?
Clerk May I see your e-ticket and passport?
カウンター 航空券とパスポートを見せていただけますか。
코-쿠켕또파스포-토오미세떼이따다케마스까.
值机柜台 请给我您的机票和护照。
Zhíjīguìtái Qǐng gěi wǒ nín de jīpiào hé hùzhào。

인솔자 여기 있습니다. 혹시 좌석 배정이 가능하면 저희 일행들은 앞쪽 좌석으로 부탁합니다.

T/C Here it is. If possible, we would like to have the front seat, please.

引率者(いんそつしゃ) はい、どうぞ。できたら前(まえ)の方(ほう)の座席(ざせき)をお願(ねが)いします。

하이, 도-죠. 데끼따라마에노호-노자세끼오오네가이시마스.

导游 在这儿。如果可以的话，请给我们安排前面的座位。

Dǎoyóu Zài zhèr。Rúguǒ kěyǐ de huà, qǐng gěi wǒmen ānpái qiánmian de zuòwèi。

카운터 확인하겠습니다.

Clerk I will check.

カウンター 確認(かくにん)いたします。

카쿠닌이따시마스.

值机柜台 我确认一下。

Zhíjīguìtái Wǒ quèrèn yíxià。

인솔자 혹시 비상구 자리가 있다면, 제 좌석은 비상구 좌석으로 배정을 부탁합니다.

T/C Can I have a seat near the exit door, if possible?

引率者(いんそつしゃ) もし空(あ)いていたら、非常口(ひじょうぐち)の横(よこ)の座席(ざせき)にしてください。

모시아이떼이따라, 히죠-구찌노자세끼니시떼쿠다사이.

导游 如果有紧急出口座位，请给我安排紧急出口的座位。

Dǎoyóu Rúguǒ yǒu jǐnjíchūkǒu zuòwèi, Qǐng gěi wǒ ānpái jǐnjíchūkǒu de zuòwèi。

카운터 확인하겠습니다. 탑승권 드리겠습니다. 확인해주세요. 그리고 원래 비행 출발 시간은 오후 8시였는데 기체 결함(기상조건)으로 출발이 지연되었습니다.

Clerk Okay, I will check. Here you are. Could you confirm your boarding pass? By the way, the departure time was 8 P. M, but it was delayed because of mechnical problems(inclement weather condition).

カウンター 確認(かくにん)いたします。こちらが搭乗券(とうじょうけん)です。ご確認(かくにん)ください。出(しゅっ)

発時間は午後8時の予定でしたが、機体の欠陥(悪天候)のため、出発が遅れております。

카쿠닌이따시마스. 코찌라가토-죠-껭데스. 고카쿠닌쿠다사이. 슛빠쯔지깡와고고하찌지노요떼이-데시따가, 키따이노켓깡(아쿠텐꼬-)노따메, 슛빠쯔가오쿠레떼오리마스.

值机柜台 我确认一下。给您登机牌。请您确认一下机票。本来起飞时间是下午8点，因飞机故障(气象)的关系，延迟了起飞时间。

Zhíjīguìtái Wǒ quèrèn yíxià。Gěi nín dēngjīpái。Qǐng nín quèrèn yíxià jīpiào。Běnlái qǐfēi shíjiān shì xiàwǔ 8diǎn, yīn fēijī gùzhàng(qìxiàng) de guānxi, yánchí le qǐfēi shíjiān。

인솔자 그럼 예정된 출발 시간은 언제인가요?

T/C What is the changed departure time?

引率者 では、出発予定時間は何時ですか。

데와, 슛빠쯔요떼이-지깡와난지데스까.

导游 那么，打算什么时候出发?

Dǎoyóu Nàme, dǎsuan shénmeshíhòu chūfā?

카운터 내일 오전 8시입니다.

Clerk It's 8 a. m. tomorrow morning.

カウンター 明日の午前8時です。

아시따노고젠하찌지데스.

值机柜台 明天上午8点。

Zhíjīguìtái Míngtiān shàngwǔ 8diǎn。

인솔자 출발 지연에 따른 보상은 어떻게 됩니까?

T/C What is the compensation for the delay?

引率者 出発遅延による補償はどうなりますか。

슛빠쯔찌엔니요루호쇼-와도오-나리마스까.

导游 那，怎么补偿我们?

Dǎoyóu Nà, zěnme bǔcháng wǒmen?

카운터 공항 근처 호텔에서 1박, 교통편, 식사를 제공해드리도록 하겠습니다.

Clerk We'll provide free one night accommodation near the airport, transportation, and meals.

カウンター 空港周辺ホテルでのご一泊、交通費、および、お食事を提供させていただきます。

쿠-코-슈-헨호테루데노고잇빠쿠,코-쯔-히,오요비,오쇼쿠지오테이-쿄-사세떼이따다키마스.

值机柜台 我们要给您提供餐食、交通还有在机场附近的饭店住1晚。

Zhíjīguìtái Wǒmen yào gěi nín tígōng cānshí, jiāotōng háiyǒu zài jīchǎng fùjìn de fàndiàn zhù 1wǎn。

출국심사(At the Immigration Office / 出国審査 / 出境检查 Chūjìng jiǎnchá)

심사관 여권을 보여주시겠습니까?

Officer May I see your passport?

審査官 パスポートを見せていただけますか。

파스포-토오미세떼이따다케마스까.

审查员 请出示护照。

shěncháyuán Qǐng chūshì hùzhào。

관광객 여기 있습니다.

Tourist Here it is.

観光客 はい、どうぞ。

하이, 도-죠.

游客 在这儿。

Yóukè Zài zhèr。

심사관 출국신고서가 없습니다. 저쪽에 출국신고서가 있으니 작성해서 오시기 바랍니다.

Officer You don't have any departure card. Could you fill in a departure card over there?

審査官 出国申告書がありません。あちらに出国申告書があるので作成してきてください。

숏꼬쿠신꼬쇼가아리마셍. 아찌라니숏꼬쿠신꼬쿠쇼가아루노데사쿠세이-시떼키떼쿠다사이.

审查员 没有出境卡。那边有出境卡，请填一下。

shěncháyuán méiyǒu chūjìngkǎ。Nàbiān yǒu chūjìngkǎ, qǐng tián yíxià。

관광객 네, 알겠습니다.

Tourist I've got it.

観光客 はい、分かりました。

하이, 와까리마시따.

游客 好的，知道了。

Yóukè Hǎo de, zhīdao le。

심사관 어느 나라로 출국하시죠?

Officer Where are you going to?

審査官 どの国に出国なさいますか。

도노쿠니니숏꼬쿠나사이마스까.

审查员 去哪个国家？

shěncháyuán Qù nǎgè guójiā?

관광객 한국으로 갑니다.

Tourist I'm going to Korea.

観光客 韓国に行きます。

캉꼬꾸니이끼마스.

游客 去韩国。

Yóukè Qù Hánguó。

심사관 여기에 머무는 동안 투숙했던 곳은 어디인가요?

Officer Where did you stay during your trip?

審査官(しんさかん) 滞在中(たいざいちゅう)の宿泊先(しゅくはくさき)はどちらでしたか。

타이-자이츄-노슈쿠하쿠사키와도치라데시타까.

审查员 停留期间住哪儿?

shěncháyuán Tíngliú qījiān zhù nǎr?

관광객 하얏트 호텔입니다.

Tourist I stayed at the Hyatt hotel.

観光客(かんこうきゃく) ハイアットホテルです。

하이야토호테루데스.

游客 凯悦酒店。

Yóukè Kǎiyuèjiǔdiàn。

심사관 즐거운 시간 보냈습니까?

Officer Did you have good time there?

審査官(しんさかん) 旅行(りょこう)は楽(たの)しかったですか。

료꼬-와타노시캇따데스까.

审查员 玩儿得愉快吗?

shěncháyuán wánr de yúkuài ma?

관광객 네, 무척 즐거웠습니다.

Tourist Yes! I had great time in your country.

観光客(かんこうきゃく) はい、とても楽(たの)しかったです。

하이, 토떼모타노시깟따데스.

游客 是, 玩儿得很开心。

Yóukè Shì, wánr de hěn kāixīn。

심사관 감사합니다. 안녕히 가세요.

Officer Thanks. Have a good trip!

審査官 ありがとうございます。さようなら。
아리가또-고자이마스. 사요-나라

审查员 谢谢! 再见。

shěncháyuán Xièxie! Zàijiàn。

면세구역 내(In the Duty Free Section / 免税区域 内 / 在免税区内 Zàimiǎnshuìqū nèi)

관광객 이 제품의 가격은 얼마죠?

Tourist How much does it cost?

観光客 商品はいくらですか。
쇼-힝와이꾸라데스까

游客 这产品的价格是多少?

Yóukè Zhè chǎnpǐn de jiàgé shì duōshao?

관광객 이 제품의 사용방법은 어떻게 되나요?

Tourist How can I use this?

観光客 商品の使い方を教えてください。
쇼-힝노쓰카이까따오오시에떼쿠다사이.

游客 这产品怎么用?

Yóukè Zhè chǎnpǐn zěnme yòng?

관광객 이 제품의 유통기한은 어떻게 되죠?

Tourist What is the expiration date?

観光客 商品の使用期限はいつまでですか。
쇼-힝노시요-키겡와이쯔마데데스까.

游客 这产品的保质期是多长时间?

Yóukè Zhè chǎnpǐn de bǎozhìqī shì duōcháng shíjiān?

관광객 남성(여성)도 사용 가능한 제품인가요?

Tourist Is this for men? Is this for women?

観光客 男性(女性)も使える商品ですか。
단세이-(죠세이-)모쯔카에루쇼-힝데스까.

游客 男性(女性)也可以用吗?

Yóukè Nánxìng(nǚxìng) yě kěyǐ yòng ma?

관광객 이 양주로 주세요. 얼마죠?

Tourist I will buy this whisky. How much is it?

観光客 この洋酒をください。いくらですか。
코노요-슈오쿠다사이. 이꾸라데스까.

游客 请给我这瓶洋酒。多少钱?

Yóukè Qǐng gěi wǒ zhè píng yángjiǔ。Duōshǎo qián?

판매원 $100입니다. 최종 목적지가 어디신가요? 혹시 경유 하십니까?

Clerk It costs $100. What is the final destination? Are you by any chance transferring?

100ドルです。最終目的地がどこですか。乗り換えなさいますか。
하쿠도루데스. 사이슈-모쿠테끼찌가도꼬데스까, 노리카에나사이마스까.

售货员 100美元。最终目的地是哪儿? 要转机吗?

Shòuhuòyuán 100měiyuán。Zuìzhōng mùdìdì shì nǎr? Yào zhuǎnjī ma?

관광객 아니요, 최종 목적지는 한국이고요, 직항입니다.

Tourist No. My final destination is Korea. I will go on a direct flight.

観光客 いいえ、最終目的地は韓国で、直航です。
이-에, 사이슈-모쿠테끼찌와캉꼬꾸데, 춋꼬-데스.

游客 不是, 最终目的地是韩国, 是直达航班。

Yóukè búshì, zuìzhōng mùdìdì shì Hánguó, shì zhídáhángbān。

판매원 네, 고객님 액체류는 최종 목적지에 도착하실 때까지 이 포장을 뜯으시면 안 됩니다.

Clerk These liquids should not be unpacked until you arrive at your destination.

はい、お客様、液体類は最終目的地にご到着されるまで、包装紙からお出しにならないでください。

하이, 오캬쿠사마, 에끼타이류이와사이슈-모쿠테끼찌니고토-챠쿠사레루마데, 호-소-시까라오다시니나라나이데쿠다사이.

售货员 好的。有液体物品的话，在到达目的地之前，千万别打开包装。

Shòuhuòyuán Hǎo de。yǒu yètǐwùpǐn de huà, zài dàodá mùdìdì zhīqián, qiānwàn bié dǎkāi bāozhuāng。

관광객 여기 흡연 구역은 어디죠?

Tourist Excuse me, I'm looking for the smoking section.

観光客 喫煙所はどこですか。

키쯔엥죠와도코데스까.

游客 吸烟区在哪儿?

Yóukè Xīyānqū zài nǎr?

직원 직진하시다가 저기 보이는 기둥 오른쪽에 있습니다.

Clerk Go straight until you find the pillar. It's on the right side of the pillar.

職員 まっすぐ行くと、あそこに見える柱の右側にあります。

맛쓰구이쿠또, 아소꼬니미에루하시라노미기가와니아리마스.

职员 一直往前走，那边的柱子右边就是。

zhíyuán Yìzhí wǎngqián zǒu, nàbiān de zhùzi yòubian jiùshì。

관광객 14번 게이트가 어디에 있죠?

Tourist Could you tell me where gate 14 is?

観光客 14番ゲートがどこにありますか。

쥬-온반게-또가도꼬니아리마스까.

游客 14号登机口在哪儿?
Yóukè 14hào dēngjīkǒu zài nǎr?

직원 저 앞 샤넬매장을 끼고 우회전 하다가 다시 좌회전 하면 됩니다.
Clerk Turn right at the Channel, then turn left.
職員 あのシャネルの売り場を過ぎた所を右に曲がって、すぐに左に曲がるとあります。
아노샤네루노우리바오스기따토꼬로오미기니마갓떼, 쓰구니히다리니마가루또아리마스.
职员 在前边那个香奈儿店面往右拐, 然后再往左拐就是。
zhíyuán Zài qiánbian nàge xiāngnài'ĕr diànmiàn wǎng yòuguǎi, ránhòu zài wǎng zuǒguǎi jiùshì。

탑승구 변경 안내(Information on the New Departure Gate / 搭乗口の変更案内 / 通知登机口更改 Tōngzhī dēngjīkǒu gēnggǎi)

직원 안내해드립니다. 금일 인천으로 가는 OZ731편의 탑승구가 13번 탑승구에서 7번 탑승구로 변경되었음을 알려드립니다. OZ731편을 이용하는 고객께서는 이용에 착오 없으시길 바랍니다.
Clerk Hello. Passengers of flight OZ731 bound for Incheon. The departure gate has been changed from gate 13 to gate 7. Thank you for your patience.
職員 ご案内いたします。本日の仁川行きアシアナ731便のご搭乗口が13番から7番に変更されましたことをお知らせいたします。アシアナ731便をご利用のお客様は、お間違えのないよう、ご注意ください。
고안나이이따시마스. 혼지쯔노인촌유끼아시아나나나상이찌빙노고토- 죠-구찌가쥬산반까라나나반니헨꼬-사레마시따코또오오시라세이따시마스. 아시아나나나상이찌빙오고리요-노오캬쿠사마와, 오마찌가에노나이요-, 고츄이쿠다사이.
职员 各位乘客请注意。今天飞往仁川的OZ731航班, 13号登机口更改到了7号。乘坐OZ731航班的乘客们，请别发生错误。

zhíyuán Gèwèi chéngkè qǐng zhùyì。Jīntiān fēiwǎng Rénchuān de OZ731hángbān, 13hào dēngjīkǒu gēnggǎi dàole 7hào。Chéngzuò OZ731hángbān de chéngkèmen, qǐng bié fāshēng cuòwù。

관광객 여기가 금일 인천으로 가는 OZ731편의 변경된 탑승구가 맞습니까?

Tourist Excuse me, Is this the gate for flight OZ731 bound for Incheon?

観光客 ここが仁川行きのアシアナ731便の変更された搭乗口ですか。

고꼬가인촌유끼노아시아나나나상이찌빙노헨꼬-사레따토-죠-구찌데스까.

游客 这里是飞往仁川的登机口吗?

Yóukè Zhèlǐ shì fēiwǎng Rénchuān de dēngjīkǒu ma?

직원 네, 맞습니다.

Clerk Yes, that is right.

職員 はい、そうです。

하이, 소오-데스.

职员 是的。

zhíyuán Shìde。

2) 환승의 경우(For the Transit Passenger / 乗り換えの場合 / 转机时 Zhuǎnjī shí)

환승 공항(At the Transit Counter / 乗り換え 空港 / 在机场转机 Zài jīchǎng zhuǎnjī)

인솔자 저기요, 실례합니다. 환승 카운터가 어디입니까?

T/C Excuse me, I'm looking for the transit counter.

引率者 あの、すみません。乗り換えのカウンターはどこですか。

아노, 스미마셍. 노리까에노카운타-와도꼬데스까.

导游 请问一下，办转机的柜台在哪儿?

Dǎoyóu qǐngwèn yíxià, bàn zhuǎnjī de guìtái zài nǎr?

직원 저기 보이는 환승안내표지판을 따라서 가시면 됩니다.

Clerk Do you see that board? You can follow the direction board to the transit counter..

職員 あそこに見える乗り換え案内標識に従って行ってください。

아소코니미에루노리까에안나이효-시끼니시타갓떼잇떼쿠다사이.

职员 按着那边的转机指示牌走，就到了。

zhíyuán Àn zhe nàbiān de zhuǎnjī zhǐshìpái zǒu, jiù dào le。

인솔자 인천으로 가는 20명 단체 여행객입니다. 환승 수속을 부탁드립니다.

T/C There are 20 transit passengers to Incheon. We'd like to check in, please.

引率者 仁川に行く20人の団体旅行客です。乗り換え手続きをお願いします。

인촌니이쿠니쥬-닌노단따이료꼬-캬쿠데스. 노리까에테쯔즈끼오오네가이시마스.

导游 我们是飞往仁川的20名团体旅游客。请帮助办转机手续。

Dǎoyóu Wǒmen shì fēiwǎng Rénchuān de 20míng tuántǐ lǚyóukè。Qǐng bāngzhù bàn zhuǎnjī shǒuxù。

카운터 여권과 항공권을 주시기 바랍니다.

Clerk May I see your passport and boarding pass?

カウンター パスポートと航空券をお願いします。

파스포-토또코-쿠-켄오오네가이시마스.

值机柜台 请给我护照和机票。

Zhíjīguìtái Qǐng gěi wǒ hùzhào hé jīpiào。

카운터 여기 여권과 탑승권을 받으십시오.

Clerk Here are your passport and boarding pass.

カウンター パスポートと搭乗券をお受け取りください。

파스포-토또토-죠-겐오오우께또리쿠다사이.

值机柜台 请拿好护照和机票。

Zhíjīguìtái Qǐng náhǎo hùzhào hé jīpiào。

인솔자 감사합니다.

T/C Thanks.

引率者 ありがとうございます。

아리가또-고자이마스.

导游 谢谢。

Dǎoyóu Xièxie。

4 응급사항 발생 시(병원, 경찰서 등) / Emergency Situation(At the Hospital, At the Police Station) / 応急事項発生時(病院、警察署など) / 发生紧急情况时(医院、警察局等) Fāshēng jǐnjí qíngkuàng shí(yīyuàn、jǐngchájú děng)

1) 관광지 혹은 거리에서 고객이 다쳤을 경우(When injured at sightseeing section or on the street / 観光地あるいは市街で顧客が負傷した場合 / 在旅游区或者路上受伤的情况 / Zài Lǚyóuqū huòzhě lùshang shòushāng de qíngkuàng)

인솔자 (지나가는 행인에게) 저기요, 실례지만 구급차 좀 불러 주시겠어요?

T/C Excuse me, Could you call me an ambulance?

引率者 (通行人に) すみません、救急車を呼んでいただけますか?

(쯔-꼬-닌니)스미마셍, 큐-큐-샤오욘데이따다케마스까.

导游 (向路过的行人) 麻烦您, 请叫一下救护车。

Dǎoyóu (xiàng lùguò de xíngrén) Máfan nín, qǐng jiào yíxià jiùhùchē。

인솔자 (전화통화) 여보세요? 911이죠? 여기 사람이 다쳐서 쓰러졌습니다. 구급차 좀 불러 주시겠습니까?

T/C (on the phone) Hello? 911? Someone here has been injured. Can an ambulance be called?

引率者 (電話)もしもし911ですか。怪我人が倒れています。救急車をお願いします。

(뎅와) 모시모시, 큐-이찌이찌데스까. 케가히또가타오레떼이마스. 큐-큐-샤오오네가이시마스.

导游 (打电话) 喂? 是911吗? 这儿有人受了伤, 昏过去了。能不能派一辆救护车过来?

Dǎoyóu (dǎ diànhuà) Wéi? Shì 911 ma? Zhèr yǒurén shòule shāng, hūnguoqu le。Néng bùnéng pài yíliàng jiùhùchē guòlái?

소방서 (전화통화) 알겠습니다. 위치가 어떻게 되죠?

Officer (on the phone) I see. Where are you?

消防署 (電話)分かりました。場所はどこですか。

(뎅와) 와까리마시따. 바쇼와도꼬데스까.

消防局 (打电话) 知道了。位置在哪儿?

Xiāofángjú (dǎ diànhuà) Zhīdao le。Wèizhi zài nǎr?

인솔자 (전화통화) 현재 여기 위치가 스탠리 공원 안에 있는 스타벅스 왼편에 있는 의자입니다.

T/C We are sitting on the left side of Starbucks in Stanley park .

引率者 (電話)スタンレー公園内にあるスターバックスの左手の椅子のところにいます。

(뎅와)스탄리코-엔나이니아루스타박크스노히다리테노이스노토꼬로니이마스.

导游 (打电话) 这里是史丹利公园里的星巴克左边的椅子。

Dǎoyóu (dǎ diànhuà) Zhèlǐ shì Shǐdānlì gōngyuán li de Xīngbākè zuǒbian de yǐzi。

소방서 (전화통화) 구급차를 보내드리겠습니다. 환자를 안전한 곳으로 옮겨주시고 상황을 잘 살펴 주세요.

Officer We will send an ambulance. You should take the patient to a safer place, then monitor the situation.

消防署 (電話)すぐに救急車が向かうので、患者を安全な場所に移して、患者の様子をよく見ていてください。

(뎅와)스구니큐-큐-샤가무카우노데, 칸쟈오안젠나바쇼니우쯔시떼, 칸쟈노요-스오요큐미떼이떼쿠다사이.

消防局 (打电话) 我们马上派救护车过去。先把病人移到安全的地方, 再看一下病人的情况。

Xiāofángjú (dǎ diànhuà) Wǒmen mǎshàng pài jiùhùchē guòqù。Xiān bǎ bìngrén yídào ānquán de dìfang, zài kàn yíxià bìngrén de qíngkuàng。

구급대원 어떻게 된 일이죠?

Officer What seems to be the problem?

救急隊員 どうしましたか。

도오-시마시따까.

急救人员 怎么受的伤?

Jíjiùrényuán Zěnme shòu de shāng?

인솔자 길을 걷다가 넘어져서 머리를 다쳤습니다.

T/C He fell and hurt his head while he was walking.

引率者 道を歩いているときに転んで頭を怪我しました。

미찌오아루이떼이루토끼니코론데아따마오케가시마시따.

导游 在路上跌倒头部受伤了。

Dǎoyóu Zài lùshang diēdǎo tóubù shòushāng le。

인솔자 길을 걷다가 갑자기 배가 아프다며 쓰러졌습니다.

T/C He fell and had stomach pain while he was walking.

引率者 道を歩いているときに突然お腹が痛いと言って倒れました。

미찌오아루이떼이루토끼니도쯔젠오나까가이따이또잇떼타오레마시따.

导游 在路上突然肚子疼晕倒了。

Dǎoyóu Zài lùshang tūrán dùziténg yūndǎo le。

인솔자 길을 걷다가 갑자기 가슴에 통증을 느끼며 쓰러졌습니다.

T/C He fell and had chest pain while he was walking.

引率者 道を歩いているときに急に胸が痛いといって倒れました。
미찌오아루이떼이루토끼니큐-니무네가이따이또잇떼타오레마시따.

导游 在路上突然觉得胸口疼晕倒了。

Dǎoyóu Zài lùshang tūrán juéde xiōngkǒuténg yūndǎo le。

인솔자 길을 걷다가 발을 헛디뎌서 발목에 통증을 느끼고 있습니다.

T/C He fell and had ankle pain while he was walking.

引率者 道を歩いている時に、足を挫いてしまって、足首が痛いそうです。
미찌오아루이떼이루토끼니, 아시오쿠지니떼시맛떼, 아시쿠비가이따이소우데스.

导游 在路上突然扭伤了脚踝, 脚很疼。

Dǎoyóu Zài lùshang tūrán niǔshāng le jiǎohuái, jiǎo hěn téng。

인솔자 길을 걷다가 갑자기 발작을 일으키며 쓰러졌습니다.

T/C He fell and had a seizure while he was walking.

引率者 道を歩いているときに急に発作を起こして倒れました。
미찌오아루이떼이루토끼니큐-니홋싸오오코시떼타오레마시따.

导游 在路上突然发生了突发状况晕倒了。

Dǎoyóu Zài lùshang tūrán fāshēng le tūfā zhuàngkuàng yūndǎo le。

2) 병원 진료 시(Hospital practice / 病院診療時 / 在医院看病的时候 Zài yīyuàn kànbìng de shíhou)

접수대 어디가 아파서 오셨죠?

Clerk What seems to be the problem?

受付 どうしましたか。
도오-시마시따까.

挂号处 您哪儿不舒服?

Guàhàochù Nín nǎr bù shūfu?

인솔자 이분이 배가 아프고 설사를 해서 왔습니다.

T/C He has a stomachache and diarrhea.

引率者 この方が昨日の夜からお腹が痛くて下痢になったというので来ました。

코노카따가키노-노요루까라오나까가이따쿠떼게리니낫따토이우노데키마시따.

导游 他(她)肚子疼拉肚子。

Dǎoyóu Tā(tā) dùziténg lādùzi。

접수대 잠시만 기다려 주세요. Mr 이은민, 진료실로 들어오세요.

Clerk Just a moment please. Mr Lee! Could you come into the doctor's office?

受付 少々お待ちください。イウンミンさん、診療室にお入りください。

쇼-쇼-오마찌쿠다사이. 이은민상, 신료-시쯔니오하이리쿠다사이.

挂号处 请稍等。李殷敏先生，请进门诊室来。

Guàhàochù Qǐng shāoděng。Lǐ yīn mǐn xiānsheng, qǐng jìn ménzhěnshì lái。

의사 어디가 아파서 오셨죠?

Doctor What seems to be the problem?

医者 どうしましたか。

도오-시마시따까.

医生 您哪儿不舒服?

Yīshēng Nín nǎr bù shūfu?

인솔자 이 분이 어제 밤부터 배가 아프고 설사를 한다고 해서 왔습니다.

T/C He has had a stomachache and diarrhea since last night.

引率者 この方が昨日の夜からお腹が痛くて下痢をすると言うので来ました。

코노카따가키노-노요루까라오나까가이따쿠떼게리오스루또이우노데 키마시따.

导游 他(她)从昨天晚上开始肚子疼，拉肚子。

Dǎoyóu Tā(tā) cóng zuótiān wǎnshang kāishǐ dùziténg, lādùzi。

의사 혹시 다른 증상은 없나요?

Doctor Any other symptoms?

医者(いしゃ) ひょっとして他(ほか)の症状(しょうじょう)はありませんか。
　　　　　홋또시떼호까노쇼-죠-와아리마셍까.

医生 有没有其他症状?

Yīshēng Yǒu méiyǒu qítā zhèngzhuàng?

인솔자 미열이 있다고 합니다.

T/C He has a fever.

引率者(いんそつしゃ) 微熱(びねつ)があるそうです。
　　　　　비네쯔가아루소오-데스.

导游 有点儿发烧。

Dǎoyóu Yǒudiǎnr fāshāo。

인솔자 메스꺼움이 있다고 합니다.

T/C He feels nauseous.

引率者(いんそつしゃ) 吐気(はきけ)があるそうです。
　　　　　하키께가아루소오-데스.

导游 觉得恶心。

Dǎoyóu Juéde ěxin。

인솔자 구토를 했습니다.

T/C He threw up.

引率者(いんそつしゃ) もどしました。
　　　　　모도시마시따.

导游 呕吐了。

Dǎoyóu Ǒutùle。

인솔자 어지럽다고 합니다.

T/C He feels dizzy.

引率者(いんそつしゃ) めまいがするそうです。
　　　　　메마이가스루소오-데스.

导游 头晕。
Dǎoyóu Tóuyūn。

인솔자 가슴이 답답하다고 합니다.
T/C He has a chest pain.
引率者(いんそつしゃ) 胸(むね)が苦(くる)しいそうです。
무네가쿠루시-소오-데스.
导游 胸口闷。
Dǎoyóu Xiōngkǒu mèn。

인솔자 오한이 있다고 합니다.
T/C He has the chills.
引率者(いんそつしゃ) 寒気(さむけ)がするそうです。
사무께가스루소오-데스.
导游 感到寒冷。
Dǎoyóu Gǎndàohánlěng。

인솔자 뼈마디가(몸이) 쑤신다고 합니다.
T/C He has sore bones(body).
引率者(いんそつしゃ) 関節(かんせつ)(体(からだ))がずきずき痛(いた)むそうです。
칸세쯔(카라다)가즈끼즈끼이따무소오-데스.
导游 全身酸疼。
Dǎoyóu Quánshēn suānténg。

의사 약을 처방해 드리겠습니다.
Doctor I'll prescribe you some medicine.
医者(いしゃ) 薬(くすり)をお出(だ)しします。
쿠스리오오다시시마스.
医生 我给你开点儿药。
Yīshēng Wǒ gěi nǐ kāidiǎnr yào。

접수대 Mr 이은민, 처방전 받으시고 결제 부탁드립니다. 결제는 카드로 하시겠습니까? 현금으로 하시겠습니까?

Clerk Here is your prescription. How would you like to pay? By credit card? or cash?

受付(うけつけ) イウンミさん、処方箋(しょほうせん)をお受(う)け取(と)りになって、お支払(しはら)いをお願(ねが)いします。お支払(しはら)いはカードになさいますか。現金(げんきん)になさいますか

이은민상, 쇼호-셍오우께토리니낫떼, 오시하라이오오네가이시마스. 오시하라이와카-도니나사이마스까. 겡낑니나사이마스까.

挂号处 李殷敏先生，拿好药方，请您结帐。您要刷卡还是付现金?

Guàhàochù Lǐ yīn mǐn xiānsheng, náhǎo yàofāng, qǐng nín jiézhàng。Nín yào shuākǎ háishi fù xiànjīn?

인솔자 카드로 하겠습니다. 그리고 여행자보험처리를 위하여 진단서와 진료비영수증 발급을 부탁드립니다.

T/C I will pay by credit card. By the way, I want a medical certificate and a receipt for the insurance.

引率者(いんそつしゃ) カードでお願(ねが)いします。それから旅行者(りょこうしゃ)保険(ほけん)の申請(しんせい)のために、診断書(しんだんしょ)と領収書(りょうしゅうしょ)の発行(はっこう)をお願(ねが)いします。

카-도데오네가이시마스. 소레까라료꼬-샤호껭노신세이노따메니, 신단쇼또료-슈-쇼노핫꼬-오오네가이시마스.

导游 我要刷卡。还有为了办旅游保险，请发给我诊断书和诊疗费收据。

Dǎoyóu Wǒ yào shuākǎ。Háiyǒu wèile bàn lǚyóubǎoxiǎn, qǐng fāgěi wǒ zhěnduànshū hé zhěnliáofèi shōujù。

3) 경찰서에서(At the Police Station / 警察署(けいさつしょ)で / 在警察局 Zài jǐngchájú)

경찰관 무엇을 도와드릴까요?

Officer How can I help you?

警察官(けいさつかん) どんなご用件(ようけん)でしょうか。

돈나고요-껭데쇼-까.

警察 您需要帮忙吗?

jǐngchá Nín xūyào bāngmáng ma?

인솔자 이분께서 여권이 든 지갑을 소매치기 당했습니다.
카메라를 도난 당했습니다.

T/C I was robbed of my passport and wallet by a pickpocket.
My camera was stolen.

引率者(いんそつしゃ) この方(かた)がパスポートが入(はい)った財布(さいふ)をすられました。
코노까따가파스포-또가하잇따사이후오스라레마시따.

カメラを盗(ぬす)まれました。
카메라오누스마레마시따.

导游 他(她)的护照和钱包被扒手偷走了。
照相机被盗了。

Dǎoyóu Tā(tā) de hùzhào hé qiánbāo bèi páshǒu tōuzǒu le。
Zhàoxiàngjī bèi dào le。

경찰관 언제, 어디서 소매치기(도난)를 당했습니까?

Officer When, or Where did you get pick pocketed(robbed)?

警察官(けいさつかん) いつどこでスリ(盗難(とうなん))に遭(あ)いましたか。
이쯔도꼬데스리(토오-낭)니아이마시따까.

警察 什么时候、在什么地方, 被扒手偷走了?

jǐngchá Shénmeshíhòu, zài shénme dìfang, bèi páshǒu tōuzǒu le?

인솔자 한 시간 전, 루브르 박물관 매표소 앞에서 소매치기(도난)를 당했습니다.

T/C I got robbed at the ticket office of the Louvre museum 1 hour ago.

引率者(いんそつしゃ) 一時間前(いちじかんまえ)に、ルーブル博物館(はくぶつかん)の切符売(きっぷう)り場(ば)の前(まえ)でスリ(盗難(とうなん))に遭(あ)いました。
이찌지깡마에니, 루-브루하쿠부쯔깐노킷뿌우리바노마에데스리(토오-낭)니아이마시따.

导游 1个小时前, 在卢浮宫博物馆的售票处前被扒手偷走的。

Dǎoyóu 1gè xiǎoshí qián, zài Lúfúgōng bówùguǎn de shòupiàochù qián bèi páshǒu tōuzǒu de。

경찰관 피해 물품과 금액이 어떻게 되나요?

Officer What is the extent of your damage?

警察官 被害物品と金額を教えてください。

히가이부삥또킹가쿠오오시에떼쿠다사이.

警察 请告诉我被偷走的东西和金额大约多少?

jǐngchá Qǐng gàosu wǒ bèi tōuzǒu de dōngxi hé jīn é dàyuē duōshǎo?

인솔자 현금 $100과 신용카드, 루이비통 지갑 1개 그리고 여권입니다. 여행자 보험처리를 위해서 경찰 신고서를 작성해 주시겠습니까?

T/C Let me see. $100 in cash as well as my credit card, Louis Vuitton wallet and passport were stolen.

Could you fill out the theft report for my insurance company?

引率者 現金100ドルとクレジットカード、ルイ・ヴィトンの財布1つ、それからパスポートです。旅行者保険処理のために警察の申告書を作成していただけますか。

겡낑햐크도루또쿠레지또카-도, 루이비톤노사이후히또쯔, 소레까라파스포-또데스. 료코-샤호껭쇼리노따메니케이-사쯔노신코쿠쇼오사쿠세이시떼이따다케마스까.

导游 现金100美元、信用卡、一个路易威登钱包和护照。为了办旅游保险, 可不可以填写一下警察申报单?

Dǎoyóu Xiànjīn 100měiyuán, xìnyòngkǎ, yígè Lùyìwēidēng qiánbāo hé hùzhào。Wèile bàn lǚyóubǎoxiǎn, kěbùkěyǐ tiánxiě yíxià jǐngchá shēnbàodān?

경찰관 네, 알겠습니다.

Officer Okay. I've got it.

警察官 はい、分かりました。

하이, 와까리마시따.

警察 可以的。

jǐngchá Kěyǐde。

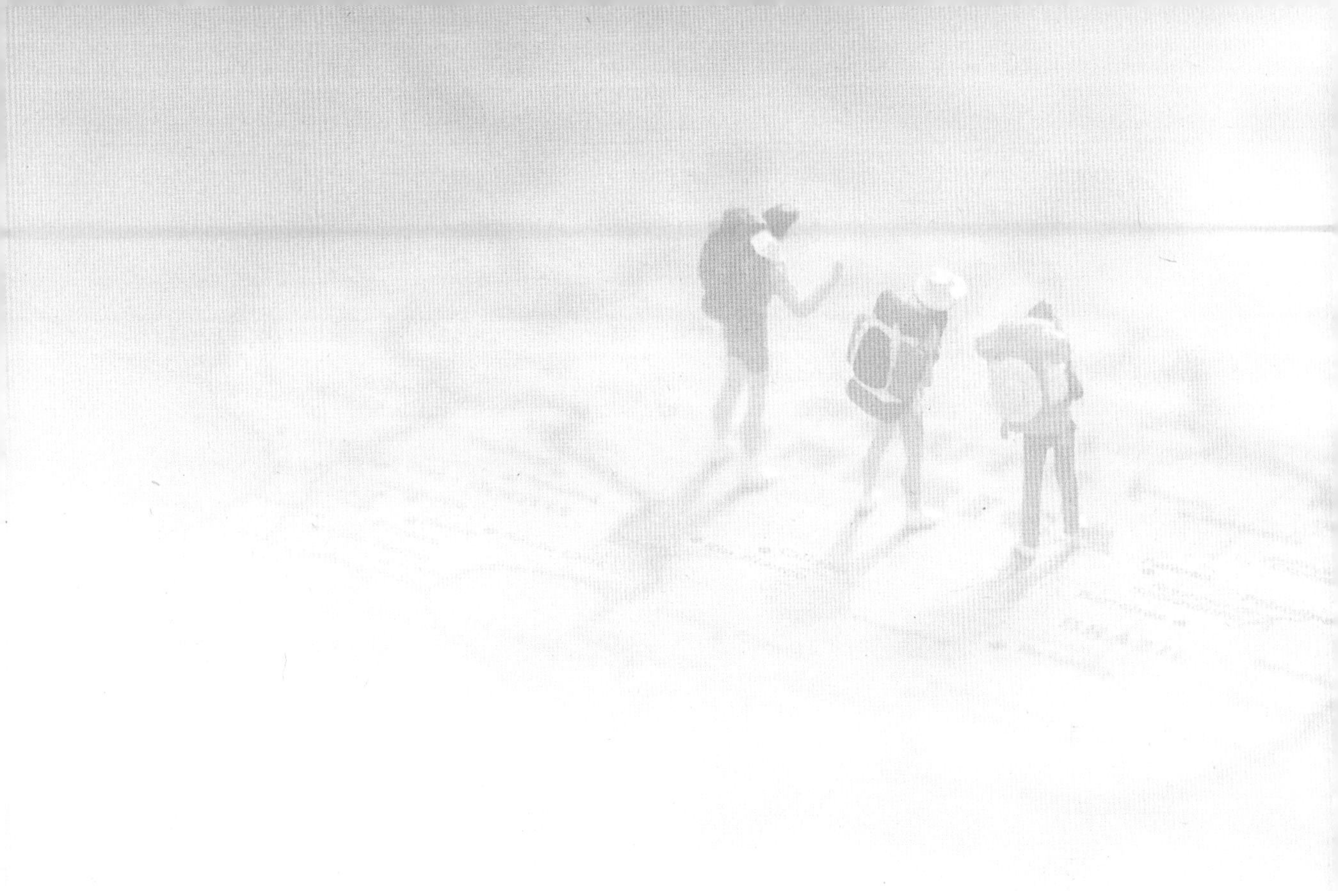

Tour Conductor

국외여행인솔자 자격증

공통 교재

Tour Conductor

국외여행인솔자 자격증

공통 교재

Chapter 07

자격증대비 연습문제집

1 여행사 실무 연습문제

01 다음에서 설명하고 있는 산업은?

> 여행자 또는 운송시설, 숙박시설, 그 밖에 여행에 딸리는 시설의 경영자 등을 위하여 그 시설의 이용 알선이나 계약 체결의 대리, 여행에 관한 안내, 그 밖의 여행 편의를 제공하는 업

① 여행업 ② 호텔업 ③ 이벤트업 ④ 관광객이용시설업

02 다음 ( ) 안에 들어갈 말로 옳은 것은?

> 여행업은 기능적인 측면에서는 ( )이라고도 하고, 여행의 제요소를 조립하는 것에서 '시스템 오가나이저'산업이라고도 한다.

① 시간절약산업 ② 공간절약산업
③ 관계절약산업 ④ 공유지식산업

03 관광진흥법에서 규정하는 여행업의 종류가 아닌 것은?

① 종합여행업 ② 국제여행업 ③ 국내외여행업 ④ 국내여행업

> **Tip** 관광진흥법에서는 여행업을 종합여행업, 국내외여행업, 국내여행업으로 구분하고 있다.

Answer 1. ① 2. ① 3. ②

04 다음 ( ) 안에 들어갈 말로 옳은 것은?

여행업은 관광호텔업과 더불어 관광산업의 양대 축을 담당하고 있으며, 업태적 측면에서 (가) 또는 (나) 내지 (다) 이라고도 한다.

① 가: 정보산업, 나: 지식산업, 다: 감동산업
② 가: 정보산업, 나: 공유산업, 다: 복지산업
③ 가: 정보산업, 나, 감동산업, 다: 평화창출산업
④ 가: 스마트산업, 나: 정보산업. 다: 평화창출산업

05 관광진흥법에서 규정하는 여행업 종류를 올바르게 표시한 것은?

① 종합여행업, 랜드여행업, 국내여행업
② 종합여행업, 국내외여행업, 국내여행업
③ 특별여행업, 국내외여행업, 국가여행업
④ 종합여행업, 국가여행업, 국내여행업

Tip
관광진흥법에서는 여행업을 종합여행업, 국내외여행업, 국내여행업으로 구분하고 있다.

06 다음의 업무를 모두 할 수 있는 여행업은?

domestic tour, outbound tour, inbound tour

① 국내외여행업 ② 종합여행업 ③ 국내여행업 ④ 국제여행업

Tip
종합여행업은 domestic tour, outbound tour, inbound tour를 할 수 있고, 국내외여행업은 outbound tour만 가능하며, 국내여행업은 domestic tour만 가능하다.

Answer 4. ③ 5. ② 6. ②

07 다음 여행업 중에서 영업대상이 맞게 짝지어진 것은?

① 종합여행업: 국내·외를 여행하는 외국인

② 국제여행업: 국내·외를 여행하는 외국인

③ 국내외여행업: 국외를 여행하는 내국인

④ 국내여행업: 국내를 여행하는 외국인

> **Tip** 종합여행업은 국내 · 외를 여행하는 내 · 외국인을 대상으로 하고, 국내외여행업은 국외를 여행하는 내국인을 대상으로 하며, 국내여행업은 국내를 여행하는 내국인을 대상으로 한다.

08 다음 내용이 설명하는 여행업은?

> 국내 · 외를 여행하는 내 · 외국인을 대상으로 하는 여행업으로 자본금 2억 원 이상의 여행업

① 국내여행업　② 국내외여행업　③ 외국인여행업　④ 종합여행업

09 다음 내용이 설명하는 여행업은?

> 국외를 여행하는 내국인을 대상으로 하는 여행업으로 자본금 6천만 원 이상의 여행업

① 국내여행업　② 국내외여행업　③ 외국인여행업　④ 종합여행업

10 다음 내용이 설명하는 여행업은?

> 국내를 여행하는 내국인을 대상으로 하는 여행업

① 국내여행업　② 국내외여행업　③ 외국인여행업　④ 종합여행업

Answer　7. ③　8. ④　9. ②　10. ①

11 다음 중 여행업 별 자본금이 맞게 짝지어진 것은?

① 국내외여행업-3천만원이상　② 국내여행업-6천만원이상
③ 국제여행업-1억원이상　④ 종합여행업-5천만원 이상

Tip
자본금은 종합여행업 5천만원 이상, 국외여행업 3천만원 이상, 국내여행업 1천 5백만원 이상

12 SIT의 원어와 뜻이 맞게 짝지어 진 것은?

① Special Interest Tour-특수한 주제가 있는 여행
② Special International Tour-특수한 국제적 여행
③ Special Independent Tour-특수한 자유 여행
④ Special Individual Tour-특수한 개별 여행

13 유통기준으로 본 여행업 형태 중 다음의 내용이 의미하는 여행업 형태는?

주제가 있는 여행, 목적이 뚜렷한 여행 등 전문적 여행만을 취급하는 여행사이다. 국내에서는 혜초여행사가 대표적인 예에 속한다.

① 순도매형　② 종합형　③ 순소매형　④ SIT형

14 다음의 내용이 의미하는 여행업 형태는?

여행사가 관광관련 공급업자 시설물을 결합하여 개발한 여행상품을 직접적인 판매유통망을 통해 여행상품을 유통시키는 형태로 우리나라의 대부분의 대형 패키지 전문여행사가 여기에 속한다.

① 직접판매여행사　② 간접판매여행사
③ 일반판매여행사　④ 대리판매여행사

Answer 11. ④ 12. ① 13. ④ 14. ①

15 다음 여행업 유통구조 분류에서 공급업자가 아닌 것은?

① 항공사　② 호텔
③ 렌터카　④ 여행사

16 다음에서 설명하고 있는 업체는?

> 여행목적지에서 발생되는 호텔, 숙박, 식당, 현지교통, 가이드 등을 확보하고 쇼핑 및 기타 관광에 관련된 활동을 할 수 있도록 준비하는 업무를 실행하는 업체

① 여행업체　② 지상수배업체
③ 외식업체　④ 관광쇼핑업체

17 다음 용어 중에서 성격이 다른 하나는?

① 지상수배업체　② 랜드오퍼레이터
③ 관광숙박업체　④ 랜드사

Tip
지상수배업체, 랜드오퍼레이터, 랜드사 모두 같은 의미의 용어이다.

Answer 15. ④ 16. ② 17. ③

18 여행자 측면에서 본 여행업의 기능 및 역할이 잘못 설명된 것은?

① 여행 금액이 저렴. 기획여행은 대량구매와 집중송객이 가능하기 때문에 개별 여행보다도 비교적 저렴하다.

② 불안감의해소. 여행자가 스스로 수배하는 것보다 여행사에 의뢰하면 신뢰할 수 있는 업체를 수배한다.

③ 시간의 절약. 여행자가 여정을 숙박예약, 교통편 예약등 스스로 하면 시간이 많이 소요가 된다. 여행사에 의뢰하면 시간이 절약된다.

④ 계절파동의 완화. 비수기에 행하는 여행사의 모객 캠페인이나 광고, 선전 등에 의해 계절파동에 대처하여 평준화를 꾀한다.

Tip 계절파동 완화는 공급자 측면에서의 기능 및 역할이다.

19 여행상품의 구성요소가 아닌 것은?

① 여행객 ② 교통기관 ③ 숙박시설 ④ 관광지

20 다음 여행업무 중에서 Outbound 여행업의 영역이 다른 하나는?

① 항공예약 및 운임계산과 발권 업무

② 외국인 공항 영접 업무

③ 여권 및 사증 업무

④ 해외여행객 모객업무

Tip 외국인 공항 영접 업무는 inbound 업무이며 나머지는 outbound 업무이다.

Answer 18. ④ 19. ① 20. ②

21 다음에서 설명하고 있는 여행상품의 판매방식은?

여행사에서 개발한 자사여행상품을 타사를 통하여 소비자가 구매할 수 있도록 하는 유통 형태

① 직접판매
② 온라인판매
③ 간접판매
④ 유통판매

22 다음 여권의 종류와 발급대상 설명이 틀린 것은?

① 일반여권 : 대한민국 국적을 소지한자로서 해외여행에 결격사유가 없는 자
② 관용여권 : 공무원이 사적인 업무로 해외에 가고자 하는 자
③ 외교관여권 : 국가 대표성을 가진 공무원이 외국정부와 접촉하거나 외교 교섭을 필요로 하는 자
④ 여행증명서 : 여권에 준하는 문서로 여권의 분실 등 긴급한 사항 발생 시 발급하는 증명서

Tip
관용여권은 공무원이 공적인 업무로 해외에 출장을 가고자 하는 자를 대상으로 한다.

23 단수여권에 대한 설명이 틀린 것은?

① 여권유효기간이 발급일로부터 1년이다.
② 유효기간 내에서는 여러 번 출국이 가능하다.
③ 복수여권에 비해 발급비용이 저렴하다.
④ 여권 발급자 본인의 요청에 의해 발급이 가능하다.

Tip
단수여권은 유효기간 내에 1번만 사용이 가능하다.

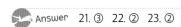

Answer 21. ③ 22. ② 23. ②

24 공항의 출입국 수속에서 CIQ가 맞게 짝지어진 것은?

① C: Customer, I: Immigration, Q:Quarantine

② C: Customs, I: Immigration, Q:Quarantine

③ C: Customs, I: Immersion, Q:Quarantine

④ C: Customs, I: Immigration, Q:Question

25 사증에 대한 설명이 옳은 것은?

① 해당 국가에 입국하기 위한 입국허가서

② 개인의 신분을 나타내는 신분증명서

③ 출입국 사실을 기록하는 출입국신고서

④ 국외여행을 위한 출국을 허가해주는 출국허가서

26 다음 여권의 분류 중에서 분류기준이 다른 하나는?

① 일반여권 ② 관용여권 ③ 외교관여권 ④ 단수여권

Tip

일반여권, 관용여권, 외교관여권은 발급대상에 따른 분류이고, 단수여권은 사용횟수에 따른 분류이다.

27 다음에서 설명하고 있는 것은?

여권 내에 칩과 안테나를 추가하고 개인정보 및 바이오 인식정보를 칩에 저장한 기계판독식 여권

① 기계식 여권 ② 바이오 여권 ③ 전자 여권 ④ 인공지능 여권

Answer 24. ② 25. ① 26. ④ 27. ③

28 미국비자면제 프로그램에 대해 설명이 틀린 것은?

① 단기 출장 및 관광 목적으로 방문
② 영주권 소지여부 확인
③ 미국 입국일로부터 90일 이내에 출국
④ 전자여행허가(ESTA) 승인

Tip
미국비자면제 프로그램 대상자는 유효한 전자여권을 소지해야만 한다.

29 한국 국적의 전자여권을 소지한 관광객이 단기간 여행목적으로 미국입국을 위한 비자 조건은?

① ESTA(전자여행허가) ② 취업비자
③ 무비자 ④ 방문비자

Tip
한국 사람의 미국단기 관광은 전자여권을 소지한 경우에는 ESTA(전자여행허가), 전자여권이 아닌 경우에는 관광비자를 발급 받아야만 한다.

Answer 28. ② 29. ①

2 관광법규 연습문제

01 관광진흥법 제2조(정의)에 관한 내용이다. (　　)안에 들어갈 말로 맞는 것은?

> (　　)이란 관광객을 위하여 운송 · 숙박 · 음식 · 운동 · 오락 · 휴양 또는 용역을 제공하거나 그 밖에 관광에 딸린 시설을 갖추어 이를 이용하게 하는 업을 말한다.

① 관광사업　② 호텔사업　③ 여행사업　④ 오락사업

02 관광진흥법 제2조(정의)에 관한 내용이다. (　　)안에 들어갈 말로 맞는 것은?

> (　　)이란 여행업을 경영하는 자가 국외여행을 하려는 여행자를 위하여 여행의 목적지 · 일정, 여행자가 제공받을 운송 또는 숙박 등의 서비스 내용과 그 요금 등에 관한 사항을 미리 정하고 이에 참가하는 여행자를 모집하여 실시하는 여행을 말한다.

① 자유여행　② 희망여행　③ 기획여행　④ 단체여행

03 관광진흥법 제2조(정의)에 관한 내용이다. (　　)안에 들어갈 말로 맞는 것은?

> (　　)이란 관광객의 이해와 감상, 체험 기회를 제고하기 위하여 역사 · 문화 · 예술 · 자연 등 관광자원 전반에 대한 전문적인 해설을 제공하는 자를 말한다.

① 여행해설사　② 국외여행인솔자
③ 관광통역안내사　④ 문화관광해설사

Answer 1. ① 2. ③ 3. ④

04 다음 (　　)안에 들어갈 말로 맞게 짝지어 진 것은?

관광진흥법에 의거하여 여행업, 관광숙박업, 관광객 이용시설업 및 국제회의업을 경영하려는 자는 (　　), (　　), (　　), (　　)에게 등록하여야 한다.

① 특별자치도지사 - 시장 - 군수 - 구청장
② 대통령 - 특별자치도지사 - 시장 - 군수
③ 국무총리 - 시장 - 군수 - 구청장
④ 문화체육관광부장관 - 특별자치도지사 - 시장 - 군수

05 다음 (　　)안에 들어갈 말로 맞는 것은?

관광진흥법에 의거하여 여행업, 관광숙박업, 관광객 이용시설업 및 국제회의업을 경영하려는 자는 (　　)으로 정하는 자본금, 시설 및 설비 등을 갖추어야 한다.

① 대통령령　② 문화체육관광부장관령
③ 특별자치도지사령　④ 국무총리령

06 다음 (　　)안에 들어갈 말로 맞게 짝지어 진 것은?

관광사업자는 해당 사업과 관련하여 사고가 발생하거나 관광객에게 손해가 발생하면 (　　) 으로 정하는 바에 따라 피해자에게 보험금을 지급할 것을 내용으로 하는 (　　) 또는 (　　)에 가입하거나 (　　)을 예치하여야 한다.

① 문화체육관광부령 - 여행자보험 - 공제 - 영업보증금
② 문화체육관광부령 - 보험 - 공제 - 영업보증금
③ 대통령령 - 여행자보험 - 공제 - 영업보증금
④ 대통령령 - 보험 - 공제 - 영업보증금

Answer　4. ①　5. ①　6. ②

07 다음 (　　)안에 들어갈 말로 맞는 것은?

여행업자가 내국인의 국외여행을 실시할 경우 여행자의 안전 및 편의 제공을 위하여 그 여행을 인솔하는 자를 둘 때에는 (　　)으로 정하는 자격요건에 맞는 자를 두어야 한다.

① 대통령령　　② 문화체육관광부령
③ 특별자치도지사령　　④ 국무총리령

08 관광사업을 시작하려고 할 때 관광진흥법에서 규정하고 있지 않는 조항은?

① 관광사업 등록에 관한 규정
② 관광사업 등록을 위한 자본금, 시설 및 설비에 관한 규정
③ 사고 발생에 따른 보상에 관한 보험가입 규정
④ 사무실의 위치와 면적에 관한 규정

Tip
사무실의 위치에 관한 규정은 없다.

09 여행업자가 여행자와 계약을 체결하였을 경우 여행자에게 반드시 교부해야 되는 것이 아닌 것은?

① 여행일정표　　② 여행약관
③ 여행자명단　　④ 여행계약서

Tip
여행업자가 여행자와 계약을 체결하였을 경우 여행자에게 반드시 여행계약서, 여행약관, 여행일정표가 교부되어야 한다.

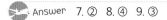

Answer 7. ② 8. ④ 9. ③

10 관광진흥법 제2조(정의)에 관한 내용이다. (　　)안에 들어갈 말로 맞는 것은?

(　　)이란 관광사업을 경영하기 위하여 등록 · 허가 또는 지정을 받거나 신고를 한 자를 말한다.

① 문화사업자　　② 관광사업자　　③ 여행사업자　　④ 유흥사업자

11 다음 관광진흥법 내용 중에서 틀린 것은?

① 관광진흥법에 의거하여 여행업, 관광숙박업, 관광객 이용시설업 및 국제회의업을 경영하려는 자는 특별자치도지사 에게 등록하여야 한다.
② 관광진흥법에 의거하여 여행업, 관광숙박업, 관광객 이용시설업 및 국제회의업을 경영하려는 자는 대통령령으로 정하는 자본금, 시설 및 설비 등을 갖추어야 한다.
③ 관광사업자는 해당 사업과 관련하여 사고가 발생하거나 관광객에게 손해가 발생하면 문화체육부령으로 정하는 바에 따라 피해자에게 보험금을 지급할 것을 내용으로 하는 보험에 가입하여야 한다.
④ 여행업자가 내국인의 국외여행을 실시할 경우 여행자의 안전 및 편의 제공을 위하여 그 여행을 인솔하는 자를 둘 때에는 대통령령으로 정하는 자격요건에 맞는 자를 두어야 한다.

Tip
여행업자가 내국인의 국외여행을 실시할 경우 여행자의 안전 및 편의 제공을 위하여 그 여행을 인솔하는 자를 둘 때에는 문화체육관광부령으로 정하는 자격요건에 맞는 자를 두어야 한다.

12 관광사업을 등록한 자가 등록사항을 변경하려는 경우에는 그 변경사유가 발생한 날부터 몇일 내 변경등록신청서를 제출해야만 하는가?

① 10일　　② 20일　　③ 30일　　④ 40일

Answer 10. ② 11. ④ 12. ③

13 여행업자가 가입하거나 예치하고 유지하여야 할 보증보험 등의 가입금액 또는 영업보증금의 예치금액에 관한 기준이 되는 것은?

① 직전 사업연도의 매출액

② 직전 사업연도의 수익

③ 2년 전부터 직전 사업연도의 매출액

④ 2년 전부터 직전 사업연도의 수익

14 다음 중에서 국외여행인솔자 자격 취득을 위한 요건이 아닌 것은?

① 여행업체에서 6개월 이상 근무하고 국외여행 경험이 있는 자로서 소양교육을 이수한 자

② 문화체육관광부장관이 지정하는 교육기관에서 국외여행 인솔에 필요한 양성교육을 이수한 자

③ 관광통역안내사 자격을 취득한 자

④ 항공 승무원으로 6개월 이상 근무하고 소양교육을 이수한 자

Tip 항공 승무원 경력자는 요건을 충족시키지 못하고, 여행업체 근무 경력만 인정된다.

15 국외여행인솔자 자격 취득을 위한 양성교육의 대상자가 아닌 것은?

① 관광고등학교 관광 전공자

② 대학의 관광 전공자

③ 대학의 항공운항 전공자

④ 대학의 관광 부전공자

Tip 항공운항 관련 전공자는 양성교육 대상자가 아니며, 관광이나 여행 관련 전공자만 해당된다.

Answer 13. ① 14. ④ 15. ③

16 여행업을 등록한 자는 그 사업을 시작하기 전에 여행알선과 관련한 사고로 인하여관광객에게 피해를 준 경우 그 손해를 배상할 것을 내용으로 하는 보증보험 또는 공제에 가입하거나 영업보증금을 예치해야만 한다. 그 내용으로 틀린 것은?

① 보증보험 또는 공제는 사업기간 내 계속 가입되어 있어야 한다.

② 영업보증금은 업종별 관광협회에 예치하면 된다.

③ 업종별 관광협회가 구성되지 아니한 경우에는 지역별 관광협회에 예치하면 된다.

④ 영업보증금은 휴업기간에는 예치하지 않아도 된다.

Tip
영업보증금은 휴업기간에도 지속되어야 한다.

17 여행업자가 여행계약서에 명시된 숙식, 항공 등 여행일정을 변경하는 경우 취해야 할 조치로 맞는 것은?

① 해당 날짜의 일정을 시작하기 전에 여행자로부터 서면 동의를 받는다.

② 해당 날짜의 일정을 시작하기 전에 여행자로부터 구두 동의를 받는다.

③ 해당 날짜의 일정을 변경된 일정으로 완벽하게 마무리하고 난 후에 여행자로부터 서면 동의를 받는다.

④ 해당 날짜의 일정을 변경된 일정으로 완벽하게 마무리하고 난 후에 여행자로부터 구두 동의를 받는다.

18 기획여행의 광고에 반드시 표시해야 되는 사항으로만 짝지어진 것은?

① 여행업의 등록번호-상호-소재지-분쟁발생 시 관할법원

② 기획여행명-여행일정-이용하는 항공사-주요여행지

③ 최저 여행인원-여행일정-주요여행지-여행경비

④ 여행업의 등록번호-상호-최고 여행인원-등록관청

Answer 16. ④ 17. ① 18. ③

19 기획여행을 실시하는 자가 광고를 하려는 경우에 반드시 표시해야 되는 것이 아닌 것은?

① 여행업의 등록번호 ② 최고 여행인원
③ 기획여행명 ④ 최저 여행인원

20 기획여행을 실시하려는 자는 그 기획여행 사업을 시작하기 전에 취해야 할 조치로 틀린 것은?

① 여행업을 등록한 자가 여행알선과 관련한 사고로 인한 관광객의 피해배상을 위한 보증보험에 가입해야 한다.
② 기획여행도 여행업에서 실시하기 때문에 여행알선과 관련한 사고로 인한 관광객의 피해배상을 위한 보증보험에만 가입하면 된다.
③ 기획여행 사업을 시작하려면 기획여행과 관련한 사고로 인한 관광객의 피해배상을 위한 추가적인 보증보험에 가입해야 한다.
④ 보증보험이나 공세 가입 내신에 영업보증금을 예치하여도 된다.

Tip
기획여행 사업을 시작하려면 여행알선과 관련한 사고로 인한 관광객의 피해배상을 위한 보증보험 외에도 기획여행과 관련한 사고로 인한 관광객의 피해배상을 위한 추가적인 보증보험에 가입해야 한다.

21 여행업자가 여행자와 국외여행 계약을 체결할 때 여행자에게 제공해야 할 안전정보의 내용이 아닌 것은?

① 여권의 사용을 제한하는 국가의 목록
② 테러조직의 현재 움직임
③ 여행목적지의 여행경보단계
④ 긴급연락처를 포함한 국가별 안전정보

Answer 19. ② 20. ② 21. ②

22 국외여행인솔자 자격 취득을 위한 소양교육의 대상자는?

① 여행업체 6개월 이상 근무
② 여행업체 60일 이상 근무
③ 여행업체 1년 이상 근무
④ 여행업체 6주 이상 근무

23 여행업자가 여행계약서에 명시된 숙식, 항공 등 여행일정을 변경하는 경우 서면 동의서에 표시해야 되는 사항으로 맞게 짝지어진 것은?

① 변경일시 - 변경내용 - 변경으로 발생되는 비용 - 여행사 대표자의 자필서명
② 변경일시 - 변경내용 - 변경으로 발생되는 비용 - 여행자의 자필서명
③ 변경일시 - 변경내용 - 변경으로 발생되는 여행사의 손실비용 - 여행사 대표자의 자필서명
④ 변경일시 - 변경내용 - 변경으로 발생되는 여행사의 손실비용 - 여행자의 자필서명

24 일반여권의 유효기간은?

① 1년 이내
② 5년 이내
③ 10년 이내
④ 15년 이내

25 관용여권과 외교관여권의 발급대상자를 규정하는 법규는?

① 외교부장관령
② 문화체육관광부장관령
③ 국무총리령
④ 대통령령

26 관용여권과 외교관여권의 유효기간이 맞게 짝지어진 것은?

① 관용여권: 5년 이내, 외교관여권: 5년 이내
② 관용여권: 5년 이내, 외교관여권: 10년 이내
③ 관용여권: 10년 이내, 외교관여권: 5년 이내
④ 관용여권: 10년 이내, 외교관여권: 10년 이내

Answer 22. ① 23. ② 24. ③ 25. ④ 26. ①

27 여권의 발급주체는?

① 외교부장관 ② 문화체육관광부장관
③ 국무총리 ④ 대통령

28 다음 ( )안에 들어갈 말이 맞게 짝지어진 것은?

유효기간 만료일까지 횟수에 상관없이 외국여행을 할 수 있는 여권을 ( )이라고 하고, 1회에 한하여 외국여행을 할 수 있는 여권을 ( )이라고 한다.

① 일반여권 - 관용여권 ② 관용여권 - 외교관여권
③ 복수여권 - 1회용여권 ④ 복수여권 - 단수여권

29 단수여권 발급에 관한 여권법 규정이 잘못된 것은?

① 여권발급 신청인이 요청하는 경우 발급
② 국외여행 허가를 받아야 하는 자에게 발급
③ 단수여권 발급에 관한 세부사항은 대통령령으로 규정
④ 단수여권은 유효기간이 1년이며, 기한 내 여러 번 출국 가능

30 여권에 수록되어 있는 정보가 아닌 것은?

① 여권의 종류 ② 주민등록상 주소
③ 여권번호 ④ 여권발급 관청

31 여권 재발급 신청을 하면 외교부 장관은 여권을 잃어버리게 된 경위 등을 관계 기관을 통하여 확인할 수 있는데, 이러한 경우 재발급 신청일부터 몇일 이내에 확인해야만 하는가?

① 10일 ② 20일 ③ 30일 ④ 40일

Answer 27. ① 28. ④ 29. ④ 30. ② 31. ③

32 여권 재발급 신청을 할 필요가 없는 경우는?

① 정보의 정정이나 변경이 필요한 경우
② 발급받은 여권을 잃어버린 경우
③ 여권발급 후 주소를 이전한 경우
④ 발급받은 여권이 헐어 못쓰게 된 경우

33 여권 재발급 신청을 하면 외교부 장관은 여권을 잃어버리게 된 경위 등을 관계 기관을 통하여 확인할 수 있는데, 이러한 경우에 속하지 않는 것은?

① 여권의 재발급 신청일 전 5년 이내에 2회 이상 여권을 잃어버린 사람이 같은 사유로 여권의 재발급을 신청하는 경우
② 여권을 잃어버리게 된 경위를 정확하게 기재하지 아니한 경우
③ 여권을 잃어버린 경위가 의심할만한 상당한 이유가 있는 경우
④ 여권의 재발급 신청일 전 10년 이내에 2회 이상 여권을 잃어버린 사람이 같은 사유로 여권의 재발급을 신청하는 경우

Tip
여권의 재발급 신청일 전 5년 이내에 2회 이상 여권을 잃어버린 사람이 같은 사유로 여권의 재발급을 신청하는 경우에는 여권을 잃어버리게 된 경위 등을 관계 기관을 통하여 확인할 수 있다.

34 다음 (　　)안에 들어갈 말이 맞게 짝지어진 것은?

여권 재발급 신청을 하면 외교부 장관은 여권을 잃어버리게 된 경위 등을 관계 기관을 통하여 확인할 수 있는데, 여권의 재발급 신청일 전 (　　)년 이내에 (　　)회 이상 여권을 잃어버린 사람이 같은 사유로 여권의 재발급을 신청하는 경우가 해당된다.

① 5-2　　② 10-2　　③ 5-3　　④ 10-3

Answer 32. ③ 33. ④ 34. ①

35 다음은 여권의 발급 및 재발급이 거부되는 경우를 설명하고 있다. (   )안에 들어갈 말이 맞게 짝지어 진 것은?

장기 (   )년 이상의 형에 해당하는 죄를 범하고 기소되어 있는 사람 또는 장기 (   ) 이상의 형에 해당하는 죄를 범하고 국외로 도피하여 기소중지된 사람

① 3-2　　② 2-3　　③ 3-3　　④ 4-3

36 여권은 발급된 날로부터 몇 개월이 지날 때까지 신청인이 그 여권을 받아가지 아니하면 효력이 상실되는가?

① 2개월　　② 4개월　　③ 6개월　　④ 8개월

37 단수여권의 경우 효력이 상실되는 때는?

① 여권의 명의인이 귀국한 때
② 여권의 유효기간이 만료된 때
③ 여권의 유효기간이 만료되어 재신청할 때
④ 여권발급일로부터 1년이 경과한 때

38 다음 중 여권의 효력 상실 이유가 틀린 것은?

① 여권의 유효기간이 끝난 때
② 여권을 잃어버렸을 때
③ 발급된 여권이 변조된 때
④ 여권이 양도되거나 대여되어 행사된 때

Tip
여권을 잃어버려 그 명의인이 대통령령으로 정하는 바에 따라 재발급을 신청한 때 해당 여권의 효력이 상실된다.

Answer 35. ② 36. ③ 37. ① 38. ②

39 다음에서 설명하고 있는 것은?

국외 체류 중에 여권을 잃어버린 사람으로서 여권의 발급을 기다릴 시간적 여유가 없는 사람 등 대통령령으로 정한 사람에게 발행되며, 여행목적지가 기재된 여권을 갈음하는 증명서

① 관광증명서 ② 여권확인증명서
③ 여행증명서 ④ 신분확인증명서

40 다음 ( )안에 들어갈 말이 맞게 짝지어진 것은?

여권의 사용을 제한하려면 ( )이 ( )으로 정하는 절차와 방식에 따라 대상 국가나 지역, 여권의 사용제한 등의 범위, 조건과 기간 등을 정하여 고시하여야 한다.

① 외교부장관-대통령령
② 외교부장관-외교부장관령
③ 문화체육관광부장관-대통령령
④ 문화체육관광부장관-문화체육관광부장관령

41 여권 등의 발급이나 재발급을 받기 위하여 제출한 서류에 거짓된 사실을 적은 사람, 그 밖의 부정한 방법으로 여권 등의 발급, 재발급을 받은 사람이나 이를 알선한 사람이 받게 되는 벌칙으로 맞는 것은?

① 3년 이상의 징역 또는 700만 원 이상의 벌금
② 2년 이상의 징역 또는 500만 원 이상의 벌금
③ 3년 이하의 징역 또는 700만 원 이하의 벌금
④ 2년 이하의 징역 또는 500만 원 이하의 벌금

Answer 39. ③ 40. ① 41. ③

42 여권을 회수하여야 되는 상황이 발생하였을 경우에 여권의 회수를 대통령령으로 정한 사람에게 대행할 수 있는데, 이에 해당하지 않는 사람은?

① 외교부나 지방자치단체의 소속 공무원 중 여권 등의 발급에 관한 사무를 담당하는 사람
② 문화체육관광부의 소속 공무원 중 여권 등의 발급에 관한 사무를 담당하는 사람
③ 국가경찰공무원이나 자치경찰공무원
④ 출입국 관리나 세관업무에 종사하는 사람으로서 사법경찰관리의 직무를 행하는 사람

43 다른 사람 명의의 여권 등을 사용한 사람과 여권 등을 다른 사람에게 양도, 대여하거나 이를 알선한 사람이 받게 되는 벌칙으로 맞는 것은?

① 3년 이상의 징역 또는 700만 원 이상의 벌금
② 2년 이상의 징역 또는 500만 원 이상의 벌금
③ 3년 이하의 징역 또는 700만 원 이하의 벌금
④ 2년 이하의 징역 또는 500만 원 이하의 벌금

44 여행증명서의 유효기간은?

① 3개월
② 6개월
③ 9개월
④ 1년

45 다음 (　　)안에 들어갈 말이 맞게 짝지어진 것은?

(　　)은 형사재판에 계속중인 사람에 대해 (　　)이내의 기간을 정하여 출국을 금지할 수 있다.

① 외교부장관-3개월
② 법무부장관-6개월
③ 문화체육관광부장관-6개월
④ 국무총리-3개월

Answer 42. ② 43. ④ 44. ④ 45. ②

46 다음 국가 중에서 한국인이 관광비자를 받아야 입국이 가능한 곳은?

① 베트남　② 라오스　③ 몽골　④ 인도

47 다음은 어떤 법의 목적을 서술하고 있다. 그 법의 명칭은?

> 이 법은 대한민국에 입국하거나 대한민국에서 출국하는 모든 국민 및 외국인의 출입국관리를 통한 안전한 국경관리와 대한민국에 체류하는 외국인의 체류관리 및 난민의 인정절차 등에 관한 사항을 규정함을 목적으로 한다.

① 난민관리법　② 외국인관리법　③ 관광진흥법　④ 출입국관리법

48 채무이행의 담보로 여권 등을 제공하거나 제공받은 사람, 방문 및 체류가 금지된 국가나 지역으로 고시된 사정을 알면서도 해당 국가나 지역을 방문하거나 체류한 사람이 받게 되는 벌칙으로 맞는 것은?

① 1년 이상의 징역 또는 300만 원 이상의 벌금
② 2년 이상의 징역 또는 500만 원 이상의 벌금
③ 1년 이하의 징역 또는 300만 원 이하의 벌금
④ 2년 이하의 징역 또는 500만 원 이하의 벌금

49 다음 (　　)안에 들어갈 말이 맞게 짝지어 진 것은?

> (　　)은 범죄 수사를 위하여 출국이 적당하지 아니하다고 인정되는 사람에 대해서는 (　　)이내의 기간을 정하여 출국을 금지할 수 있다.

① 외교부장관-1개월　② 법무부장관-1개월
③ 문화체육관광부장관-3개월　④ 국무총리-3개월

Answer 46. ④ 47. ④ 48. ③ 49. ②

50 6개월 이내의 출국을 금지당할 수 있는 사람에 해당되지 않는 것은?

① 징역형이나 금고형의 집행이 끝나지 아니한 사람
② 대통령령으로 정하는 금액 이상의 벌금이나 추징금을 내지 아니한 사람
③ 민사재판에 계속 중인 사람
④ 대통령령으로 정하는 금액 이상의 국세를 정당한 사유 없이 그 납부기한까지 내지 아니한 사람

51 중앙행정기관의 장은 출국금지 및 출국금지의 해제를 요청할 수 있는데, 출국금지 및 해제 요청은 누구에게 해야 하는가?

① 국무총리
② 법무부장관
③ 외교부장관
④ 문화체육관광부장관

52 출국이 금지되거나 출국금지기간이 연장된 사람은 몇일 이내에 이의신청을 할 수 있는가?

① 출국금지 결정이나 출국금지 기간연장의 통지를 받은 날로부터 5일
② 출국금지 결정이나 출국금지 기간연장의 통지를 받은 날로부터 7일
③ 출국금지 결정이나 출국금지 기간연장의 통지를 받은 날로부터 10일
④ 출국금지 결정이나 출국금지 기간연장의 통지를 받은 날로부터 15일

53 다음 (　　)안에 들어갈 말이 맞게 짝지어 진 것은?

> 출국이 금지되거나 출국금지 기간이 연장된 사람에게 이의신청을 받으면 (　　)은 (　　)이내에 이의신청 타당성 여부를 결정해야 한다.

① 법무부장관-15일
② 외교부장관-15일
③ 법무부장관-10일
④ 외교부장관-10일

Answer 50. ③ 51. ② 52. ③ 53. ①

54 다음 출국금지에 대한 설명이 맞는 것은?

① 출국금지는 외교부장관이 할 수 있다.

② 형사재판에 계속 중인 사람은 3개월 이내의 기간을 정하여 출국을 금지할 수 있다.

③ 범죄수사를 위하여 출국이 적당하지 아니하다고 인정되는 사람에 대하여는 3개월 이내의 기간을 정하여 출국을 금지할 수 있다.

④ 소재를 알 수 없어 기조중지결정이 된 사람 또는 도주 등 특별한 사유가 있어 수사진행이 어려운 사람은 3개월 이내의 기간을 정하여 출국을 금지할 수 있다.

> **Tip**
> 출국금지는 법무부장관이 할 수 있으며, 형사재판에 계속 중인 사람은 6개월, 범죄수사를 위해서는 1개월의 기간을 정하여 출국을 금지할 수 있다.

55 중앙행정기관의 장은 출국금지를 요청할 수 있는데, 출국금지기간이 끝나기 몇일 전까지 출국금지 연장을 요청해야만 하는가?

① 3일　② 5일　③ 7일　④ 9일

56 다음 (　　)안에 들어갈 말이 맞게 짝지어 진 것은?

> 수사기관은 피의자가 증거를 인멸할 염려가 있거나 피의자가 도망하거나 도망할 우려가 있는 때에는 (　　)에게 출국금지를 직접 요청할 수 있다.

① 출입국관리공무원　② 검찰　③ 경찰　④ 공항경찰

57 수사기관에서 출입국관리공무원에게 긴급출국금지를 요청한 경우에 몇 시간이내에 법무부장관에게 긴급출국금지 승인을 요청해야 하는가?

① 3시간　② 6시간　③ 9시간　④ 12시간

Answer 54. ④ 55. ① 56. ① 57. ②

58 수사기관에서 출입국관리공무원에게 긴급출국금지를 요청한 후의 조치에 대해 틀린 것은?

① 수사기관에서 출입국관리공무원에게 긴급출국금지를 요청한 후 법무부장관에게 승인 요청을 하지 아니한 때에는 출국금지를 해제해야 된다.

② 수사기관이 긴급출국금지 승인을 요청한 때로부터 12시간 이내에 법무부장관으로부터 긴급출국금지 승인을 받지 못하면 출국금지를 해제해야 한다.

③ 출국금지가 해제된 경우 수사기관은 동일한 범죄사실일지라도 긴급한 상황이면 다시 긴급출국금지 요청을 할 수 있다.

④ 긴급 출국금지의 절차 및 긴급 출국금지보고서 작성 등에 필요한 사항은 대통령령으로 정한다.

Tip

수사기관에서 출입국관리공무원에게 긴급출국금지를 요청한 후 6시간 내에 법무부장관에게 긴급출국금지 승인을 요청하지 않으면 법무부장관이 출국금지를 해제해야 하며, 12시간 이내에 법무부장관으로부터 승인을 받지 못한 경우도 동일하다. 또한 출국금지가 해제된 경우 수사기관은 동일한 범죄사실에 관하여 다시 긴급출국금지 요청을 할 수 없다.

59 다음 중 병역의무자로서 국외여행을 하려면 병무청장의 허가를 받아야 되는 사람은?

① 25세 이상인 제1국민역 또는 보충역으로서 소집되지 아니한 사람

② 26세 이상인 제1국민역 또는 보충역으로서 소집되지 아니한 사람

③ 27세 이상인 제1국민역 또는 보충역으로서 소집되지 아니한 사람

④ 28세 이상인 제1국민역 또는 보충역으로서 소집되지 아니한 사람

60 기본적으로 정해진 관세의 면제범위와 관계없이 별도로 무조건 면세를 규정하고 있는 품목이 아닌 것은?

① 술 ② 담배 ③ 향수 ④ 명품가방

Answer 58. ③ 59. ① 60. ④

61 다음 중에서 수사기관에서 출입국관리공무원에게 직접 출국금지를 요청할 수 있는 상황이 아닌 것은?

① 장기 3년 이상의 징역이나 금고에 해당하는 죄를 범하였다고 의심할 만한 상당한 이유가 있을 때
② 피의자가 증거를 인멸할 염려가 있을 때
③ 피의자가 도망하거나 도망할 우려가 있을 때
④ 피의자의 주거가 불분명할 때

62 다음 ( )안에 들어갈 말이 맞게 짝지어 진 것은?

병역의무자로서 ( )세 이상인 제1국민역 또는 보충역으로서 소집되지 아니한 사람은 국외여행을 하려면 ( )의 허가를 받아야 한다.

① 25 - 국방부장과 ② 25 - 병무청장 ③ 26 - 국방부장관 ④ 26 - 병무청장

63 다음 ( )안에 들어갈 말이 맞게 짝지어 진 것은?

국외여행의 허가를 받은 사람이 허가기간에 귀국하기 어려운 경우에는 기간만료 ( )일 전까지, ( )세가 되기 전에 출국한 사람은 ( )세가 되는 해의 ( )까지 기간연장허가를 받아야 한다.

① 10 - 24 - 24 - 본인의 생일날 ② 10 - 24 - 24 - 1월 15일
③ 15 - 25 - 25 - 본인의 생일날 ④ 15 - 25 - 25 - 1월 15일

64 술, 담배, 향수에 대한 관세 면제가 적용되지 않는 나이 기준은?

① 18세 미만 ② 18세 이하 ③ 19세 미만 ④ 19세 이하

Answer 61. ④ 62. ② 63. ④ 64. ③

65 다음은 출국금지에 대한 이의신청과 관련된 내용이다. 옳은 것은?

① 출국금지 결정에 대한 이의신청은 출국금지 결정 통지를 받은 날로부터 7일 이내에 가능하다.

② 출국금지 결정에 대한 이의신청을 받으면 10일 이내에 이의신청 타당성 여부를 결정해야 한다.

③ 이의신청 타당성 여부는 부득이한 사유가 있으면 한 차례만 그 기간을 연장할 수 있다.

④ 이의신청이 이유가 없다고 판단되면 이를 기각하고 당사자에게 그 사유를 구두로 통보해야 한다.

> Tip
> 출국금지 결정에 대한 이의신청은 출국금지 결정 통지를 받은 날로부터 10일 이내에 해야 하고, 출국금지 결정에 대한 이의신청을 받으면 법무부장관은 15일 이내에 이의신청 타당성 여부를 결정해야 한다. 이의신청이 이유가 없다고 판단되면 이를 기각하고 당사자에게 그 사유를 서면에 적어 통보해야 한다.

66 다음 (　　)안에 들어갈 말이 맞게 짝지어 진 것은?

(　　)은 국외여행허가 또는 그 기간 연장을 허가한 경우에는 그 사실을 (　　)에게 통보하여야 한다.

① 국방부장관 - 출입국관리소장　　② 국방부장관 - 법무부장관

③ 병무청장 - 출입국관리소장　　④ 병무청장 - 법무부장관

67 다음 (　　)안에 들어갈 말이 맞게 짝지어 진 것은?

국외여행허가를 받으려는 사람은 출국 예정일 (　　)일 전까지, (　　)세가 되기 전에 출국한 사람은 (　　)세가 되는 해의 (　　)까지 국외여행허가서를 제출하여야 한다.

① 3 - 25 - 25 - 1월 15일　　② 3 - 24 - 24 - 본인의 생일날

③ 2 - 25 - 25 - 1월 15일　　④ 2 - 24 - 24 - 본인의 생일날

Answer 65. ② 66. ④ 67. ③

68 다음 중에서 국외여행허가 등이 제한되는 사람이 아닌 것은?

① 징병검사 또는 입영을 기피하고 있거나 기피한 사실이 있는 사람
② 공익근무요원 등의 복무를 이탈하고 있거나 이탈한 사실이 있는 사람
③ 징병검사 연기, 입영 연기 또는 공익근무요원소집 해제처분을 받은 사람
④ 자신의 신체를 손상한 사람

69 국외여행허가 제한사유에 해당하지만 국외여행허가 등을 제한할 수 없는 경우가 아닌 것은?

① 국외에 거주하는 배우자, 본인이나 배우자의 형제자매의 사망
② 국내에서 치료가 곤란한 본인 질병의 치료
③ 유학생의 경우 1년 내 재학 중인 학교의 졸업이 가능한 경우
④ 입영을 위한 가사의 정리

70 다음 (　　)안에 들어갈 말이 맞게 짝지어 진 것은?

> 외국의 학교에 재학 중인 사람의 국외여행기간 연장허가는 학교별 제한연령까지 허가하되, 학교별 제한연령 내에 졸업이나 학위취득이 곤란한 사람에 대해서는 (　　)세를 초과하지 아니하는 범위에서 학교별 제한연령에 (　　)년을 더한 기간까지 허가할 수 있다.

① 29-1　　② 29-2　　③ 30-1　　④ 30-2

71 관세의 면제한도는 여행자 1명의 휴대품으로서 각 물품의 과세가격 합계 기준으로 얼마인가?

① 미화 400달러 이하　　② 미화 500달러 이하
③ 미화 600달러 이하　　④ 미화 700달러 이하

Answer 68. ③ 69. ③ 70. ① 71. ③

72 다음 (　　)안에 들어갈 말이 맞게 짝지어 진 것은?

외국의 대학원에 재학 중인 사람이 (　　)세가 되는 해의 6월 이전에 박사학위를 취득할 수 있는 경우에는 (　　)세가 되는 해의 (　　)까지 허가할 수 있다.

① 29-29-6월 30일　　② 29-29-12월 31일

③ 30-30-6월 30일　　④ 30-30-12월 31일

73 다음 품목에 대한 관세 면제기준이 잘못된 것은?

① 술: 1리터 이하, 미화 600달러 이하　　② 담배: 200개비

③ 향수 60밀리리터　　④ 전자담배 니코틴 용액 20밀리리터

Tip

술은 1리터 이하, 미화 400달러 이하로 한정하고 있다.

74 우리나라의 공항 세관절차에 대해 설명이 틀린 것은?

① 여행자 스스로 세관통로(세관검사, 면세)를 선택

② 여행자가 스스로 휴대품신고서를 성실하게 작성

③ 자진신고제도

④ 휴대물품에 대한 전수 조사

75 내국인의 면세점 이용에 관한 내용 중 틀린 것은?

① 내국인은 출국 시에만 이용이 가능하다.

② 면세품 구입 시에는 여권이 반드시 필요하다.

③ 출국 시 구입한 면세품을 입국 시 다시 반입하여도 세금이 부과되지 않는다.

④ 시내 면세점에서 구입한 면세품은 공항 내 출국장에 위치한 인도장에서 받는다.

Answer 72. ③ 73. ① 74. ④ 75. ③

76 내국인이 출국 시 면세점에서 구입할 수 있는 금액의 한계는?

① 미화 2,000달러 ② 미화 3,000달러
③ 미화 4,000달러 ④ 미화 5,000달러

77 관세 면제 기준을 초과하는 주류에 대한 과세 방법은?

① 면세 기준을 공제한 후 남은 가격에 대해 과세
② 면세 기준을 공제하지 않고 전체 구입가격에 대해 과세
③ 2리터 용량의 주류를 휴대반입 할 경우 1리터를 공제한 후 나머지 1리터에 과세
④ 2리터 이하는 관세 면제 기준을 초과하지 않은 것으로 간주

78 향수에 대한 관세 면제 기준은?

① 40밀리리터 ② 50밀리리터 ③ 60밀리리터 ④ 70밀리리터

79 농축수산물에 대한 면세통관 범위는?

① 해외 총 취득가격 10만원 이내에서 품목당 기준을 준수
② 해외 총 취득가격 20만원 이내에서 품목당 기준을 준수
③ 해외 총 취득가격 30만원 이내에서 품목당 기준을 준수
④ 해외 총 취득가격 40만원 이내에서 품목당 기준을 준수

80 농축수산물 면세통관 범위에서 5kg까지 반입이 가능한 것이 아닌 것은?

① 참기름 ② 꿀 ③ 고사리 ④ 잣

> **Tip**
> 참기름, 참깨, 꿀, 고사리, 더덕은 각 5kg, 잣은 1kg

Answer 76. ② 77. ② 78. ③ 79. ① 80. ④

81 조건부 면세 규정에 대한 설명이 틀린 것은?

① 여행자 1인당 현지구입가격 미화 600달러를 과세가격에서 면제
② 두 개 이상의 휴대품금액 합계가 미화 600달러를 초과하는 경우에는 1인당 면제 금액은 저세율 품목부터 적용
③ 신변용품이라도 외국에서 구입한 것은 과세가격에 포함하여 계산
④ 판매를 목적으로 반입하는 상용물품에 대해서는 조건부 면세 규정 적용 불가

Tip
두 개 이상의 휴대품금액 합계가 미화 600달러를 초과하는 경우에는 1인당 면제금액은 고세율 품목부터 적용

82 농축수산물 면세통관 범위에서 면세통관이 불허되는 품목은?

① 참깨 ② 더덕 ③ 상황버섯 ④ 모시

83 농축수산물 면세통관 범위에서 검역에 합격한 쇠고기는 몇 kg까지 가능한가?

① 10kg ② 15kg ③ 20kg ④ 25kg

84 녹용에 대한 면세통관분과 과세통관분에 대한 설명이 옳은 것은?

① 면세통관분 150g을 별도로 하고 추가로 500g까지 과세통관
② 면세통관분 100g을 별도로 하고 추가로 500g까지 과세통관
③ 면세통관분 150g을 포함하여 500g까지 과세통관
④ 면세통관분 100g을 포함하여 500g까지 과세통관

85 농축수산물 면세통관 범위에서 상황버섯은 몇 kg까지 가능한가?

① 300g ② 400g ③ 500g ④ 600g

Answer 81. ② 82. ④ 83. ① 84. ③ 85. ①

86 여행자가 외국의 세관을 통관할 때 유의사항이 틀린 것은?

① 다른 사람의 부탁으로 대리 운반하는 물품이 마약, 밀수품일 경우 본인이 모르고 운반했다면 처벌을 받지 않는다.

② 과일, 식물, 씨앗 등 병충해를 전파할 우려가 있는 물품은 엄격히 반입을 제한한다.

③ 각국의 법령에서 규정한 외환신고 대상에 해당하는 외화 등은 신고하지 않는 경우 압수당할 수 있다.

④ 세관신고서를 허위로 작성하였을 경우 법에 의해 처벌을 받을 수 있다.

Tip
다른 사람의 부탁으로 대리 운반하는 물품이 마약, 밀수품일 경우 본인이 모르고 운반했을지라도 처벌을 받게 된다.

87 해외여행보험의 휴대품 손해 발생 시 조치요령이 틀린 것은?

① 현지 경찰서에 도난사실을 신고한다.

② 사고내용과 피해물품에 대한 경찰확인서를 발급 받는다.

③ 경찰확인서가 없는 경우 보상을 받을 수 없다.

④ 화폐, 유가증권 등은 보상에서 제외된다.

Tip
경찰확인서가 없으면 목격자, 여행가이드 등의 사실 확인서로 대체 가능하다.

88 다음에서 설명하는 해외여행보험의 보상은?

제 3자의 신체나 재산에 피해를 끼쳐 법률상 손해배상을 하는 경우

① 제 3자 손해보상 ② 제 3자 피해보상

③ 배상책임 ④ 신체, 재산피해 보상

Answer 86. ① 87. ③ 88. ③

89 해외여행보험의 보상청구는 사고발생일로부터 몇 년 이내에 해야 하는가?

① 1년 ② 2년
③ 3년 ④ 4년

90 다음 중에서 해외여행보험의 보상대상이 아닌 것은?

① 상해사망 ② 질병사망
③ 휴대품 분실사고 ④ 배상책임

Answer 89. ③ 90. ③

3 국외여행 인솔실무 연습문제

01 국외여행인솔자 유형 중 <u>틀린</u> 것은?

① 여행사직원 국외여행인솔자
② 전문 · 전속 국외여행인솔자
③ 국내전문 인솔자
④ 프리랜서 국외여행인솔자

> **Tip** 국외여행인솔자의 개념은 단체여행객의 출국에서부터 여행을 마치고 귀국하는 단계까지 인솔, 안내하는 여행의 진행자를 말한다.

02 여권의 필요성과 용도에 대하여 올바르게 설명한 것은?

① 국외여행객의 여행허가증으로 국외에서의 신변보호 및 편의를 요청하는 공식 문서로 사용 된다.
② 입국사증인 비자를 신청하거나 발급 시에는 필요하지 않다.
③ 입 · 출국 수속 시 제시해야 한다.
④ 면세점에서 물품 구입 시 여권을 제시해야 한다.

> **Tip** 여권은 국외여행을 할 때 반드시 필요하며, 각국의 정부가 국외로 출국하는 자국민에 대해 신분이나 국적을 증명하고 상대국에 여행객의 보호를 요청하는 일종의 공문서이다.

Answer 1. ③ 2. ②

03 다음의 설명이 의미하는 것은?

여객의 운송 또는 여객 관련 서비스에 대한 판매 방식의 하나이다. 항공권 분실이나 피해를 줄이고 여권만을 소지하도록 함으로써 일정변경, 환불, 재발행 등을 전산으로 조회하고 사용자의 요구에 맞게 처리할 수 있는 방법이다.

① 전자항공권 ② 페이퍼항공권 ③ 예약기록 ④ ATR항공권

Tip
e-TICKET Itinerary라고도 불린다.

04 다음의 설명이 의미하는 것은?

항공을 예약하게 되면 인원수나 구간에 관계없이 예약 단위별로 승객의 이름, 여정, 연락처 등 예약과 관련된 내용이 하나의 기록으로 보관하게 된다. 이 단위별 기록을 ( )이라고 하며, 전체 기록과 함께 단위별 고유의 번호가 부여하게 된다.

① 전자항공권 ② 개인 항공권 ③ 여권 ④ 예약기록

Tip
PNR(passenger Name Record)라고도 말을 하며, 인솔자의 준비 서류 중 반드시 준비해야 할 서류 중에 하나이다.

05 다음 중 기내반입 금지 수하물이 아닌 것은?

① 노트북 ② 인화물질 ③ 면도날 ④ 과일깎는 칼

Tip
총기류, 칼, 곤봉류, 폭발물 및 탄약, 인화물질, 가스 및 화학물질, 가위, 면도날, 얼음송곳 등 위해물품은 기내 반입을 금지한다.

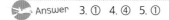

Answer 3. ① 4. ④ 5. ①

06 국외여행인솔자 역할에 대하여 틀린 것은?

① 일정관리　　② 여행분위기 관리
③ 여행사의 이미지 제고　　④ 상품기획자의 역할

Tip
국외여행인솔자의 역할은 일정관리, 관광객의 행동통제, 여행분위기 관리, 중재자로서의 역할, 관광지 정보제공, 여행사의 이미지 제고, 여행의 인솔자로서의 역할 등이 있다.

07 다음 용어 중 대상이 다른 하나는?

① Tour Local Guide　　② Tour Conductor
③ Tour Escor　　④ Tour Leader

08 다음 중 도시와 코드가 잘못 연결된 것은?

① 타이페이-TPE　　② 홍콩-HKG
③ 싱가포르-SIN　　④ 코타키나바루-KUL

09 다음 중 휴양지와 코드가 잘못 연결된 것은?

① 피지-NAN　　② 발리-DSP
③ 보라카이-KLO　　④ 괌-GUM

Tip
발리섬 공항이 있는 지역은 덴파사르이다.

Answer　6. ④　7. ①　8. ④　9. ②

10 다음 도시를 의미하는 도시코드는?

코타키나바루

① BKK
② BKG
③ BKI
④ BLK

11 다음 도시 중에서 동남아시아 대륙의 도시가 아닌 것은?

① BKK
② SIN
③ KUL
④ BJS

12 다음 중에서 도시와 공항이 맞게 짝지어진 것은?

① LON-CDG
② BJS-KIX
③ PAR-FCO
④ TYO-NRT

13 다음 중에서 도시와 공항이 잘못 짝지어진 것은?

① OSA-KIS
② LON-LHR
③ PAR-CDG
④ ROM-FCO

14 다음 도시의 공항코드를 의미하는 것은?

CHI

① LAS
② OLD
③ ORD
④ LAX

Answer 10. ③ 11. ④ 12. ④ 13. ① 14. ③

15 다음 도시 중에서 위치한 대륙이 다른 하나는?

① PAR ② FRA
③ PRG ④ WAS

16 다음 도시 중에서 국가가 다른 하나는?

① SHA ② NGO
③ HKG ④ YNJ

17 다음 도시 중에서 국가가 다른 하나는?

① BKI ② NGO
② FUK ④ CTS

18 다음 항공사 코드가 의미하는 항공사는?

AZ

① 에어취리히항공 ② 에어자칼항공
③ 이탈리아항공 ④ 에어지브라항공

19 다음 항공사 코드가 의미하는 항공사는?

CX

① 캐나다항공 ② 케세이퍼시픽항공
③ 중화항공 ④ 동방항공

Answer 15. ④ 16. ② 17. ① 18. ③ 19. ②

20 다음 항공사 코드가 의미하는 항공사는?

CA

① Canadian Airline
② Cathay Pacific Airline
③ China Airline
④ Air China

21 다음 항공사 코드 중 대한민국 국적의 저비용 항공사가 아닌 것은?

① ZE
② 7C
③ TW
④ 5J

22 다음 항공사의 국적은?

CA

① 대만
② 중국
③ 일본
④ 캐나다

23 다음 항공사 코드 중에서 유럽국적 항공사가 아닌 것은?

① Qantas
② Lufthansa
② Finnair
④ KLM

24 다음 항공사 코드 중에서 미국국적 항공사가 아닌 것은?

① UA
② NZ
③ AA
④ NW

Answer 20. ④ 21. ④ 22. ① 23. ① 24. ②

25 여행자 보험의 특성 중 틀린 것은?

① 여행객이 신청한 기간만 보험의 효력이 유효하다.

② 여행객이 여행을 종료하면 소멸 된다.

③ 장기성이다.

④ 보험료가 저렴하고 가입절차가 간편하다.

> **Tip**
> 여행자 보험의 특성은 단기성, 여행객의 신청한 기간만 보험의 효력이 유효하다.

26 다음의 내용이 설명하는 것은?

현지 지상수배업자나 관련업체로부터 받은 문서이다. 인솔자는 고객이 알고 있는 내용이 이것과 일치하는지 확인을 하여야 하며, 호텔, 식당, 등 수배가 적절한지도 확인해야 한다.

① 여행일정표 ② 확정서 ③ 고객리스트 ④ 항공예약기록

> **Tip**
> 국외여행인솔자는 이것의 중요성을 인식하고 모든 준비내용이 고객이 계약한 여행일정표와 현지에서 보내온 이것과 일치하는지 최종적으로 점검해야 한다.

27 다음의 설명이 의미하는 것은?

출구의 간판이나 램프, 바닥의 Line이 빨간색으로 되어 있으며, 신고할 물품이 있는 대상자가 통과한다.

① 면세 출구 ② 과세 출구 ③ 입국 심사 ④ 검역 출구

Answer 25. ③ 26. ② 27. ②

28 다음(　　) 가 의미하는 것은?

(　　)은 입국 또는 출국하려는 사람에 대하여 여권 등의 유효여부를 확인하여 국민의 무사한 여행을 지원하는 한편, 위 · 변조 여권 소지자 등 불법 출 · 입국 기도자와 출 · 입국 금지자의 출 · 입국을 관리하는 것을 말한다.

① 검역　　② 출입국심사　　③ 보완검색　　④ 세관

Tip
검역은 전염병의 확산을 막기 위해 진단 및 검사하는 곳, 보안검색은 항공기의 안전한 운행을 위하여 탑승객의 소지품을 검사하는 곳, 세관은 국경을 통과하는 사람, 화물, 선박, 항공기 등에 대한 출입 허가 및 단속, 징수 업무를 하는 곳을 말한다.

29 다음의 설명이 의미하는 것은?

여행객과 계약된 관광일정 이외의 관광 및 식사를 별도의 비용을 지불하고 참가하는 형태를 의미하며, 여행상품 광고 시 일정 외에 추가적으로 행해지는 종류와 비용에 대해 명시하고 있다.

① 식사 안내　　② 호텔 안내　　③ 가이드 안내　　④ 선택관광 안내

30 다음 중에서 국외여행인솔자가 확인해야 될 항공권의 사항이 아닌 것은?

① 영문명　　② 확약여부　　③ 항공권 발권자　　④ 개별귀국

Tip
항공권은 영문명과 확약여부, 개별 귀국 등을 확인해야 한다.

Answer　28. ②　29. ④　30. ③

31 국외여행인솔자가 사전에 확인해야 될 사항이 아닌 것은?

① 여행증명서　　② 여행항공권
③ 여행일정표　　④ 여행확정서

32 다음 단어가 의미하는 것이 아닌 것은?

Optional Tour

①여행일정에 포함된 투어
② 여행일정에 포함되지 않은 투어
③ 현지에서 개별적으로 신청하는 투어
④ 현지에서 돈을 추가적으로 지불하고 하는 투어

Tip 원래 여행일정에는 포함되어 있지 않고, 현지에서 신청해서 돈을 지불하고 하는 여행을 말한다.

33 다음의 설명이 의미하는 것은?

출구의 간판이나 램프, 바닥의 Line 등이 녹색으로 되어 있으며, 신고할 물품이 없는 대상자가 통과한다.

① 면세 출구　　② 과세 출구
③ 입국 심사　　④ 검역 출구

Tip 현지 공항에서의 입국 순서는 입국심사 → 위탁수하물 짐 찾기 → 세관 검사이다.

Answer 31. ① 32. ① 33. ①

34 다음 중에서 의미하는 것이 다른 하나는?

① 세관신고서
② Embarcation/Disembarcation
③ 출입국신고서
④ E/D Card

35 다음 baggage tag 설명 중에서 잘못된 것은?

① 여행사에서 제작하여 사용되고 있는 형태와 공항에서 수하물 탁송 시 항공 사에서 발행하는 두 가지의 형태로 구분된다.
② 성명과 전화번호, 주소 등을 기입한다.
③ 가급적 영문과 한글을 병기한다.
④ 출국 시 짐을 보낼 때만 필요하다.

36 다음의 내용이 설명하는 것은?

입국객의 소지품에 대한 반입허용 및 반입불가품목의 여부를 조사하는 의미를 담고 있으며, 우리나라를 비롯한 대부분의 국가가 출입국 시 이 문서를 작성 및 제출을 요구하고 있다.

① 세관신고서
② 출입국신고서
③ 비자신고서
④ 여행객 명단 신고서

Tip
이 문서는 우리나라를 비롯한 대부분의 국가가 출입국 시 작성 및 제출을 요구하고 있다.

Answer 34. ① 35. ④ 36. ①

37 다음 중에서 국외여행인솔자의 출장 준비물이 아닌 것은?

① 수배확정서 ② 여행사 사업자 등록증
③ 전자항공권 ④ 여행일정표

38 다음의 설명이 의미하는 것은?

- 하기 전 휴대품의 체크
- 비행기 하기
- transit card 받기
- 탑승구 및 탑승시각 확인과 안내
- 탑승

① 이륙 전 업무 ② 이륙 후 업무
③ 목적지 도착 후 업무 ④ 경유 업무

Tip
Transit card는 중간 경유지역이 있을 경우 발급 받는다.

39 다음의 설명이 의미하는 것은?

- 인원파악
- 착석여부 확인
- 승무원과의 협조 구축
- 상황에 따른 기내시설물 사용법 안내

① 이륙 전 업무 ② 이륙 후 업무
③ 목적지 도착 후 업무 ④ 경유 업무

Tip
기내 탑승 후 TC는 인원파악, 착석여부 확인을 해야 한다. 항공기가 활주로로 이동 하는 경우 TC 뿐만 아니라 모든 승객은 자리에 착석해야 한다.

Answer 37. ② 38. ④ 39. ①

40 다음 (　　)가 의미하는 것은?

(　　)은 국경을 통과하는 사람, 화물, 선박, 항공기 등에 대한 출입의 허가 및 단속, 징수 업무를 관장하는 관청이다.
우리나라를 포함한 대부분의 나라들이 자진신고 제도를 실시하고 있다. 출국 시에는 자진 신고만으로 출국이 가능하지만, 입국시에는 신고서를 의무적으로 작성해야 한다.

① 검역　② 출입국심사　③ 보안검색　④ 세관

Tip
- 검역 : 전염병의 확산을 막기 위해 진단 및 검사하는 곳
- 출입국 심사 : 입 · 출국하려는 사람에 대하여 여권 및 비자 등의 유효 여부를 검사하는 곳
- 보안검색 : 항공기의 안전한 운행을 위하여 탑승객의 소지품을 검사하는 곳

41 다음 여행단체의 특성파악에 해당되지 않는 것은?

① 여행객들이 관심을 갖고 있는 쇼핑품목에 대해 미리 파악해서 쇼핑매출을 높이야 한다.
② 단체의 책임자 또는 참가자 개인으로부터 받은 특별한 요구사항, VIP, 여행객과 판매담당자와의 특별한 약속 등의 유무를 확인하고 그에 맞는 서비스를 제공해야 한다.
③ 여행객의 직업, 연령, 학력, 성격 등을 파악해 서비스제공 범위 및 수준을 설정한다.
④ 인솔단체가패키지, 일반 모임, 공무원 단체, 협회, 학교 단체 등의 인세티브단 체인경우 여행 목적을 파악하여 그 단체에 맞는 서비스를 제공하게 된다.

42 국외여행인솔자가 여행조건 확인 시 <u>틀린</u> 것은?

① 최종 일정을 확인한다.
② 최종 확정서는 확인 하지 않아도 된다.
③ 지불관계를 확인한다.
④ 개별 행동자 취급사항에 대해 확인해 둔다.

Tip
국외여행인솔자는 현지 여행사에서 보내온 확정서와 고객에게 나눠 준 여행일정표와 일치하는지 반드시 확인을 해야 한다.

Answer　40. ④　41. ①　42. ②

43 다음의 내용이 설명하는 것은?

방문하게 될 국가의 입국 및 출국신고 시 필요한 서류이다. 개인의 신상에 대한 기록과 방문목적, 체재기간 및 장소 등을 밝힘으로써 입국 및 출국을 허가받는 의미로 사용되고 있다.

① 세관신고서 ② 출입국신고서 ③ 검역신고서 ④ 여행객 명단 신고서

Tip
이 문서는 보통 TC가 작성해서 고객들에게 나눠주며, 서명란을 제외한 나머지 부분을 작성하여 고객에게 나눠준다.

44 다음의 설명이 의미하는 것은?

인천공항에는 여행사 전용 만남의 장소가 별도로 지정 되어 있으므로 여행객과의 사전 전화통화 시 정확하게 고지하여야 한다.

① 항공카운터 확인
② 편의시설 및 부대시설 확인
③ 미팅보드의 게재 및 만남의 장소 확인
④ 공항 주차장의 확인

Tip
여행사 전용 만남장소는 A와 M카운터 옆 창측에 마련되어 있다.

45 다음의 설명이 의미하는 것은?

- 하기 후 집합안내
- 출입국 서류 준비
- 기내 비품 및 주변정리 안내
- 휴대품 확인 안내
- 사전 화장실 안내

① 이륙 전 업무 ② 이륙 후 업무 ③ 목적지 도착 후 업무 ④ 경유 업무

Tip
목적지 도착 후 국외여행인솔자는 휴대품 확인안내 , 출입국 서류 준비 등을 해야 한다.

Answer 43. ② 44. ③ 45. ③

46 여행자수표의 관리법으로 틀린 것은?

① 여행자수표를 발급받으면 바로 두 곳에 모두 서명을 해야 한다.
② 여행자수표 사본이나 수표번호를 따로 기입해 보관해 둔다.
③ 수표를 분실하게 되면 신속히 여권을 지참해서 신고를 해야 한다.
④ 여행자수표에 서명을 정상적으로 해둔 경우 통상 24시간 내에 재발급이 가능하다.

Tip 여행자수표에는 두 곳의 서명란에서 한 곳에만 미리 서명을 해두고, 나머지 한곳에는 지불할 때 똑같은 서명을 해서 지불하게 된다.

47 다음의 설명이 의미하는 것은?

여행의 시작은 여행객들과의 만남에서부터 시작된다. 인원이나 수속시간을 고려하여 출발 2시간 전에 이루어지는 것이 일반적이나 성수기 등 특별한 상황이 있는 경우 3시간 전에 이루어지기도 한다.

① 여행단체의 성격 파악
② 여행단체의 항공권 파악
③ 여행단체 의 여권 및 비자확인
④ 여행단체의 미팅장소 및 시간 재확인

Tip TC는 첫 인상이 중요하다. 첫 만남에서 장소와 시간을 제대로 안내하지 않으면 고객에게 신뢰를 얻을 수 없다.

Answer 46. ① 47. ④

48 다음의 설명이 의미하는 것은?

- 좌석 재배치 협조
- 입국서류 작성
- 여행객 불편사항 체크 및 처리
- 식음료 제공 시 언어서비스 지원
- 여행객과의 유대관계 구축

① 이륙 전 업무
② 이륙 후 업무
③ 목적지 도착 후 업무
④ 면제구역에서의 업무

Tip
외국 국적의 항공사의 경우 고객들이 영어를 잘 못하는 경우가 있으므로 통역서비스를 지원해줘야 한다. 난기류가 생겨 좌석벨트 사인이 켜지면 즉시 자리로 돌아가 착석을 하고 안전벨트를 하고 있어야 한다.

49 다음의 설명이 의미하는 것은?

공항 미팅시간이 많이 지났음에도 불구하고 아무런 연락이 없을 경우, 네임리스트를 이용하여 여행객과 통화를 한다.
국외여행인솔자는 최대한 기다릴 수 있는 시간까지 여행객과 연락을 취해야 하지만 출발 30분 전까지도 나타나지 않으면 수속한 항공권을 회수하고 담당자에게 알린다.

① No Show
② Go Show
③ Meeting Miss
④ Early arrival

Tip
Go Show는 예약을 하지 않았는데 고객이 온 경우를 말한다.

Answer 48. ② 49. ①

50 다음 중에서 해외여행 시 도난방지 대책으로 맞는 것은?

① 관광 중 가방은 항상 어깨에 X자 형태로 메고 뒤쪽에 둔다.

② 지갑은 뒤 주머니에 넣는다.

③ 호텔 객실문은 자동으로 잠기게 되어 있으니 별도의 걸쇠를 하지 않아도 된다.

④ 호텔식사 시 음식을 가지러 갈 때에도 가방은 항상 몸에 지니고 있어야 한다.

Tip

관광 중 가방은 항상 어깨에 X자 형태로 메고 앞쪽에 두고, 지갑은 뒤 주머니에 넣지 않는다. 호텔 객실문은 반드시 걸쇠를 걸어야 되며, 호텔식사 시 음식을 가지러 갈 때에도 가방은 항상 몸에 지니고 있어야 한다.

Answer 50. ④

4 세계관광과 문화 연습문제

※ 다음은 중국의 국가개요에 대한 내용이다.(1번~3번 문제)

정식국명	중화인민공화국	위치	아시아 동부
수도	①	면적	9,596,960km² 세계 4위 (CIA기준)
언어	중국어	기후	습윤, 아열대, 건조기후
민족	한족 및 55개의 소수민족	인구	약 14억 3,378만 명 / 세계1위 (2019년 / 통계청 KOSIS 기준)
정치체재	사회주의	종교	도교, 불교, 이슬람교, 기독교
1인당 GDP	$10,099/ 세계 67위 (2019년 기준 IMF기준)	통화 및 환율	②
빅맥 지수	$2.77	시차	GMT+8
비행시간	인천 → 북경(약 2시간 5분), 인천 → 광저우(약 3시간 30분)		

01 중국의 국가개요 중에서 ①번에 해당하는 내용으로 옳은 것은?

① 상해 ② 북경 ③ 서안 ④ 연태

02 중국의 국가개요 중에서 ②번에 해당하는 내용으로 옳은 것은?

① 싱달러 ② 엔화 ③ 바트화 ④ 위안화

Tip
싱달러는 싱가포르 화폐이고 엔화는 일본, 바트는 태국의 화폐이다.

Answer 1. ② 2. ④

03 다음 중 중국 북경의 관광지가 옳은 것은?

① 천단공원 ② 졸정원 ③ 동방명주타워 ④ 서호

> Tip
> 대한민국 임시정부청사, 윤봉길 기념당, 황포강 유람선은 상해지역의 관광지이다.

04 지리적 특성으로 볼 때, 중국의 남쪽에 위치한 나라는?

① 미얀마 ② 한국 ③ 카자흐스탄 ④ 몽골

05 다음 설명이 의미하는 중국 음식은?

광저우를 기점으로 발달했으며 중국요리 중에서 가장 인기가 좋은 편이다.

① 광동요리 ② 북경요리 ③ 사천요리 ④ 상해요리

> Tip
> 예로부터 광저우는 무역항이 발달하여 동서양의 음식이 조화를 이루고 있으며 종류도 다양하기로 유명하다.

06 다음 설명이 의미하는 중국 음식은?

중국 북부지역의 요리를 말한다. 면 종류나 만두요리와 함께 육류요리 중심으로 발달 되었다.

① 광동요리 ② 북경요리 ③ 사천요리 ④ 상해요리

> Tip
> 중국 북부지역은 여러 왕조의 수도가 있었으며 궁중요리가 발달하였다.

Answer 3. ① 4. ① 5. ① 6. ②

07 다음 설명이 의미하는 중국 음식은?

이 지역의 더운 여름과 추운 겨울 날씨를 반영하듯이 자극적이고 매운 맛이 특징이다.

① 광동요리　　② 북경요리
③ 사천요리　　④ 상해요리

08 다음 설명이 의미하는 중국 음식은?

해안과 가깝다는 지리적 특성으로 인하여 어패류를 재료로 활용한 것이 많다.

① 광동요리　　② 북경요리
③ 사천요리　　④ 상해요리

09 다음 설명이 의미하는 관광지는?

1406년 건설을 시작해 명 · 청 양대 왕들의 거주지로 사용된 황궁이며 세계에서 가장 큰 규모의 궁전이다.

① 자금성　　② 만리장성
③ 왕부정　　④ 이화원

Answer 7. ③ 8. ④ 9. ①

10 다음 설명이 의미하는 관광지는?

세계문화유산으로 등재되었으며, 명 · 청 시대에 황제가 제사를 지내는 곳

① 자금성 ② 만리장성 ③ 천단공원 ④ 이화원

Tip 자금성 근처에 있는 곳이다.

11 다음 설명이 의미하는 관광지는?

중국을 대표하는 건축물이다. 서쪽 끝 산해관에서 동쪽 가욕관(가속관)까지 약 6,000km에 달하는 대규모 성곽이다.

① 자금성 ② 만리장성 ③ 천단공원 ④ 이화원

Tip 인공위성에서도 이 성곽이 보인다고 한다.

12 다음 설명이 의미하는 관광지는?

서태후가 이곳에 거주했던 곳으로 유명하고 각각의 건축물과 인공호수는 어떻게 인간이 만들 수 있었는지 의구심을 자아낼 만큼 아름다움을 자랑한다.

① 서호 ② 만리장성 ③ 천단공원 ④ 이화원

Tip 천안문 북서쪽 19km 떨어진 곳에 위치해 있다.

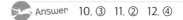

Answer 10. ③ 11. ② 12. ④

※ 다음은 태국의 국가개요에 대한 내용이다.(13번~15번 문제)

정식국명	타이왕국 (Kingdom of Thailand)	위치	동남아시아, 인도차이나반도
수도	①	면적	513,120㎢ / 세계 51위(CIA기준)
언어	태국어, 영어(일부 관광지역)	기후	열대성 기후 (고온다습)
민족	타이족, 중국인, 말레이족	인구	약 6,962만 명 / 세계 20위 (2019년 / 통계청 KOSIS 기준)
정치체재	②	종교	③
1인당 GDP	$7,792 / 세계 82위 (2019년 기준 IMF기준)	통화 및 환율	바트(THB), 1바트=38원 (2019년 12월 기준)
빅맥 지수	$3.04	시차	GMT+7
비행시간	인천 → 방콕(약 5시간 30분), 인천 → 푸켓(약 6시간 15분)		

13 태국의 국가개요 중에서 ①번에 해당하는 내용으로 옳은 것은?

① 푸켓　② 방콕　③ 코사무이　④ 치앙마이

14 태국의 국가개요 중에서 ②번에 해당하는 내용으로 옳은 것은?

① 대통령 직선제　② 입헌군주제
③ 대통령 간선제　④ 사회주의

> **Tip** 태국은 국왕이 살고 있으며, 태국 국민들에게 존경을 받는 대상이다.

15 태국의 국가개요 중에서 ③번에 해당하는 내용으로 옳은 것은?

① 힌두교　② 브라만교　③ 이슬람교　④ 불교

Answer 13. ② 14. ② 15. ④

16 다음 설명이 의미하는 관광지는?

현재는 국왕이 거주하고 있지 않고 국가의 공식행사가 있을 경우에만 사용되는 곳이다. 이 곳에는 한국인 가이드가 입장을 할 수가 없으며 패키지 여행사에서는 한국말이 가능한 태국인 가이드가 동행하여 안내하고 있다.

① 왕궁　② 바이욘사원
③ 새벽사원　④ 농눅 빌리지

Tip 바이욘 사원은 캄보디아에 있는 사원이다.

17 다음 중 방콕/파타야 관광지로 옳은 것은?

① 에메랄드사원　② 왓찰롱 사원
③ 왓트마이 사원　④ 피피심

Tip 방콕은 아름다운 사원이 있는 곳으로 유명하다.

18 다음 설명이 의미하는 관광지는?

'왓 프라케오'라고 불리는 곳으로 왕실 전용 사원이다.

① 왕궁　② 에메랄드사원
③ 새벽사원　④ 농눅 빌리지

Tip 농눅빌리지는 약 75만평에 꾸며진 거대 정원이다.

Answer 16. ① 17. ① 18. ②

19 다음 설명이 의미하는 관광지는?

'왓 아룬'이라고 불리는 곳으로 1809년 지어지기 시작하여 1910년에 완성되었다.

① 왕궁
② 에메랄드사원
③ 새벽사원
④ 농눅 빌리지

Tip
에메랄드 사원은 왕궁안에 위치한 사원이다.

※ 다음은 캄보디아의 국가개요에 대한 내용이다.(20번~22번 문제)

정식국명	캄보디아(Kingdom of Cambodia)	위치	인도차이나반도 동남쪽
수도	①	면적	181,035km²/ 세계 90위 (2014.07 / CIA기준)
언어	②	기후	열대몬순 기후 (고온다습)
민족	크메르족, 베트남, 중국, 참족	인구	약 1,648만 명 / 세계 70위 (2019년 / 통계청 KOSIS 기준)
정치체재	입헌군주제, 의원내각제	종교	③
1인당 GDP	$1,621 / 세계 150위 (2019년 기준 IMF기준)	통화 및 환율	리엘(KHR), 500리엘=135원 (2015년 06월 기준)
빅맥 지수	맥도날드 매장이 없음	시차	GMT+7
비행시간	인천 → 씨엠립(약 6시간)		

20 캄보디아의 국가개요 중에서 ①번에 해당하는 내용으로 옳은 것은?

① 씨엠립　② 코창　③ 코피피　④ 프놈펜

Answer 19. ③ 20. ④

21 캄보디아의 국가개요 중에서 ②번에 해당하는 내용으로 옳은 것은?

① 타이어 ② 말레이어
③ 크메르어 ④ 인디어

22 캄보디아의 국가개요 중에서 ③번에 해당하는 내용으로 옳은 것은?

① 기독교 ② 브라만교
③ 이슬람교 ④ 불교

23 다음 중 씨엠립 관광지로 틀린 것은?

① 타프롬 사원 ② 왓트마이 사원
③ 왓 찰롱 사원 ④ 톤레삽 호수

Tip
왓찰롱 사원은 푸켓에 있는 사원이다.

24 다음 설명이 의미하는 관광지는?

앙코르시대에 만들어진 대형 저수지로서 그 크기는 가로 약 2.2km, 세로 약 8km이다.

① 웨스트바레이 ② 앙코르 왓
③ 타프롬 사원 ④ 톤레삽 호수

Tip
톤레삽 호수는 인공호수가 아니다.

Answer 21. ③ 22. ④ 23. ③ 24. ①

25 다음 설명이 의미하는 관광지는?

12세기 크메르제국의 수리야바르만 2세에 의해 지어진 사원이며 당시 크메르제국의 예술적 수준을 가늠하게 한다.

① 바이욘 사원 ② 앙코르 왓 ③ 타프롬 사원 ④ 앙코르톰

Tip
수리야바르만 2세는 크메르제국을 통일시키고 이 건축물을 지었다. 세계 7대 불가사의 중에 한 곳이다.

26 다음 설명이 의미하는 관광지는?

엄청난 규모를 자랑하는 호수로서 캄보디아 면적의 15%를 차지하고 있다.

① 웨스트바레이 ② 서호 ③ 백하 호수 ④ 톤레삽 호수

Tip
웨스트바레이는 인공호수이다.

27 다음 설명이 의미하는 관광지는?

자야바르만 7세가 그의 어머니를 위하여 지은 곳이다. 복원하지 않고 자연 그대로 방치해 둔 것이 특징이다.

① 웨스트바레이 ② 앙코르 왓 ③ 타프롬 사원 ④ 톤레삽

Tip
이 곳은 과거 영화 '툼레이더'의 촬영 지역이었다.

Answer 25. ② 26. ④ 27. ③

※ 다음은 베트남의 국가개요에 대한 내용이다.(28번~30번 문제)

정식국명	베트남사회주의공화국 (Socialist Republic of Vietnam)	위치	인도차이나반도 동부
수도	①	면적	331,210km²/ 세계 66위(CIA기준)
언어	②	기후	북부: 아열대, 남부: 열대몬순
민족	비엣족, 타이족,크메르족 등	인구	약 9,646만 명 / 세계 15위 (2019년 / 통계청 KOSIS 기준)
정치체재	③	종교	불교, 가톨릭, 까오다이교
1인당 GDP	$2,740 / 세계133위 (2019년 기준 IMF기준)	통화 및 환율	동(VND), 1동=0.05원 (2019년 12월 기준)
빅맥 지수	$2.81	시차	GMT+7
비행시간	인천 → 하노이(약 4시간 30분), 인천 → 호치민(약 5시간 15분), 인천 → 다낭(약 4시간 40분)		

28 베트남의 국가개요 중에서 ①번에 해당하는 내용으로 옳은 것은?

① 하노이 ② 호치민 ③ 다낭 ④ 하롱베이

29 베트남의 국가개요 중에서 ②번에 해당하는 내용으로 옳은 것은?

① 타이어 ② 크메르어 ③ 베트남어 ④ 중국어

30 베트남의 국가개요 중에서 ③번에 해당하는 내용으로 옳은 것은?

① 대통령 직선제 ② 대통령 간선제
③ 입헌군주제 ④ 사회주의

Tip
이 나라는 과거 공산주의 이념을 갖은 사람들과 민주주의 이념을 갖은 사람들과의 전쟁이 있었다

Answer 28. ① 29. ③ 30. ④

31 다음 중 하노이/하롱베이일정 관광지로 틀린 것은?

① 닌빈 ② 호치민 박물관
③ 바딘광장 ④ 다낭 붉은광장

Tip 다낭은 베트남 중부에 위치해 있는 곳이다.

32 다음 설명이 의미하는 관광지는?

석회암의 카르스트 지형으로서 육지의 하롱베이로 불릴 만큼 경치가 아름답다. '삼판'이라는 작은 배를 타고 운하를 따라 관광할 수 있는 곳이다.

① 닌빈 ② 하롱베이
③ 옌뜨 국립공원 ④ 바딘광장

33 다음 설명이 의미하는 관광지는?

10여 개의 사원과 수백 개의 사리탑이 곳곳에 위치해 있다. 이 곳의 산은 세명의 왕이 부처가 되어 산을 지킨다는 전설이 있다.

① 닌빈 ② 하롱베이
③ 옌뜨 국립공원 ④ 바딘광장

Answer 31. ④ 32. ① 33. ③

※ 다음은 싱가포르의 국가개요에 대한 내용이다.(34번~36번 문제)

정식국명	싱가포르공화국	위치	①
수도	②	면적	697km²/ 세계 192위(CIA기준)
언어	영어, 중국어, 말레이어, 타밀어	기후	열대성기후(고온다습)
민족	중국계, 말레이계, 인도계	인구	약 580만 명 / 세계 115위 (2019년 / 통계청 KOSIS 기준)
정치체재	③	종교	불교, 기독교, 이슬람교, 도교, 힌두교
1인당 GDP	$63,897 / 세계 8위 (2019년 IMF 기준)	통화 및 환율	싱가포르달러(SGD), 1SGD=855원 (2019년 12월 기준)
빅맥 지수	$3.53	시차	GMT+7
비행시간	인천 → 싱가포르(약 6시간 30분)		

34 싱가포르의 국가개요 중에서 ①번에 해당하는 내용으로 옳은 것은?

① 동남아 적도 근처
② 동남아 말레이 반도 북부
③ 동남아 타이반도
④ 동북부 아시아

35 싱가포르의 국가개요 중에서 ②번에 해당하는 내용으로 옳은 것은?

① 싱가포르 ② 오차드 ③ 클락키 ④ 바탐

36 싱가포르의 국가개요 중에서 ③번에 해당하는 내용으로 옳은 것은?

① 대통령 직선제 ② 대통령 간선제
③ 입헌군주제 ④ 내각 책임제

Answer 34. ① 35. ① 36. ④

37 다음 중 싱가포르 관광지로 <u>틀린</u> 것은?

① 보타닉 가든 ② 주롱새공원 ③ 호랑이공원 ④ 센토사 섬

Tip
호랑이 공원은 태국에 있는 관광지이다.

38 다음 설명이 의미하는 관광지는?

열대식물들로 이루어진 공원이다. 전 세계 희귀종을 비롯한 수천여종의 식물들이 있는 것이 특징이다.

① 주롱새 공원 ② 보타닉가든
③ 농눅빌리지 ④ 센토사 섬

Tip
이 곳은 싱가포르 현지인들이 웨딩촬영을 많이 하는 곳이기도 하다.

39 다음 설명이 의미하는 관광지는?

테마파크로 조성된 곳으로서 '유니버셜스튜디오', '언더워터월드', '머라이언 타워' 등이 있다.

① 주롱새 공원 ② 보타닉가든
③ 농눅빌리지 ④ 센토사 섬

Tip
이 지역은 관광지 조성을 위하여 인공적으로 만든 곳이다.

Answer 37. ③ 38. ② 39. ④

※ 다음은 영국의 국가개요에 대한 내용이다.(40번~41번 문제)

정식국명	그레이트브리튼과 북아일랜드 연합 왕국 (The united Kingdom of Great Britain and Northern Ireland)	위치	유럽대륙의 북서쪽
수도	①	면적	243,610km² / 세계 80위(CIA기준)
언어	②	기후	온대 해양성기후
민족	앵글로색슨족, 켈트족	인구	약 6,753만 명 / 세계 21위 (2019년 / 통계청 KOSIS 기준)
정치체재	입헌군주국, 의원내각제	종교	성공회, 개신교, 가톨릭
1인당 GDP	$41,030/ 세계 21위 (2019년 IMF기준)	통화 및 환율	파운드(GBP), 1파운드=1,509원 (2019년 12월 기준)
빅맥 지수	$4. 37	시차	GMT 0
비행시간	인천 → 런던(약 12시간 05분)		

40 영국의 국가개요 중에서 ①번에 해당하는 내용으로 옳은 것은?

① 에딘버러 ② 런던 ③ 아일랜드 ④ 골든코스트

Tip
골든코스트는 호주에 있는 지역이다.

41 영국의 국가개요 중에서 ②번에 해당하는 내용으로 옳은 것은?

① 프랑스어 ② 게르만어 ③ 영어 ④ 아일랜드어

42 다음 중 런던 관광지로 틀린 것은?

① 버킹엄 궁전 ② 에딘버러 광장 ③ 국회의사당 ④ 타워 브릿지

Tip
에딘버러는 스코틀랜드에 있는 곳이다.

Answer 40. ② 41. ③ 42. ②

43 다음 설명이 의미하는 관광지는?

1837년 빅토리아여왕 시절부터 왕실의 주거지로 사용된 곳이다. 여기의 볼거리는 근위병 교대식이다.

① 버킹엄 궁전 ② 베르사유 궁전 ③ 에딘버러 궁전 ④ 에메랄드 궁전

Tip
베르사유 궁전은 프랑스에 있는 궁전이다.

※ 다음은 프랑스의 국가개요에 대한 내용이다.(44번~45번 문제)

정식국명	프랑스공화국 (La République Française)	위치	유럽 대륙 서부
수도	①	면적	643,801km²/세계 43위(CIA기준)
언어	②	기후	서안해양성기후, 동부: 대륙성기후, 남부: 지중해성 기후
민족	켈트, 게르만, 노르만족의 라틴 혼합인종, 바스크족	인구	약 6,512만 명 / 세계 22위 (2019년 /통계청 KOSIS 기준)
정치체재	공화제, 대통령 중심제	종교	가톨릭, 이슬람교, 개신교
1인당 GDP	$41,761 / 세계 20위 (2019년 / IMF기준)	통화 및 환율	유로(EUR), 1유로=1,285원 (2019년 12월 기준)
빅맥 지수	$4.52	시차	GMT+1
비행시간	인천 ↔ 파리 (약 12시간)		

44 프랑스의 국가개요 중에서 ①번에 해당하는 내용으로 옳은 것은?

① 보르도 ② 후앙 ③ 앙굴렘 ④ 파리

Answer 43. ① 44. ④

45 프랑스의 국가개요 중에서 ②번에 해당하는 내용으로 옳은 것은?

① 프랑스어 ② 보르도어 ③ 잉글렘어 ④ 아일랜드어

46 다음 설명이 의미하는 관광지는?

런던의 상징물 중에 하나로 대영제국의 화려했던 시절인 1894년에 템즈강에 지어진 건축물

① 런던아이 ② 타워런던 ③ 타워브릿지 ④ 대영박물관

47 다음 중 파리 관광지로 틀린 것은?

① 루브루 박물관 ② 바티칸 박물관 ③ 개선문 ④ 샹젤리제 거리

48 다음 설명이 의미하는 관광지는?

12세기에는 궁전으로 사용되어지다가 프랑스 혁명이후에는 미술관으로 사용되었고 이후 박물관으로 사용되었다.

① 루브르 박물관 ② 대영박물관 ③ 자연사 박물관 ④ 국립 파리 박물관

Tip

자연사 박물관은 뉴욕에 위치해 있다.

49 다음 설명이 의미하는 관광지는?

바로크 양식의 궁전으로 루이13세가 사냥용 별장으로 지은 것을 루이 14세가 대정원을 건설하는 등 확장 공사를 하였다.

① 버킹엄 궁전 ② 에메랄드 궁전 ③ 베르사유 궁전 ④ 보르도 궁전

Answer 45. ① 46. ③ 47. ② 48. ① 49. ③

50 다음 설명이 의미하는 관광지는?

1889년 만국박람회를 기념하여 지어진 건축물로 한 때 많은 지식인들이 건설을 반대하였으나 현재는 파리의 명물이 되었다.

① 에펠탑 ② 파리공원탑 ③ 구스타프탑 ④ 프랑스 송출타워

Tip
이 건축물로 인하여 '처음에는 비호감이었다가 점차 익숙해져서 호감을 바뀌는' ( )효과라는 말이 생겨났다.

※ 다음은 스위스의 국가개요에 대한 내용이다.(51번~52번 문제)

정식국명	스위스연방 (Swiss Confederation)	위치	유럽 중부 내륙
수도	①	면적	41,277km² / 세계 136위(CIA기준)
언어	②	기후	사계절이 있고, 계절별 기온차가 적어 비교적 온난 함
민족	독일인, 프랑스인, 이탈리아인	인구	약 859만 명 / 세계 99위 (2019년 / 통계청 KOSIS 기준)
정치체재	연방공화제	종교	가톨릭(41%), 개신교(35%)
1인당 GDP	$83,717 / 세계 2위 (2019년 / IMF기준)	통화 및 환율	프랑(CHF), 1프랑=1,181원 (2019년 12월 기준)
빅맥 지수	$7.54	시차	GMT+1
비행시간	인천 → 취리히(약 13시간 50분, 경유 1회)		

51 스위스의 국가개요 중에서 ①번에 해당하는 내용으로 옳은 것은?

① 베른 ② 취리히 ③ 융프라우 ④ 제네바

Answer 50. ① 51. ①

52 스위스의 국가개요 중에서 ②번에 해당하는 내용으로 옳은 것은?

① 프랑스어, 노르웨이어, 로망슈어
② 독일어 , 영어, 프랑스어, 아일랜드어
③ 프랑스어, 독일어, 이탈리아어, 로망슈어
④ 프랑스어, 독일어, 이탈리아어, 그리스어

Tip 스위스 사람들은 주변의 국가의 영향을 받아 대학교육을 받은 사람이라면 기본 2개국어를 사용할 수 있다.

53 다음 중 스위스 관광지로 틀린 것은?

① 융프라우
② 콜로세움
③ 레만 호수
④ 시계 박물관

54 다음 설명이 의미하는 관광지는?

아름다운 산세와 만년설을 볼 수 있는 곳으로 아이거, 묀히산과 함께 알프스 3대 명산으로 불리는 곳으로 '젊은 여인'이라는 뜻을 가지고 있다.

① 로키 산
② 아이스필드
③ 히말라야
④ 융프라우

Answer 52. ③ 53. ② 54. ④

※ 다음은 이탈리아의 국가개요에 대한 내용이다.(55번~56번 문제)

정식국명	이탈리아 공화국 (La Repubblica Italiana, The Italian Republic)	위치	유럽 남부
수도	①	면적	301,340km² / 세계 72위(CIA기준)
언어	이탈리아어	기후	②
민족	이탈리아인	인구	약 6,055만 명 / 세계 23위 (2019년 / 통계청 KOSIS 기준)
정치체재	민주공화제, 내각책임제	종교	가톨릭, 기타
1인당 GDP	$32,947 / 세계 26위 (2019년 / IMF기준)	통화 및 환율	유로(EUR), 1유로=1,285원 (2019년 12월 기준)
빅맥 지수	$4.46	시차	GMT+2
비행시간	인천 → 로마(약 12시간35분)		

55 이탈리아의 국가개요 중에서 ①번에 해당하는 내용으로 옳은 것은?

① 나폴리　　② 로마
③ 베니스　　④ 피렌체

56 이탈리아의 국가개요 중에서 ②번에 해당하는 내용으로 옳은 것은?

① 지중해성 기후　　② 냉대 해양성 기후
③ 대륙성 기후　　④ 온대 해양성 기후

57 다음 중 로마 관광지로 틀린 것은?

① 트레비 분수　　② 콜로세움
③ 바티칸 박물관　　④ 폼페이 박물관

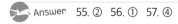

Answer 55. ② 56. ① 57. ④

58 다음 설명이 의미하는 관광지는?

피렌체의 시가지를 한눈에 조망할 수 있는 곳

① 미켈란젤로 언덕
② 마젤란 언덕
③ 켈르트 언덕
④ 두오모 언덕

59 다음 설명이 의미하는 관광지는?

역대 교황들의 수집품들을 전시해 놓은 박물관이다.

① 대영 박물관
② 루브르 박물관
③ 자연사 박물관
④ 바티칸 박물관

60 다음 설명이 의미하는 관광지는?

로마의 상징이며, 베스파시아누스 황제에 의해 72년에 착공하여 80년에 지어진 경기장

① 콜로세움
② 포로로마노
③ 두오모 경기장
④ 폼페이 원형 경기장

Tip
이곳은 검투사의 경기가 유명했던 곳이다.

Answer 58. ① 59. ④ 60. ①

※ 다음은 독일의 국가개요에 대한 내용이다.(61번~62번 문제)

정식국명	독일 연방공화국 (The Federal Republic of Germany)	위치	유럽 대륙 중부
수도	①	면적	357,022km² / 세계 63위(CIA기준)
언어	②	기후	해양성 기후와 대륙성 기후의 중간
민족	게르만족, 터키계, 이탈리아계	인구	약 8,351만 명 / 세계 17위 (2019년/ 통계청 KOSIS 기준)
정치체재	의원내각제	종교	가톨릭, 개신교, 이슬람
1인당 GDP	$46,564 / 세계 16위 (2019년 / IMF기준)	통화 및 환율	유로(EUR), 1유로=1,285원 (2019년 12월 기준)
빅맥 지수	$4.25	시차	GMT+1
비행시간	인천 → 프랑크푸르트(약 11시간 25분)		

61 독일의 국가개요 중에서 ①번에 해당하는 내용으로 옳은 것은?

① 프랑크푸르트 ② 베를린 ③ 뮌헨 ④ 부다페스트

62 독일의 국가개요 중에서 ②번에 해당하는 내용으로 옳은 것은?

① 독일어 ② 로망슈어 ③ 루마나아어 ④ 취리히어

63 다음 중 독일 관광지로 틀린 것은?

① 뢰머광장 및 시청사 ② 하이델베르크 성
③ 울름 대성당 ④ 바티칸 박물관

Tip
바티칸은 이탈리아 로마에 안에 위치해 있다.

Answer 61. ② 62. ① 63. ④

64 다음 설명이 의미하는 관광지는?

> 1405년 프랑크푸르트 참의회가 귀족저택 3채를 사들여 개조해 사용하였고, 사들인 저택 중에 한 곳이 (　　)이었는데 그 명칭을 따서 (　　)라고 지었다.

① 뢰머광장 및 시청사　　② 울름 대성당
③ 하이델베르트 광장　　④ 바티칸 광장

※ 다음은 터키의 국가개요에 대한 내용이다.(65번~66번 문제)

정식국명	터키공화국	위치	아시아대륙 서쪽 끝과 유럽대륙 동남쪽 일부
수도	①	면적	783,562km² / 세계37위(CIA기준)
언어	터키어(공용어), 쿠르드어, 아랍어	기후	해안지방: 해양성 기후 내륙지방: 대륙성 기후
민족	훈족, 돌궐족의 후예	인구	약 8,342만 명 / 세계 18위 (2019년 / 통계청 KOSIS 기준)
정치체재	대통령제를 가미한 의원내각제	종교	②
1인당 GDP	$8,958 / 세계 72위 (2019년 / IMF기준)	통화 및 환율	리라(TRY), 1리라=195원 (2019년 12월 기준)
빅맥 지수	$3.96	시차	GMT+2
비행시간	인천 → 이스탄불(약 11시간 50분)		

65 터키의 국가개요 중에서 ①번에 해당하는 내용으로 옳은 것은?

① 이스탄불　　② 에페소　　③ 앙카라　　④ 파묵칼레

66 터키의 국가개요 중에서 ②번에 해당하는 내용으로 옳은 것은?

① 불교　　② 힌두교　　③ 기독교　　④ 이슬람교

Answer　64. ①　65. ③　66. ④

67 다음 설명이 의미하는 관광지는?

터키 아즈미르 남서부쪽에 위치한 고대도시로 '셀수스 도서관', '원형극장' 등 많은 고대 유적지가 남아 있는 곳이다.

① 에페소
② 파묵칼레
③ 카파도키아
④ 앙카라

68 다음 설명이 의미하는 관광지는?

터키 중부 아나톨리아 중동부에 있는 지역으로 로마시대 그리스도교의 탄압을 피해 기암에 구멍을 뚫어 동굴 수도원과 지하 도시가 있는 것이 특징

① 에페소
② 파묵칼레
③ 카파도키아
④ 앙카라

Tip 이곳은 열기구를 타고 관광하는 것이 매력적인 곳이다.

69 다음 설명이 의미하는 관광지는?

이스탄불의 큰 시장으로 터키인들의 생활을 볼 수 있는 곳

① 에페소 바자르
② 파묵칼레 바자르
③ 카파도키아 바자르
④ 그랜드 바자르

Tip 바자르라는 뜻은 지붕이 덮인 시장을 의미한다.

Answer 67. ① 68. ③ 69. ④

70 다음 중 터키 관광지로 틀린 것은?

① 이스탄불 ② 카파도키아 ③ 타지마할 ④ 파묵칼레

Tip
타지마할은 인도에 있다.

※ 다음은 캐나다의 국가개요에 대한 내용이다.(71번~72번 문제)

정식국명	캐나다(Canada)	위치	북아메리카 대륙
수도	①	면적	9,984,670㎢/세계2위(CIA기준)
언어	②	기후	대륙성
민족	다민족	인구	약 3,741만 명 / 세계 39위 (2019년 / 통계청 KOSIS 기준)
정치체재	입헌군주제, 내각책임제	종교	가톨릭, 기독교
1인당 GDP	$46,213 / 세계 17위 (2019년 / IMF기준)	통화 및 환율	캐나다달러(CAD), C$1=882원 (2019년 12월 기준)
빅맥 지수	$4.64	시차	GMT-3.5 ~ GMT-8
비행시간	인천 → 벤쿠버(약 10시간), 인천 → 토론토(약 13시간20분)		

71 캐나다 국가개요 중에서 ①번에 해당하는 내용으로 옳은 것은?

① 벤쿠버 ② 오타와 ③ 몬트리올 ④ 토론토

72 캐나다의 국가개요 중에서 ②번에 해당하는 내용으로 옳은 것은?

① 영어, 프랑스어 ② 영어, 중국어

③ 영어, 독일어 ④ 영어, 이탈리아어

Tip
캐나다 퀘백 주는 이 언어를 사용 하는 사람들이 많다.

Answer 70. ③ 71. ② 72. ①

73 다음 중 캐나다 관광지로 틀린 것은?

① 레이크 루이스 ② 캘리코 은광촌 ③ 나이아가라폭포 ④ 개스타운

74 다음 설명이 의미하는 관광지는?

붉은색의 보도블럭이 깔려 있는 거리이며 증기 시계탑에서 15분마다 증기를 내뿜는 것이 이색적인 곳

① 개스타운 ② 캐나다플레이스 ③ 빅토리아 ④ 밴프

Tip
벤쿠버에 있는 곳이다.

75 다음 설명이 의미하는 관광지는?

브리티시컬럼비아주의 주도인 곳. ‘이너하버’, ‘주 의사당’, ‘엠프레스 호텔’ 등의 관광명소 등이 있는 곳

① 개스타운 ② 캐나다플레이스
③ 빅토리아 ④ 밴프

76 다음 중 미서부 지역 관광지로 틀린 것은?

① 금문교 ② 캘리코 은광촌
③ 나이아가라폭포 ④ 그랜드캐년

Tip
나이아가라폭포는 미 동부에 있다.

Answer 73. ② 74. ① 75. ③ 76. ③

※ 다음은 미국의 국가개요에 대한 내용이다.(77번~78번 문제)

정식국명	아메리카합중국 (United States of America)	위치	북아메리카
수도	①	면적	9,826,680㎢/세계 3위(CIA기준)
언어	영어	기후	대륙성
민족	②	인구	약 3억 2,906만 명 / 세계 3위 (2019년 / 통계청 KOSIS 기준)
정치체재	연방공화국, 대통령중심제	종교	개신교, 가톨릭
1인당 GDP	$65,112 / 세계 7위 (2019년 / IMF기준)	통화 및 환율	달러(USD), 1달러=1,161원 (2019년 12월 기준)
빅맥 지수	$4.79	시차	GMT-5 ~ GMT-10
비행시간	인천 → LA(약 11시간), 인천 → 뉴욕(약 14시간)		

77 미국 국가개요 중에서 ①번에 해당하는 내용으로 옳은 것은?

① 뉴욕 ② 시애틀 ③ 워싱턴 D.C ④ 시카고

78 미국의 국가개요 중에서 ②번에 해당하는 내용으로 옳은 것은?

① 게르만족 ② 잉글랜드족 ③ 유색인종 ④ 다민족

Tip
미국의 문화는 이민족의 문화라고도 한다.

79 다음 설명이 의미하는 관광지는?

네바다 주에 있는 도시로서 관광과 도박의 화려한 도시이다. 수많은 카지노와 고급호텔 그리고 다양한 공연 등이 관광객의 눈길을 사로 잡는 도시

① 캘리코 ② 라스베이거스 ③ 마카오 ④ 할리우드

Answer 77. ③ 78. ④ 79. ②

80 다음 설명이 의미하는 관광지는?

미국 서부 개척시대의 유명한 광산촌이었으며, 현재는 그 당시의 모습을 재현해 놓은 민속촌이 있다.

① 캘리코 은광촌
② 그랜드 은광촌
③ 자이언트 금광촌
④ 샌프란 탄광촌

Answer 80. ①

5 해외여행 안전관리 연습문제

01 다음 아래의 지문을 읽고 재난사고 유형에 대하여 옳은 답을 쓰시오.

> 태풍, 홍수, 호후, 강풍, 풍랑, 해일, 대설, 낙뢰, 가뭄, 지진, 화산활동, 그 밖에 이에 준하는 자연현상으로 발생하는 재난을 말한다.

① 자연 재난　② 사회 재난
③ 경제 재난　④ 일상 재난

02 다음 아래의 지문을 읽고 재난사고 유형에 대하여 옳은 답을 쓰시오.

> 화재, 붕괴, 교통사고, 화생방사고, 환경오염사고 등으로 인하여 발생하는 것과 에너지, 통신, 교통, 금융, 의료, 수도 등 국가기반체계의 마비, 감염병 또는 가축전염병의 확산 등으로 발생하는 재난을 말한다.

① 자연 재난　② 사회 재난
③ 경제 재난　④ 일상 재난

03 외교통상부에서는 여행 시 주의사항 및 관련정보와 해외공관으로부터 수집한 각종 여행관련정보를 분석하여 제공하고 있다. 단계별 여행경보제도로 옳지 않은 것은?

① 1단계: 여행유의　② 2단계: 여행자제
③ 3단계: 철수권고　④ 2단계: 여행금지

Answer 1. ① 2. ② 3. ④

04 다음의 설명이 의미하는 것은?

주로 미성년자를 대상으로 하는 경우가 많으나, 성년자를 대상으로 하는 범죄도 많다. 형법은 영리·추행·간음·결혼·매매·국외이송 등을 목적으로 하는 약취·유인죄를 여러 유형으로 나누고 규정하고 있다.

① 협박 ② 유괴
③ 일반범죄 ④ 교통사고

05 다음의 설명이 의미하는 것은?

특히 한국과는 달리 좌측통행인 나라에서 이러한 사고는 많이 발생한다. 해외에서 사고를 일으키면 국내보다도 비참한 경우가 많다. 부상을 당해도 치료비는 한국에 비하여 높고, 죽어도 한국 사람인 것만으로 일방적인 책임을 뒤집어쓰는 경우도 적지 않다.

① 협박 ② 유괴
③ 일반범죄 ④ 교통사고

06 다음의 설명이 의미하는 것은?

호텔 출발시각이 다되어도 외출한 채로 호텔에 돌아오지 않는 단원이 있거나, 버스여행 도중에 일시 해산한 때에 정각이 되어도 집합장소에 나타나지 않는 사고가 종종 발생하게 된다.

① 송영사고 ② 지각사고
③ 일반범죄 ④ 교통사고

Answer 4. ② 5. ④ 6. ②

07 다음의 설명이 의미하는 것은?

공항이나 역에 마중 나와야 할 버스가 오지 않았다는 사고는 종종 일어난다.
그 원인으로는 현지여행사의 수배실수, 버스회사의 배차실수, 도착시각의 오해 등이 있다.

① 송영사고 ② 지각사고
③ 일반범죄 ④ 교통사고

08 여행 중 고객이 사망하였을 경우 국외여행인솔자가 챙겨야 할 서류로 틀린 것은?

① 의사의 사명진단서 및 사망 소견서
② 시신을 운구하는 경우 방부제 증명서 원본
③ 경찰에서 발급받는 검사진단서 및 경찰 사망 증명서
④ 호텔에서 발급받는 숙박료 영수증

09 여행 중 사망하였을 경우 우리 공관이 지원하는 '영사서비스' 중 틀린 것은?

① 국내가족의 현지 방문 지원
② 출국을 위한 여권 긴급 발급 및 비자 발급 지원
③ 병원비 지원
④ 사망 관련 서류에 대한 공증

Answer 7. ① 8. ④ 9. ③

10 해외에서 여권을 분실 했을 경우의 내용으로 틀린 것은?

① 재발급 시에는 본인이 출두하여 여권재발급신청서를 제출하고 현지 통화로 지불한다.

② 재외공관에서 발급하는 여권은 귀국용의 복수 여권이다.

③ 경찰서 발행의 여권분실증명서는 한국에서 일반복수여권을 발급받는데 필요한 경우가 있으므로 복사본을 가져오는 것이 좋다.

④ 재발급을 받으려면 분실한 여권번호, 발행일자, 발행관청명과 여권용 사진이 필요하다.

11 다음의 상황별 대처 요령이 의미하는 것은?

- 2차 사고의 위험이 있으므로, 사고주변 관찰 및 도로횡단 및 뒤에서 접근하는 차량에 주의한다.
- 영사콜센터에 전화하여 긴급상황 시 영어, 일본어, 중국어 통역서비스를 지원 받는다.
- 현지 경찰에 연락하여 사고 목격자가 있다면 목격자의 진술서를 확보하고, 사고현장 변경에 대비해 현장을 사진촬영을 해둔다.

① 교통사고　② 체포/구금　③ 화재　④ 대규모 시위

12 다음의 상황별 대처 요령이 의미하는 것은?

- 함부로 문서에 서명하지 않는다. 조사과정에서 이해가 되지 않는 문서나 부분에 함부로 서명하지 말고, 먼저 통역이나 변호사의 도움을 요청한다.
- 변호사 선임, 보석, 소송비용 등을 지불하기 위해 긴급 비용이 필요할 경우에는 '신속해외송금제도'를 활용한다.
- 모든 국민은 영사와 면담할 권리가 있다. 공관 영사에게 통보하고 필요한 정보를 제공 받는다.

① 교통사고　② 체포/구금　③ 화재　④ 대규모 시위

Answer　10. ②　11. ①　12. ②

13 다음의 상황별 대처 요령이 의미하는 것은?

- 엘리베이터 사용금지
- 연기지역 통과 시 입과 코를 막고 낮은 자세로 통과
- 비상구 열기 전에 온도확인
- 사전에 비상구 위치 확인

① 교통사고　　② 체포/구금
③ 화재　　④ 대규모 시위

14 다음의 상황별 대처 요령이 의미하는 것은?

- 군중이 몰린 곳에는 접근하지 않는다.
- 재외공관에 자신의 소재를 알린다.
- 현장에 가담했다는 오해를 사지 않게 조심한다.

① 교통사고　　② 체포/구금
③ 화재　　④ 대규모 시위

15 다음 아래의 내용이 설명하는 것은?

여행경보는 여행자들에게 중·장기적인 여행안전정보 제공에 중점을 둔 반면에 '○○○'는 단기적인 위험 상황이 발생하는 경우에 발령하고 있다.

① 여행경보제도　　② 남색경보
③ 황색경보　　④ 특별여행경보

Answer 13. ③ 14. ④ 15. ④

16 다음 아래의 내용이 설명하는 것은?

인솔자는 화재가 발생했을 때를 대비하여 고객들이 투숙하는 객실 위치를 파악하고 화재 시 대피를 어떻게 할 것인지에 대한 방안을 생각해야 한다.

① 숙소에 대한 사전 안전점검
② 이용차량에 대한 사전 안전점검
③ 이용선박에 대한 사전 안전점검
④ 이용선박에 대한 사전 안전점검

17 다음 아래의 내용이 설명하는 것은?

차량의 정비 상태가 불량한지 양호한지 확인을 해야 한다. 그리고 차량 내부에 소화기가 설치되어 있는지 확인한다. 또한 차량내부에 비상시 탈출할 때 쓸 수 있는 비상용 망치도 비치가 되어 있는지 확인한다.

① 숙소에 대한 사전 안전점검
② 이용차량에 대한 사전 안전점검
③ 이용선박에 대한 사전 안전점검
④ 이용선박에 대한 사전 안전점검

18 다음 아래의 내용이 설명하는 것은?

구명조끼가 구비되어 있는지 그리고 그 상태는 양호한지 확인을 해야 한다. 일부 국가에서는 그 지역 특성상 낡은 구명조끼가 비치되어 그 기능을 제대로 발휘하지 못하는 구명조끼가 있을 수 있으므로 이 부분 또한 중요하게 점검을 해야 한다.

① 숙소에 대한 사전 안전점검
② 이용차량에 대한 사전 안전점검
③ 이용선박에 대한 사전 안전점검
④ 이용선박에 대한 사전 안전점검

Answer 16. ① 17. ② 18. ③

19 다음 아래의 내용이 설명하는 것은?

여행 일정 행사 중에 간혹 식사로 인한 설사 및 식중독사고가 발생한다.
고객들 중에 식중독 사고 또는 설사를 하는 고객이 있었는지 사전점검을 할 필요가 있다.

① 이용숙소에 대한 사전 안전점검
② 이용차량에 대한 사전 안전점검
③ 이용선박에 대한 사전 안전점검
④ 이용식당에 대한 사전 안전점검

20 다음 아래의 행동요령이 설명하는 것은?

TV, 라디오, 스마트폰 등에서 ○○이 예보된 때에는 거주 지역에 영향을 주는 시기를 미리 파악하여 고객들과 그 내용을 공유하고 어떻게 대피할 것인지 현지여행사 및 가이드 그리고 본사에 연락을 주고 받으며 조치를 취하도록 한다.

① 태풍 ② 지진
③ 해일 ④ 화재

21 다음 아래의 행동요령이 설명하는 것은?

지면이 흔들리는 자연 현상으로, 예고 없이 찾아오기 때문에 많은 피해를 줄 수 있다.

① 태풍 ② 지진
③ 해일 ④ 화재

Answer 19. ④ 20. ① 21. ②

22 다음 아래의 행동요령이 설명하는 것은?

바다에서 지진 또는 화산폭발과 같은 급격한 지각 변동으로 발생하는 파장이 긴 해일을 의미한다.
해안가에 있을 때 지진을 느꼈다면 곧 ○○○○이 올 수도 있으니 빨리 해안에서 벗어나 높은 곳으로 대피해야 한다.

① 태풍　② 지진
③ 해일　④ 화재

23 다음 아래의 행동요령이 설명하는 것은?

공항에 도착 후 고객의 짐이 분실되어 찾지 못하는 경우 해당 항공사의 카운터에 가서 고객의 짐이 분실 됐다고 알린 후 고객님이 가지고 있는 화물 인수증을 보여주고 분실 신고서를 작성한다.

① 수하물 분실　② 현금/수표 분실
③ 여행용품 도난　④ 여권분실

24 다음 아래의 행동요령이 설명하는 것은?

○○의 경우 해당 여행사에서 가입한 여행자 보험을 통하여 일부 보상을 받을 수 있는데 현지에서 준비해서 가져와야 할 서류 등이 있다.

① 수하물 분실　② 현금/수표 분실
③ 여행용품 도난　④ 여권분실

Answer　22. ③　23. ①　24. ③

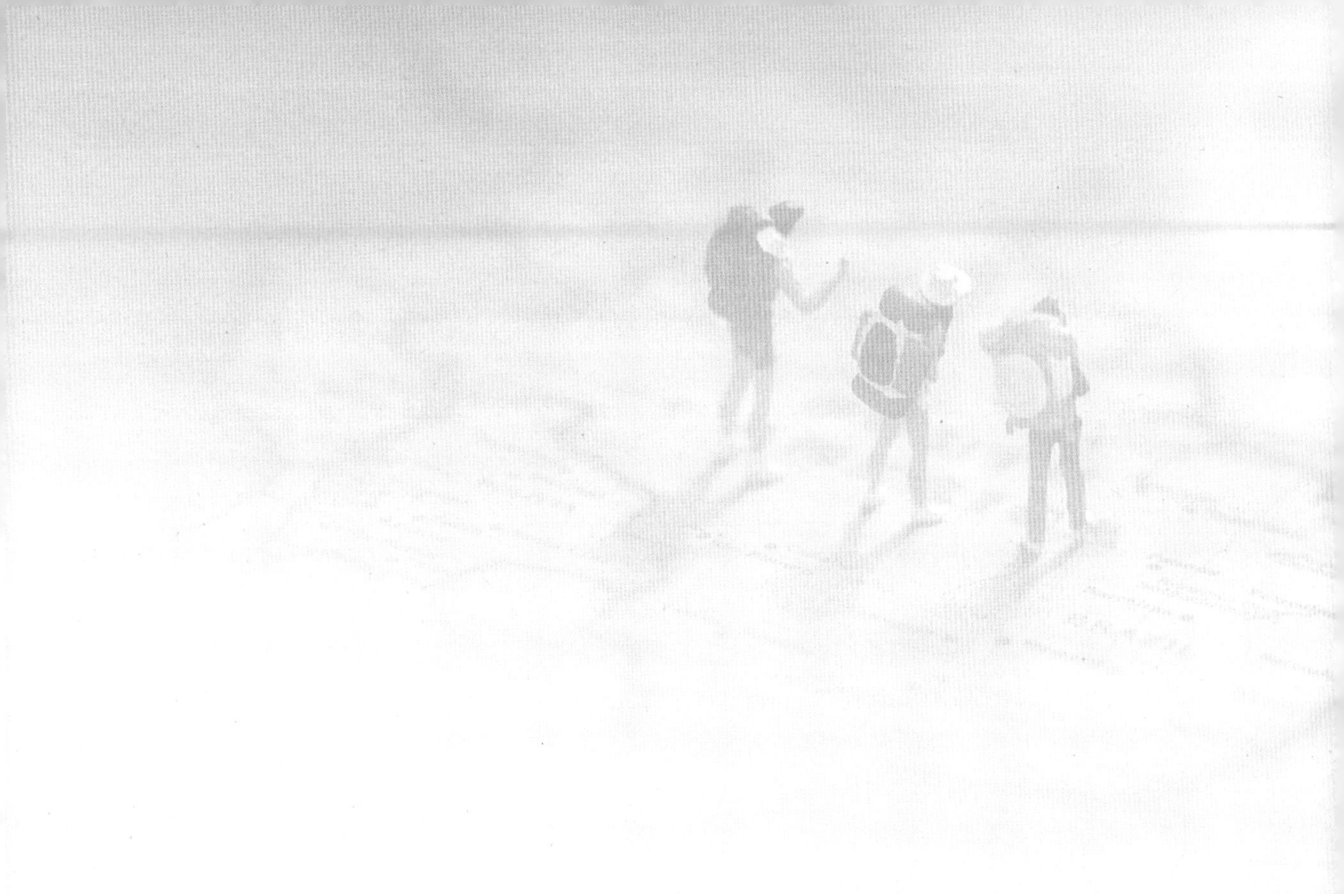

Tour Conductor

국외여행인솔자 자격증

공통 교재

Reference

참고문헌

고종원 저, 세계관광, 대왕사, 2006.
김병문 · 김현지 공저, 국제관광의 이해, 백산출판사, 2010.
김영규, 국외여행 인솔업무론, 대왕사, 2013
김영미 · 손기표, Air Travel and Tourism, 다락원, 2012.
김영주, 관광현장가이드영어, 백산출판사, 2000.
문화관광체육부, 2012년 관광동향에 관한 연차보고서, 2013.
미래서비스 아카데미, 국외여행인솔 실무, 새로미, 2012
____________, 서비스매너, 새로미, 2005.
박시범 · 이병열 · 홍영호 · 서정원, 뉴관광학원론, 새로미, 2011.
__________________, 여행사경영론, 새로미, 2008.
신우성(2012), 세계관광과 문화, 대왕사
여영천 · 이진호 · 정연철, Global English, 학문사, 2012.
외교통상부, 안전한 해외여행을 위한 각국별 참고자료, 1998.
원융희 · 오용수 공저, 세계의 여행꺼리, 백산출판사, 2012.
이완형, 관광서비스영어, 백산출판사, 2003.
이흠숙 · 강성태 · 이숙경, 식품위생학, 형설출판사, 2005.
전국 국외여행인솔자교육기관협의회, 국외여행인솔자 공통실무, 기문사, 2013.
정찬종 · 곽영대, 새 여행사경영론, 백산출판사, 2020.
정찬종 외 2인, 세계관광문화의 이해, 백산출판사, 2009.
____, 여행사경영실무, 백산출판사, 2001.
____, 최신 여행사실무, 백산출판사, 2013.
____ · 신동숙, 국외여행인솔실무, 대왕사, 2002.

정찬종, 최신 여행사실무, 백산출판사, 2018.
조응래, 투어에스코트 영어회화, 백산출판사, 1998.
조화유, 미국생활영어, 삼성뉴미디어테크, 1999.
최영민 외 2인, 관광과 세계문화, 백산출판사, 2012.
한국관광협회, 월간관협, 통권 262호, 1994.
한국관광협회중앙회, 전국 관광사업체 현황(등록업체 수), 2015.
한국관광협회중앙회, 전국 관광사업체 현황, 2021.
한선희, Traveler's Englsish, 학문사, 2006.
홍영호, 여행사경영론, 새로미, 2010.

CHRISTIE MILL, Robert; MORRISON, Alastair M. The tourism system. 1985.
Patrick. J. Montana and George S. Roukis, Managing Terrorism Strategies for the Corporate Executive, Quorum Books, London, 1983.
Richard B. Cole, "Executive Security, A Corporate Guide to Effective response to Abduction & Terrorism", John Wiley & Sons, Inc. 1980.
United States Department of State, Patrerns of Global Terrorism : 1983, 1984.

トラベル ジャーナル, トラベル エージェント マニュアル, 1989
トラベル ジャーナル, 海外旅行の業務知識, 1991.
トラベル ジャーナル, 旅行業入門, 1982
トラベル ジャーナル編, 海外ビジネス出張事典, 1985.
外務省監修. トラベル ジャーナル編, 海外安全ハンドブック, 1987.
大泉光一, これがエグゼクティブ・セキュリティだ, 東洋經濟, 東洋經濟新報社, 1984.
岡田信二, 海外旅行の苦情處理, トラベルジャーナル, 1978.
日本外務省, 海外進出日本人・企業のための爆彈テロ對策, 2003.
日本外務省領事移住部邦人特別對策室, 海外における脅迫事件對策, 1999.
日本外務省領事移住部邦人特別對策室, 海外赴任者のための安全對策小讀本, 2003.
櫻井曉男, 海外旅行危機管理, 稅務經理協會, 2001.
社團法人日本海外ツアｰオペレｰタ協會, 海外における事故處理對應マニュアル, 2001.

長谷川修, 旅とレジャ-の紛争と解決法, 自由國民社, 1984.
首藤信彦, 大泉光一, 海外安全のための知識と實際- 外國で危險から身を守る, 1984.

CIA: THE WORLD FACTBOOK, https://www.cia.gov
IMF, http://www.imf.org
http://100.naver.com/100.nhn?docid=155082
http://100.naver.com/100.nhn?docid=73982
http://kr.blog.yahoo.com/parkyn41/5305.html
http://www.0404.go.kr/safety/alarm.php
http://www.arirang.co.kr/about_New/about_arirang_01.asp?Sub_Code=2
http://www.estakorea.co.kr
관세청 홈페이지
국립인천공항검역소 홈페이지
국회법률정보시스템 홈페이지
기상청, http://www.kma.go.kr
노랑풍선 http://www.ybtour.co.kr
대한한공 여행정보, http://travel.koreanair.com
대한항공 http://kr.koreanair.com
독일 관광청, http://www.germany.travel
두산백과, http://www.doopedia.co.kr
모두투어 http://www.modetour.com
문화체육관광부 http://www.mcst.go.kr
법무부 홈페이지
소방청
스위스 관광청, http://www.myswitzerland.com
싱가포르 관광청, http://www.yoursingapore.com
아시아나항공, http://www.flyasiana.com
여행박사, http://www.tourbaksa.com
여행신문 홈페이지

여행채널 http://www.happyhoneymoonclub.com
영국 관광청, http://www.visitbritain.com
외교부 http://www.mofa.go.kr
외교부 여권안내홈페이지(www.passport.go.kr)
외교부 해외안전여행
위키백과, http://ko.wikipedia.org
인천국제공항 http://www.airport.kr
주한 캐나다 관광청, http://kr-keepexploring.canada.travel
참좋은여행 http://www.verygoodtour.com
체코 관광청, http://www.czechtourism.com/home
출입국 · 외국인정책본부 http://www.immigration.go.kr
캄보디아 관광청, http://www.tourismcambodia.org
캘리포니아 관광청, www.visitcalifornia.co.kr
태국 관광청, http://www.visitthailand.or.kr
투어비스 http://www.tourvis.com
하나투어 http://www.hanatour.com
한국관광공사 http://www.visitkorea.or.kr
한국관광협회중앙회 http://www.koreatravel.or.kr
한국국외여행인솔자협회 홈페이지
한국여행업협회 http://www.kata.or.kr
행정안전부 국민재난포털
허니문리조트 http://www.honeymoonresort.co.kr

집필위원

곽영대(서영대학교)
용환재(진주보건대학교)
이하정(동남보건대학교)
천덕희(인덕대학교)
박복덕((사)한국여행서비스교육협회)
이병열(인덕대학교)
정재희(한림성심대학교)
최동열(서영대학교)
서정원(대림대학교)
이은민((주)여행시간)
최윤근(장안대학교)

감수위원

김재곤(원광보건대학교)
남중헌(창신대학교)
배순철(대동대학교)
이홍규(동주대학교)
전영호(군장대학교)
지명원(중부대학교)
김정훈(광주대학교)
민일식(중부대학교)
서 헌(인하공업전문대학교)
장양례(숭의여자대학교)
정대봉(경복대학교)
최훈태(전북과학대학교)
나정미(동강대학교)
박사라(계명문화대학교)
이순구(한양여자대학교)
전기환(김천대학교)
정연국(동의과학대학교)

전국 국외여행인솔자 교육기관

가톨릭관동대학교	경기대학교 평생교육원	경남대학교	경남정보대학교
경동대학교	경복대학교	경인여자대학교	경주대학교
경희대학교 사회교육원	계명문화대학교	고구려대학교	광주대학교
국립목포대학교	국제대학교	군장대학교	김천과학대학교
남서울대 평생교육원	대구대학교	대림대학교	대전과학기술대학교
동강대학교	동서울대학교	동원대학교	동의과학대학교
동주대학교	롯데관광	백석대학교	부산여자대학교
서영대학교	서울호텔관광직업전문학교	선문대학교	신한대학교
아세아항공전문학교	영진전문대학	원광보건대학교	을지대학교
인덕대학교	인하공업전문대학	장안대학교	전북과학대학교
전주기전대학	제주관광대학교	중부대학교	진주보건대학교
창신대학교	창원문성대학	청암대학교	청운대학교
충청대학교	한국관광공사	한국관광대학교	한국국제대학교
한림성심대학교	호남대학교	호산대학교	호원대학교

국외여행인솔자 자격증 공통 교재

초판 1쇄 발행 2015년 8월 25일
5판 1쇄 발행 2022년 2월 20일

저 자 (사)한국여행서비스교육협회
국외여행인솔자교육기관협의회
펴낸이 임 순 재
펴낸곳 **(주)한올출판사**
등 록 제11-403호
주 소 서울시 마포구 모래내로 83(성산동 한올빌딩 3층)
전 화 (02) 376-4298(대표)
팩 스 (02) 302-8073
홈페이지 www.hanol.co.kr
e-메일 hanol@hanol.co.kr
ISBN 979-11-6647-187-2

Tour Conductor

국외여행인솔자 자격증

공통 교재